THE 1001 零成本1001种 REWARDS & 有效激励员工 RECOGNITION 好方法 FIELDBOOK

THE COMPLETE GUIDE

[美]鲍勃 · 纳尔逊(Bob Nelson) [美]迪恩 · 斯皮泽(Dean Spitzer)/著
钱 峰 易安静 李建欢/译

中华工商联合出版社

图书在版编目（CIP）数据

零成本1001种有效激励员工好方法 / (美) 鲍勃·纳尔逊, (美) 迪恩·斯皮泽著；钱峰, 易安静, 李建欢译. -- 北京：中华工商联合出版社, 2021.9

书名原文：THE 1001 REWARDS & RECOGNITION FIELDBOOK: THE COMPLETE GUIDE

ISBN 978-7-5158-3073-5

Ⅰ. ①零… Ⅱ. ①鲍… ②迪… ③钱… ④易… ⑤李… Ⅲ. ①企业管理－人事管理－激励－研究 Ⅳ. ①F272.92

中国版本图书馆CIP数据核字（2021）第166123号

First published in the United States by Workman Publishing Co., Inc. as THE 1001 REWARDS & RECOGNITION FIELDBOOK: The Complete Guide

零成本1001种有效激励员工好方法

作　　者：[美] 鲍勃·纳尔逊　[美] 迪恩·斯皮泽
译　　者：钱　峰　易安静　李建欢
出 品 人：李　梁
责任编辑：于建廷　效慧辉
封面设计：周　源
责任审读：傅德华
责任印制：迈致红
出版发行：中华工商联合出版社有限责任公司
印　　刷：北京毅峰迅捷印刷有限公司
版　　次：2021年10月第1版
印　　次：2025年 5 月第4次印刷
开　　本：710mm × 1000mm　1/16
字　　数：380千字
印　　张：22.75
书　　号：ISBN 978-7-5158-3073-5
定　　价：68.00元

服务热线：010-58301130（前台）
销售热线：010-58302813（发行部）
010-58302977（网店部）
010-58302837（馆配部、新媒体部）
010-58302813（团购部）
地址邮编：北京市西城区西环广场A座
19-20层，100044
http://www.chgslcbs.cn
投稿热线：010-58302907（总编室）
投稿邮箱：1621239583@qq.com

再版前言

如何奖励员工，调动员工的工作积极性，是所有企业都需要面对的问题。我社 2013 年出版的鲍勃·纳尔逊（Bob Nelson）和迪恩 • 斯皮泽（Dean Spitzer）先生所著的《1001 种零成本奖励员工的方法》给出了自己的答案，深受中国读者的好评。

此书提出了一个新的词语——“零成本”奖励，并以此入手，让我们进入了一个与以往不同的“奖励”的新天地。以往有关奖励的书无非是从金钱等物质出发，而此书从“表彰”出发，让表彰建立在重视员工所做的工作上，并围绕着“表彰”详细讲述了各种激励方式、方法及其意义。

本书作者一直致力于“奖励员工”的工作，他们曾写过《1001 种奖励员工的方法》（我社 2011 年出版，目前仍在热销中）。此书为其姊妹篇，更加深入，更加新颖，也更加科学。此书有许多作者亲身经历的轶事，以及他们受到感悟的名人妙语、建议、启迪等，意在帮助职业经理人认识到表彰对员工激励的重要性。书中还有大量数据，佐证他们提出的员工表彰和非金钱奖励可起到与物质奖励同等的作用，甚至超过物质奖励的观点。

此次我们再版此书，做了适当删减，使主题更为突出，更适合今天的职业经理人阅读、学习、使用。

推荐序

鲍勃·纳尔逊（Bob Nelson）和迪恩·斯皮泽（Dean Spitzer）来找我，请我为他们的新书《零成本1001种有效激励员工好方法》（The 1001 Rewards & Recognition Fieldbook）作序时，我感到很荣幸。我认识他们好多年了，也很欣赏他们的著作。鲍勃曾写过《1001种奖励员工的方法》（1001 Ways to Reward Employees），这本书已经再版了39次，最新版印刷量高达150万册。这表明了书中谈论的话题对商界人士具有巨大的吸引力，同时也体现了鲍勃写作手法贴近生活，具有实用价值。我敢保证，所有读过此书的人，都知道如何更有效地对员工进行表彰。

我知道，鲍勃对奖励员工这个话题一直充满热情，他也乐于让更多的人认识到奖励员工的意义。他脑子灵活，善于想出各种及时有效的点子。他提出一个简单的方法，使得忙碌的经理们能够把员工表彰融入到自己的日常行为中去。鲍勃在许多讲座和研讨会上已经说明了表彰员工的重要性，最近他又完成了以此为主题的博士研究。他倾注了整整三年的心血，在这本实战手册中与读者分享了自己的研究成果。他亲力亲为，以科学的方法研究出人际交往的道理，再将这些道理介绍推广，这是鲍勃与这类书其他作者最大的区别所在。

鲍勃和迪恩创建了一套翔实的奖励与表彰制度。《零成本1001种有效激励员工好方法》里有许多轶事经历、名人妙语、建议启迪等等，意在帮助经理人认识到员工表彰的重大意义，以及如何使表彰达到预期效果。除此之外，书中还有大量数据，如调查研究、亲身实践等，这些都证明了：如果操作得当，员工表彰和非金钱奖励都会成为很好的激励因素。

鲍勃和迪恩在书中阐明了重要的一点，那就是如何自发地实施表彰和奖励，以此建立一个真正的表彰文化。本书会引领你熟悉团队表彰计划，让团队的各个层级都能保持积极向上，充满工作热情。作者的表彰计划会让经理人耳目一新，给他们足够的自由度，来建立一个正面强化的、积极向上的企业文化。作者的表彰计划也会让员工主动将表彰和奖励制度运用于自己和他人。这一途径能创造条件，有效提升团队各个层级的个人责任感。

在这本书里，鲍勃和迪恩阐明了表彰在现今人际关系和团队工作中的重要性。他们证明了表彰是可行的，即便资源有限、约束重重；他们也证明了表彰是对所有员工而言的，每个人都要贡献力量，使表彰顺利进行。

两位作者把他们丰富的经验倾注到这本书中，以至于每一页都富含哲理。通过它们，你能学到“世界上最好的管理原则”。

衷心感谢你们，鲍勃和迪恩。

——奥布里·丹尼尔斯博士 (Dr. Aubrey Daniels)

奥布里·丹尼尔斯

国际管理咨询公司主席、作家，著有《发掘人们的最高潜质》(Bring Out the Best in People)、《他人的习惯》、《业绩管理》(Performance Management)、《通过正面强化提高质量和产量》（Improving Quality and Productivity Through Positive Reinforcement）。

自 序

我们写作本书的初衷是为了提高表彰的可操作性——使之尽可能地成为更多团体、组织以及个人关系中更加切实有效的组成部分。虽然本书主要探讨的是表彰在商业界的价值问题，但是我们希望本书同时也能服务于其他领域。

上天知道其实我们每个人都可以在生活中用到表彰和欣赏的策略！与以往相比，我们肩负更重的压力，想要利用更少的资源，在最短的时间，取得更大的成功。结果，我们的人际关系变得紧张，我们的目标以及相互之间的联系被异化。无论我们是不是能成功放缓步伐，至少我们应该努力把激励他人和自我激励的习惯带到生活中——给予他人的同时也给予自己——这样，我们才能在人生旅途中享受一路的风景。

但是身处这个压力膨胀的世界，面对各种负面效应，表彰远远不能完全应对很多的负面效应，但表彰仍然首先被视为是能够帮助我们获得成功的润滑剂。表彰对提升业绩来说是绝好的推动因素。如果你看重业绩，那么你必须看重表彰。正是出于这个原因，我们希望每个想要通过他人完成工作、激发员工提高创造力、生产力、业绩的团队领导者、监督者、管理者或执行者都能有机会读一读本书。

显而易见，当公司形势一片大好之时，表彰比较容易实现，但是人们真正需要激励的时刻却是公司身陷困境之时。而那些真正为员工着想的伟大公司大多保持了一种鼓励发扬表彰文化的环境。

当一个公司举步维艰之时，其实正好提供了一个发现表彰员工真正价值的机会——这样的表彰，不是建立在金钱与其他物质奖励之上，而是建立在重视他人所

做工作之上。在此情况下，表彰使表彰发出者和接受者同时受益。真正的表彰价值之大，难以估量，而其花费之小，实在微不足道，甚至成本为零。

本书可以帮助你以一种系统化的方式开展低成本的表彰活动，以确保你能够在公司中建立一种表彰文化，使公司无论是在忧患还是安乐之时，都能顽强存活、兴旺发达。它会告诉你如何发动一场变革，如何让表彰在公司中兴起，以及如何在生活之中，工作之外，变得更加强大。

表彰对各种人际关系的协调具有关键作用。如果有足够多的人参与到这股激励和表彰的浪潮之中，不但会提高公司的效率，而且对家庭、社区、甚至全社会的有效运行都能发挥作用。

——鲍勃·纳尔逊博士，圣地亚哥（San, Diego），加利福尼亚

——迪恩·斯皮泽（Dean Spitzer）博士，穆尔柏瑞（Mulberry），佛罗里达

导 言

激励——内心之火

“如果你想从一个人身上得到什么，不是试图点燃他下面的火，而要在他的内心生起火。”

——鲍勃·纳尔逊（Bob Nelson）

人们工作是为了什么？这个问题从一开始就令人着迷。在最基本的层面，未满足的需求决定了人们的行为：饿者，食也；渴者，饮也；累者，憩也。但是，一旦我们最基本的生理需求得到满足，我们的注意力就会转向更高层次的需求，比如归属感的需求，或寻找生命意义的需求。我们中大多数人成年之后将生命的三分之一用于工作，原因可能是我们通常希望通过工作——以及我们的同事——帮助我们基本上满足这些需求，这一点对我们来说并不难理解。

激励是人内在的力量，促使人们满足他们尚未满足的需求。虽然我们每个人有同样的基本需求，但这些需求的先后顺序持续变化。进而言之，每个人都有他或她个人的额外需求。有人在获得与家人更多的相处时间时受到的激励最强，有人渴望涨工资，还有一些人则渴

“大脑就像感情，哪里欣赏它，它就去哪里。”
——罗伯特·麦克纳马拉（Robert Mcnamara），美国前国防部长

望获得更大的责任感，无论这种责任感从何而来。

激励，就其本质而言，是由内而生的——你的激励难以对他人产生作用，你只能提供适当环境，促使他们更易于产生自我激励。确实，有时候你可以强迫他人按照你的意愿行事，但是此类强制激励通常十分短暂，其时间长短与直接压力或威胁存在时间相等。一旦强制力消失，个人的激励（包括被期待的行为）也随之消失。实际上，我们过去一直强调强制力作用，导致大家对激励产生了误解。这种误解体现在一个老笑话上：如果你让别人在有回报的前提下做事，这叫作鼓励；如果你让别人在可能被炒鱿鱼的前提下做事，这叫作激励。

最近几年，将强制力、恐惧、威胁用作激励工具的做法已经越来越缺乏效果。一方面，社会发生了重大的变化——“知识工作者”大量地涌现，影响力增强，工作机会增多——这使得强制力的使用在工作和社会中越发难以被接受。如今员工们在选择工作地点时有更多的决策权，对工作时如何分配精力也有更多的控制权。

要想让当今的工作者取得最佳绩效，管制型的管理风格毫无用处。人们越来越希望员工更好地发挥自己的判断力——自我决策——而不是只是纯粹地服从上级的指令。此外，今天的员工想要获得更多的权利，以及更多的自主权去行使这种权利。他们希望在履行工作职责时受到信任和尊重，这样才能竭尽全力地完成工作。管理者的角色已经从权威式的“命令——控制”、“要么听话，要么走人”风格——工业革命以来占主导地位的管理风格——转向成为更为有效的新角色，新角色要求管理者们成为员工的教练、同事、顾问，甚至是啦啦队队长。

“如果从一个人身上看到的是潜力而不是问题，是优点而不是缺点，是无限可能而不是无聊迟钝，那么他就会茁壮成长，发挥最大潜能。”
——罗伯特·康克林（Robert Conklin），教师、作家、演讲家

你可以创造一种氛围，使每一个团队成员都能得到激励。实际上，创造这样的环境可能是现在的管理者需要面对的最重要以及最大的挑战。营造激励性工作环

境的关键在于对结果，尤其是正面结果的管理。

所有员工都想表现出色。所有员工在工作之初都充满热情，想要发挥自己的潜能。然而，对很多员工来说，工作之初的热情很快消失殆尽，激励也逐渐消散。我们认为这一现象直接取决于管理者平时如何对待员工。给我们指出一个缺乏激励的员工，我们就能指出一个不能帮助员工取得他或她最佳业绩的管理者。

管理者需要建立一个能让人们发挥潜能的支持性环境。对表彰和奖励制度的有效运用是创造这样一个支持性的工作环境的基本途径，在该环境中，人们能够被高度地认同和激励，如此以保障组织的成功。

奖励之事，即为所得

似乎每个月我们都能看到一些管理的新潮流，宣称“保证”能提高员工的业绩，增强士气，克服公司遇到的任何问题。事实是，这些方法中的多数很快被管理者丢弃——与此同时，还会引来员工们的不满，他们感觉自己就像乒乓球，在一个个新的管理方法之间弹来弹去。

然而，在管理方面，有几条基本的原则永远靠得住。一条是，“奖励之事，即为所得”——有时候这一条被称为“世界上最伟大的管理原则”（The Greatest Principle in the World）。我们从大量的研究结果中得知，人类的行为受到结果的影响，所以提高员工绩效最有力的方式之一就是给其正面的结果。如果你注意、表彰并奖励一个特定的行为——比如，优秀的客户服务——这一行为就更容易重复发生。

考虑到正面强化在管理学和心理学上是最经得起考验的原则之一，当我们发现鲜有管理者经常采用这一原则时，自然就觉得意外了。这是常识，但是绝对不常见。然而，如果公司要兴旺发达，正向强化需要成为常见做法。

零成本创意 1

“金星奖”（The Gold Star Award）

密歇根大学精神病系副主任马基塔·格拉班（Markeeta Graban）说：“确实，任何东西都可以成为表彰内容。三年前，有人曾经给了我一点帮助，于是我便在一张纸片上画了个星星，涂上颜色，给了他。之后他们又把这颗星给了另一个人，这个人又转送给了另一个人。每一次转送，这颗星就多了一层特殊的意义。现在我们把星星贴在磁性贴板上，要是谁助人为乐或是这天过得很糟，我们就把这颗星给谁。大家喜欢这种形式！”

管理公司文化

问 我们是一家小型房地产公司，包括评估师、税务代理、行政支持。我们的公司文化非常官僚化，管理风格倾向于封闭保守、追求利润、各自为营。我试图开发一个员工表彰项目，以改善我们的公司文化，使公司不至于太过散漫。

——毕 · 莱特（Bea Lyte），
某公司，某地

答 首先要意识到，几乎所有东西都能成为表彰的形式（放假、礼物、活动、分配合适环境中的额外工作）。其次，打消之前想好的方式。如果你不是凭自己随意猜想，那么你会得到最好的回报。然后，问问你的员工，他们最愿意接受哪种方式。尽量用他们的想法，而不是你的。如果你什么想法也没有，就在公司内传阅《零成本 1001 种有效激励员工好方法》，引发大家的思考，在其中找到最喜欢的方式后再反馈给你。

每个人都喜欢得到表扬和欣赏。但是有多少管理者将“欣赏他人”视为工作的一部分？有多少公司认为管理者需要在员工绩效突出时给予表彰？恐怕不多。

现在，员工们需要完成比以往任何时候都要多的工作，为公司持续的增长献计献策，在短时间内解决复杂的问题。从公司的利益角度采取行动，在此情况下，用来奖励他们的资源和制度支持相比之下则显得空前地不足：预算不足，薪资低廉，不时面临下岗的风险，而升职的机会则少之又少。员工比以往更加需要管理者们告诉他们，他们的工作受到了赏识，他们是公司中重要的一员。

然而，在当今的商业环境中，管理者似乎过于忙碌，过于疏离员工，以至于注意不到员工杰出的工作绩效，进而对他们表示感谢。频繁使用电脑取代了上司和下属之间的个人交往。二十多年前，未来学家约翰 · 奈斯比特（John Naisbitt）曾在其专著《大趋势》（Megatrends）中预测到这一变化。他说道，我们的工作环境技术含量越高，那么员工就会越渴望相互交流。他将这种新兴的需求称为“高技术 / 高接触”（“high-tech/high-touch”）。并且，当人们在生活的方方面面不断地寻找意义的时候，这种改变已经确确实实地发生。

在奖励和表彰项目最为需要的时候，它们却广泛缺乏。这一现象实在不可原谅，因为这个最激励人的机制却只需要很少的时间和金钱去实施。要想激发人们最大程度地发挥潜能，往往并不需要一笔丰厚的奖金、一趟去巴哈马（Bahamas）的旅行，或是一个豪华的年度颁奖大会，而是只需要一点时间、心思和精力，并且持续付出，只需为员工们做些改变。

奖励和表彰是任何公司的每位管理者和领导者都能使用的工具，可以使公司获得巨大的商业回报。这本书就是告诉你具体的方法。

表彰的益处

提升士气。更多的表彰会直接带来更高的士气。当员工因为优秀的工作绩效受到表彰时，他们会觉得自己变得特别，于是更加快乐，对上司也会更加满意。

提升业绩。对工作感觉良好的员工更容易有效工作，工作绩效本身进一步变成一种激励，让员工想要继续好好工作。

提高竞争力。当公司表彰和奖励成为与主要目标相协调的绩效时，公司会变得更加成功，更加具有竞争力，从而更能有效地实现目标。

提高收入和利润。任何想要赚钱赢利的公司都会发现表彰会激发员工更努力地工作更努力地赚钱，为公司带来更多的利润。

降低压力。压力和热情泾渭分明。表彰让工作更加有趣、更令人兴奋，让员工们变得更有可能在必要之时“迎难而上”，而不是觉得失去控制，被工作压垮。

降低缺勤率。当员工因为他们所做的工作而获得感谢和重视时，他们会开始期待上班的时光，缺勤率便会自然而然地降低。

降低离职率。盖洛普咨询公司做过一项基于700个公司200万份面谈资料的调查，调查显示，决定一个员工在一家公司所待时间长短的首要因素是员工与直接上司的关系。更多的表彰意味着更和谐的关系、更低的离职率、更长的工作期。

降低人力资源成本。如果员工们都喜欢来上班，都能积极地做好工作，那么面试、聘用、培训新员工的需要和成本一定会大大降低。

2 零成本创意

火花塞奖

位于新墨西哥州里奥兰珠市（Rio Rancho）的黑斯廷斯书籍音乐和娱乐公司（Hastings Books, Musicand Entertainment）的图书经理人贝弗利·克罗宁（Beverly Cronin），回忆她曾在俄亥俄州阿克伦（Akron）的一家百货公司的经理那里收到一个火花塞。那个经理对她说："这就是你，因为你为我们的工作环境增加了火花。"这个奖励实际上是一个镀金的火花塞，挂在了一个彩带上。她至今仍然保留着这个奖品，把它放在首饰盒中，以纪念她在工作上第一次得到的表彰，以及获得的成就感。

本书使用方法

我们旨在编写一本综合介绍员工表彰和奖励话题最全面的书。虽然有许多其他书可对本书起到补充作用（包括本书作者的其他专著），但我们仍希望本书能成为一本独立的参考资源和应用指南，帮助你从表彰和奖励的工作中取得最大的效益。本书不是作为阅读之用，而是在"专业领域"实践之用，如此才能发挥它最大的作用。

无论你是一个经理、团队领导、人力资源专家、行政人员，还是一名普普通通的员工，不管你是不是有表彰和奖励方面的相关经验，也不管你所在公司中现有表彰项目是何种形式，我们都衷心地希望这本书能对你有所帮助。

下面是本书六大部分的简介：

第一部分：表彰基础。对激励和表彰的主要内容进行了概述。

第二部分：表彰准备。介绍表彰的开始准备工作。

第三部分：公司表彰。概括和回顾了有效设计、安排、实施以及管理公司的表彰项目的基础工作。

第四部分：表彰的问题与挑战。介绍在公司只能在施行表彰项目时出现的一些最为普遍和富有挑战性的问题。

第五部分：表彰工具。多种评估和测试工具、计划工作表和清单，以及"优秀范例"（best practices）作为你的表彰参考模型。

第六部分：表彰资源库。其他信息和想法，还有作者个人"荣誉榜"，列出员工表彰杰出的公司。

除此之外，你还会在本书的边栏中看到发人深省的引言，和以下专题：

零成本创意 由作者搜集整理的 1001 个零成本表彰实例。

问与答 来自世界各地的人们提出的有关奖励和表彰的问题，作者给出了相应的解答。

表彰悲剧 普遍以及非普遍错误的真实事例，看表彰效力如何受到折损。

指示牌 指示表彰工具和资源的标识。

术语和定义

激励： 人可获得的内在力量，用以激发行动。

激励因素： 任何能提高激励力量的因素。

去激励因素： 任何减低激励效果和（或）引发消极行为的因素。

表彰： 对一个人的行为或行为结果给予的正面回应。表彰可有多种形式，包括承认、赞同或是表示感谢。它是指别人为你、你的团体或你的公司做的某件事表示感谢。员工在努力实现某个目标的过程中，或者最终完成时，都可以给予其表彰。

奖励： 给某人一件有金钱价值的（不一定是金钱）物品或一个经历，作为对被期待者的行为或绩效的奖赏，一般伴有表彰。哈佛商学院教授和管理顾问罗莎贝斯•莫斯•坎特（Rosabeth Moss Kanter）将奖励定义为“某种特殊的东西——特别的成绩换来的特别的收获，因为做事出众而受到的一种款待”。

鼓励： 提前答应达到某种标准、取得一定成绩后给予的表彰或奖励。鼓励创造某种预期和热情，因此会有更强烈、清晰的激励。

创造表彰文化

一旦你将本书讨论的原则和思想付诸实践，那么你就已经开始创造一个更为激励人心的工作环境。如果继续努力，你将很快就会拥有为你的（和他们的）成功奉献精力的员工；拥有一个良好的工作环境，在这个环

境中，员工们工作热情、相处融洽、每天都会全力以赴完成工作。这些不但会为你的公司带来竞争优势，而且会让你为作为一个这样的领导而自豪。

然而，你的工作不会到此为止。为了保持你取得的成绩，你需要将理想的工作行为和绩效与公司招聘、任职介绍、培训，还有与包括加薪、升职之类的传统奖励匹配起来。如果做到了这些，那么你就真正创造了一个表彰文化。你就会营造一个大家梦寐以求的工作环境——这个环境将员工放在了首位，奖励表彰他们对客户、同事和公司的贡献。我们编写此书，就是要帮你实现这样的愿景。

普通人的创造、成长、合作、生产的能力（就上述术语的所有意义来说），比我们已经表彰的要强大得多。

——道格拉斯·麦格雷戈（Douglas MacGregor），
管理学家

目 录

第一部分 表彰基础

第二部分 表彰准备

START

第三部分 组织表彰

第五部分 表彰工具

第六部分 表彰形式

第一部分

表彰基础

第一章

认可和奖励革命

比起性和金钱，人们更想要的两样东西就是：认可和赞美。

—— **玫琳·凯·阿什（Mary Kay Ash）**玫琳凯化妆品公司创始人

当今的各个工作场所正在经历一场革命。员工们想要得到尊重，他们渴望被信任，认为他们能做好一项工作；他们想要自主权，决定完成工作的最好方式；而且他们还想要支持，即便他们犯了错。最重要的就是，他们想要在自己出色地完成了工作的时候得到赞赏。

这些奖励因素对于现在的员工比对过去的员工来说更为重要。给予员工尊重和自主权，对于留住他们继续为公司付出最大的努力会起到很大作用。

3.0 时代的表彰

每个人都希望因为自己的出色工作绩效而受到表彰和奖励；聪明的经理和老板多年来都明白这个道理，

而且成功地将这个道理用到实际工作中来激励员工，提高他们的工作绩效。但是现在，表彰员工比起以往来说更是企业成功的一个关键要素。以下五个重要的商业趋势，已经影响了表彰在今天的商务环境中的重要性。

1. 传统激励措施的衰落。在过去的十年里，传统的激励措施如加薪和升职已经失去了塑造员工行为的力量。《薪酬和福利评论》（compensation and benefits review）中的一篇文章显示：

- 81% 的员工声称，他们并没有因为业绩提升而受到任何奖励。
- 60% 的经理抱怨说，即便是他们工作绩效更高，他们的补贴也不会增加。
- 只有基本工资的 3% 可以将绩效优异的员工和绩效平平的员工区分开来。

很明显，如果公司中传统的奖励机制不能在大范围内区分好差绩效，鼓励员工提高工作表现，那么这样传统的方式就正在面临着危机。同样明显的一点是，员工的忠诚度会因为工资和绩效之间不合理的联系而受到消极的影响。根据怡安咨询公司最近的一份调查显示：只有 48% 的被调查者会推荐他们所在的公司为最佳工作场所，58% 的人会离开现在的公司转战别家公司，即便他们的工资可以得到小幅的增长。

问题出在公司等机构对金钱奖励太过依赖，而排除了其他可能的更有效的措施。管理大师彼得·德鲁克说过：“物质激励正在变成权利而不是奖励。晋升总是被拿来奖励员工突出的绩效。很快，晋升就会变成一种权利。不给予晋升或者是晋升力度不够就是一种惩罚。对于物质激励日益增长的需求正在快速破坏它们作为激励措施和管理工具的实用性。”

而物质激励的效果则变得更糟。有些情况下现金

忠诚的转变

问 我已经从教十一年了，正在研究我所认为的当代员工忠诚度的缺乏和五六十年代的人们对老板的倚重程度的对比。你认为呢？

——杰夫·桑内（Jeff Sumner），美国弗吉尼亚州约翰城

答 员工的忠诚度已经出现了极大的改变。我相信，现在的员工对公司的忠诚远不如他们对人的忠诚，特别是对那些尊重、信任他们以及经常为他们考虑，并且能有系统地为他们的最佳利益服务的经理人。

和其他物质奖励会打击员工的积极性。正如美国休斯飞机公司的经理塞西尔·希尔解释的那样：

> 我发现现金奖励的方法对休斯飞机公司的业绩起着阻碍的作用。例如，现金奖励会削弱团队的重要性，因为员工会主要关注个人的现金收入。我们也发现，美国航空公司由于法律诉讼问题已经放弃了长期沿用的现金奖励制度。其他公司指出无论何时只要创意被否定都会出现一种飞去来器效应（boomerang effect），而很多公司报告说，及时回复这个问题始终存在，其他人报告说，金钱数量的决定总是不能达成一致，而且关于“正常工作绩效”的一部分，也会引起纷争。
>
> 我们也发现在以下情况下，如果“支付”一些智力表现，就是抹黑这种表现，把它从能让人产生骄傲和满足感的智力成果范畴中移除，变成一个更为世俗的“有付出就得钱”的概念。简单地说，现金奖励似乎从整体上削弱士气。

目前，很多公司不再像以前那样有能力给表现很好的员工升职或给予类似的奖励了。由于全球市场竞争越来越激烈，大部分的公司被迫进行大规模的内部变革，例如缩小公司的规模，削减开支，去除各种层级。这些变革大大减少了员工可以晋升的职位。最近在《华盛顿邮报》上公布的调查显示，来自 700 家公司的 43% 的受访人表明，他们在未来能够提供晋升的机会更少了。正如管理咨询师罗莎贝斯·莫斯·坎特（Rosabeth Moss Kanter）所说：“在现在这个公司层级减少和去除的时代，

人们需要因为自己做出的特殊贡献而受到认可和奖励。你不需要给予过多的东西，他们只需要看得见的证据表明你真的关心他们的工作。奖励只是这一关心的象征。

——汤姆·凯西（Tom Cash），美国运通公司高级副总裁

> 为了在当今商界中创造竞争优势，公司必须要用更少的员工做更多的事情，所以因员工具备的解决问题和做出决断的能力而表彰他们是必不可少的。对于公司来说，没有什么比这件事更重要。
>
> ——大卫·W·史密斯，
>
> 行动管理协会主席

公司无法承受把提升员工作为表彰员工的主要手段的传统制度了。如果想要员工在自己的岗位上待的时间更长，那么能够在各层次上提供获得奖励的更大的可能性是必须的，所以表彰就是其中重要的一个部分。”

2. 非传统激励措施的上升。与此同时，一些非金钱的激励措施实际上对大部分员工来说远比加薪和升职等公司传统的奖励要重要得多。根据 20 世纪 40 年代和 20 世纪 90 年代做的多项研究，员工一直将工作完成后获得赞赏的感觉和对工作的喜爱的感觉看得比加工资和稳定的工作这样传统的激励措施更加重要。SITE(society of incentive travel executives foundation ）的最近的一份调查显示，63% 的受访人将“背后的轻拍”看成是有意义的鼓励措施。在另一份调查中，68% 的受访人说，别人欣赏他们的工作是很重要的，而 67% 的人说，大部分的人都需要别人对自己的工作给予赞赏。

为了说明积极推动的力量，位于马赛诸塞州桑德斯的卡斯卡德钻石有限公司 (Cascades Diamond)（就是以前的钻石纤维产品公司）的副总裁丹尼尔•波义耳（Daniel Boyle）描述了“百分百俱乐部”的尼龙和棉布上衣奖励对员工的影响：

> 也许你会觉得这微不足道，但是这对赢得上衣的人们来说很重要。当地银行的出纳员有一次告诉我，一位女性进来，骄傲地给自己穿上了“百分百俱乐部”的上衣给银行经理和职员看。她说：“我工作做得好，老板给了我这个。这是我为这个公司工作十八年来，第一次因为我每天做的事情而受到认可。”在那些年里，她已经赚到了几十年的工资，用来买车，还房贷，买食物和其他生活必需品，支付旅游，供孩子上大学。她认为，

她已经为所获得的工资付出了应有的努力。
钱并不是对她工作的认可，但是“百分百俱乐部”的上衣却是。

试想，如果这样的表彰每天都会实行，而不是在她为卡斯卡德钻石公司工作了十八年后才实行了一次，那对这个员工的影响会有多大！

贝弗利·凯和莎朗·乔登-伊凡丝（Beverly Kaye and Sharon Jordan-Evans）近期关于员工留在公司的原因的调查，进一步显示了理想的激励措施的转变。

前十位	留下的理由
1	职业成长、职业学习和职业发展
2	令人兴奋的工作和挑战
3	有意义的工作；能影响别人，能为公司做出贡献
4	很棒的同事
5	成为团队中的一员
6	老板好
7	出色的工作受到表彰
8	自主性，对自己的工作有掌控感
9	灵活的工作时间和穿衣要求
10	合理的工资和福利

注意，合理的工资和福利位列清单最后一名。工资和福利是基础的，但是它们不是影响员工对公司忠诚的主要原因，远远不是。美国人力资源公司罗勃海佛国际 (Robert Half International) 针对管理层的调查进一步证实了表彰在挽留员工中的重要作用。这一调查发现，员工离开公司的首要原因就是公司对他们的工作“吝啬的认可和表扬”，这个原因远远高出其他的因素，包括薪酬、权利和个性冲突等。

3. 各种薪酬的运用增加。员工薪酬方面中出现了

零成本创意 3

积极开始每一天

伊利诺伊州橡溪镇诺德斯特姆公司的培训和拓展经理爱德华·尼克尔（Edward Nickel）报告说，诺德斯特姆公司旗下的一些商店在开门前会通过商店对讲器系统分享收到的客户表扬优秀服务的信件。信件之后会被贴到员工公告栏上供所有人浏览。每家商店的经理都有自己的做事习惯，但是从来不会让公告栏上少了这样的阅读材料，而且听到这样的例子也会使得其他员工做类似的事情。

一个浮动薪酬制度的趋势，有固定基本工资，根据具体的工作目标，给增加的绩效仅以奖金的形式奖励。然而，浮动薪酬机制对于使用这个机制的公司来说意义很大。通过将工资和绩效紧密联系在一起，如果没有完成目标就没有奖金，员工会感到受挫。如果员工被期望完成一个他们能力之外的目标时，这种受挫感就更为明显。

这样的体制促使公司寻找新的方法而不是传统的方式来强化正向行为。非正式的奖励方式可以帮助他们满足这样的需求，而且他们和浮动薪酬机制搭配融洽。

4. 对授权员工的需求增加。现在，公司越来越期望员工能够自我引导自我授权。如果他们和自己的经理在不同地方工作，或是不同班次，有更加灵活的工作时间，或者远距离办公，那员工就需要能够独立行事，他们必须在比过去更少监督的情况下为了公司最大的利益工作。约瑟夫•马恰列洛 (Joseph Maciariello) 和卡尔文•柯比（Calvin Kirby）在合著的书《管理控制系统》（Management Control Systems）中写到，“经理们面对的挑战就是在对公司的掌控中加入适应性，以此为员工们创新提供更大的灵活性和更多的自由度，而与此同时，经理们仍然需要将他们的活动导向公司的共同目标。”表彰和奖励是授权的工具，可以同时被经理和员工使用，来加强理想行为的实施，提高工作环境下的绩效。

5. 更多的变化和不确定性。所有不同规模和不同类型的公司正在以比过去更快的速度变化。有效的表彰和奖励也正在快速变化。管理学教授亨利•明茨伯格 (Henry Mintzberg) 说：“在现在充满活力和变革的工作环境中，必须要利用更为灵活随意的协调机制来管理。”结果就是对正式的管理控制的依赖

零成本创意 4

特殊传递

位于密歇根的三河城，为了给每个员工倾诉的机会，工资单是由总经理或者财务主管每星期亲自发给三百多个员工的。每周至少有一次机会，每个员工都可以提问，提建议，并收到来自管理层的反馈。

性减少。

非正式的灵活体制在不确定时期的作用更大，不论公司是需要稳定业务还是更快更好地满足危机时期公司的需要。正如马恰列洛和柯比解释说：“正式和非正式之间的联系随着不确定性的程度变化。当稳定性和可预见性增加，正式体制的使用就要增加。而在重大变革时期，非正式的体制就会成为主导的管理系统。正式的体制，也就是运用到过去产品和客户的政策和过程，或许会被管理层认为是一种潜在的障碍。”

表彰悲剧

有一天天气很热，一名职员因此向上司建议修一修空调。但上司却说：“如果你能减肥，就不会那么热了。”

记住，一句无心之言带来的伤害往往需要很长时间才能修复。

利用非正式的奖励可以合理地结合相关性、及时性和个人价值。想想看，大约有 30% 的经理人称宁愿在另一个公司工作，他们可以得到更好的表彰，这个问题对于现在快节奏的公司以及公司在未来兴旺发达（更不用说生存）是至关重要的。

员工非常看重表彰和赞赏的价值，而且效果远远大于工作满意度本身。表彰可以增加公司的收入而且降低成本，这是任何公司内的一个有力组合。持续表彰员工不仅仅会带来公司的高生产力和员工的优异表现力，而且，因为使公司有了“精选老板”的名声，更容易吸引新员工加入。

除此以外，员工得到了很好的待遇，无可避免地会对他们的客户更好。很有可能，员工会对客户比公司对他们自己更好。万豪国际酒店集团 (Marriott International) 董事长兼总裁 J • W • 马里奥特说：“我们知道，如果我们善待员工，他们也会同样善待客户。如果客户受到了很好的礼遇，他们就会再次光顾我们。”

表彰和绩效的关系

表彰和绩效紧密相关。表彰员工的一个根本原因就是它对员工的工作绩效有积极的影响。如果你真的看重工作绩效，你就必须对表彰问题严肃对待。鲍勃·纳尔逊的博士研究（在第三章会更深入地讨论）发现，表彰措施的使用和提高员工工作绩效至少在三个不同方面有联系。

首先，大部分的经理人都赞同这样一个说法，使用表彰措施会在很多方面提高员工的工作绩效（同意以下说法的经理人数百分比会在括号中标出）：

- 表彰员工能更好地激励他们（90%）。
- 当员工出色完成工作时，提供非金钱的表彰会提高他们的工作绩效（84%）。
- 用实际的反馈来表彰员工（84%）。
- 表彰员工能让他们更有效率（77%）。
- 提供非金钱的表彰能帮助员工达成个人目标(69%)。

其次，研究中，73% 的经理人称，实施表彰员工的措施后，能立刻或者很快收到预期的效果；99% 的经理人称，能获得理想的结果。

再次，在对经理人汇报的员工中，有 77% 的人说，当他们出色完成了工作，能获得经理人的表彰是“很重要”或者“极其重要”的。员工希望表彰能立刻出现的占 20%，之后很快出现的占 53%，过一段时间后出现的占 18%。

这是真理：表彰确实能够激励员工，提高工作绩效！

表彰的经济状况和底线效应

即便是针对个人和团队层面上的表彰项目也需要投入大量的时间和金钱。例如，以比较现实的平均数来算，假设一个公司内有 100 名主管在表彰员工上每个星期花 2 个小时 25 美元。如果每个主管的全部负担成本（每个小时的工资加上补贴的成本）是 50 美元每个小时，

兜售影响力

问 如果公司的老板不相信奖励员工的说法，你会怎么做？

——匿名读者

答 你必须以某种方式穿越管理层的“雷区”。如果奖励员工仅仅只是因为它能让员工感觉更好的话，它就不是一个好的想法，关键是它还能让公司发展更好。快乐的员工更有生产力，能为客户提供更好的服务，他们离开公司另谋高就的可能性会低。分享研究成果以及向管理层兜售表彰员工能为公司带来的底线效应。

主管们用来表彰员工的时间会给公司带来的成本大约每年要 65 万美元。

而那仅仅是开始。如果十个团队（每个团队十人）每人每个星期用在和表彰有关的活动上面的时间是一小时，每个团队 30 美元（全部负担成本为每个小时 25 美元），就相当于每年要给公司增加 14 万美元的成本。表彰个人和团队的简单方法总成本接近 80 万美元！我们还没有加上一个公司表彰项目的成本。

如果你是这家公司的总裁，你不想知道公司可以从这么多资源的投入中得到什么利益吗？当然，对于一个聪明的总裁来说，这个项目的产出会大于支出，那么他或她花上 80 万美元一点问题都没有。不幸的是，如果表彰员工做得不好，那将很容易使这么大笔投入成为巨大的开销，为公司带来低回报以及士气不高的问题。然而，本书将会证明，如果表彰得到很好的实施，得到的利益会远远超过所花的时间和金钱。

很多研究都证明员工表彰在达成公司财务和绩效目标中起到了重要的作用。一些公司已经发现他们为表彰员工付出的努力获得了最大利益回报。以下是几个结果：

- 飞马个人健身中心（Pegasus Personal Fitness）要求员工列张单子，写清他们完成工作目标后想要得到的奖励（最高 25 美元）。公司报告说，这个做法使得公司六年间的销售额增长了一倍。
- 石油巨头美国阿莫科石油公司为员工提供了各种各样的礼物和比赛，一家工厂因此在两年内节省成本 1880 万美元。
- 阿姆泰克（Amtech）公司为员工制定了“胜利派对”的项目，并且将五年内 890% 的盈利增长归功于这个项目。

5 零成本创意

鱼型礼物

新英格兰水族馆允许员工用鳕鱼感谢卡（鳕鱼形状的感谢卡）对同事表示感谢。

基尔本（Gilbane）大学位于美国罗德岛(Rhode Island）的首府普洛威顿斯（Providence），该校的实习技术专家琳达·豪尔（Linda Hower）报告说，卡片的一半给获得奖励的员工，另一半直接放入抽奖箱，每季度抽一次奖，奖品包括带薪休假、商场优惠券、当地饭店免费用餐等。

迪士尼公司的表彰魔力

迪士尼公司怎么来表彰员工？迪士尼公司在提供优质服务这方面一直遥遥领先。为了了解迪士尼公司 200 多个表彰项目，我们采访了前主任迪·汉斯福德（Dee Hansford）。

问：沃特·迪士尼曾经说过："你们可以梦想、创造、设计和建造世界上最神奇的地方……但是这需要人去实现。"你们怎样让今天的员工来保持梦想鲜活如初？

答：我们一直寻找新的方法表彰员工，既有正式的，也有非正式的。非正式的表彰一直都在进行。我们刚引进的一个新的正式表彰项目就是"优秀伙伴"的项目。

问：什么是"优秀伙伴"项目？

答："优秀伙伴"项目是由跨部门多层次的演职人员组创立的。该演职员组实施一个正式的表彰项目，支持公司的优异绩效方案。这为满意客户、优秀员工和优秀业务提供了全球的表彰项目。

问：你们是怎么想到这个项目的？

答：我们借鉴了其他公司的做法，并以此为基准。然而，你会发现，你可以看到其他公司怎么做，但是如果你的项目不符合自己公司的文化，你的员工不会响应。为了面面俱到，员工需要技巧来加强迪士尼的"优秀绩效"方案。也就是说，我们需要善待演职人员组，善待客户，了解我们今天对公司带来的影响。这些原则帮助"优秀伙伴"项目顺利形成。

问：员工怎么样赢得奖励？谁来做评估？

答：你可以提名任何人，无论他是否属于你的组。演职人员组靠确定优秀标准来评估。标准覆盖三个我们认为重要的基础：

1. 优秀员工：你是多么优秀的团队成员？你了解你在团队中的角色吗？你总帮助你的同事吗？
2. 客户满意：你服务的客户是出钱的员工还是你的同事？
3. 业务和财务出色：你总是寻找方法来使你的办事过程合理吗？我们能减少工作时间或成本吗？我们能将这件事做得更有效率吗？

问：这个项目分不同级别吗？

答：是的，有很多级别。初次得奖

的会得到一个10K的金质别针，一个雕像，以及一个由上层领导主持的庆祝会。雕像是迪士尼魔法王国（the Magic Kingdom）门前雕像的复制品。别针上也刻有这些标志。

到第二级别，第二次得奖的工作伙伴一定达到了其他标准，他们需要为自己设定更高的级别。

“你可以想象、创造、设计、建造一个世界上最神奇的地方，但是记住，是你的下属让这个梦想变成了现实。”

我们让员工们做的一件事是，在一些还没有标准的地方，让他们帮助制定相应的标准。我们让他们帮助演职人员同事成长为“优秀伙伴”的候选人。如果他们同时达到第一和第二级别的标准，那么他们就能获得第二个奖励。他们的别针上会加一颗钻石，雕像也会升级，加一块刻好的匾，他们还可以在迪士尼场地度假两天。另外，他们还会参加一年一度由管理人员主办的地方性庆祝会。

问：有多少人获奖？

答：该项目对所有全职和兼职演职人员开放，由经理统筹，有35000多人参与其中。去年我们并未对获奖人数设限，共由1307个演职人员获此殊荣。今年我们将对优秀演职人员中的三分之一进行表彰。

问：此项目对演职人员有何影响？

答：根据我们耳闻目睹的反馈情况来看，“优秀伙伴”提高了团队合作和出勤率，管理层和没有固定薪资的演职人员间的沟通也得到了改善。

问：员工们是否对此项目感到满意？有没有激励他们更好地工作？

答：是的，他们感到非常满意。我们在开始启动“优秀伙伴”项目时，淘汰了一些已有的项目。我们收到的反馈是员工们希望自己出色的绩效和行为受到表彰。第一，他们希望能因赢得客人的满意而获得表彰。第二，他们希望能因自己坚守岗位而受到表彰。我们的演职人员在接受表彰时获得了极大的成就感。他们意识到这是公司能够授予他们的最高荣誉，并真心对待。

问：有其他一些公司想要开展类似的项目，你对他们有什么建议？

答：一定要确保你开发的项目能够适应你公司的文化和商业目标。多向员工和领导征求意见，因为他们是实施项目的人。特别要注意员工需求的多样性问题。

太忙

问 几年前，一项调查显示员工们觉得得不到上级的表彰，因此我启动了一些表彰项目，比如感谢卡之类，并且特别提供了培训，指导员工如何使用。不幸的是，经理和主管并没有参加培训，因为他们“太忙”，他们也很少用到这些定好的项目。我要怎样才能让管理者参与其中呢?

——爱丽丝·洛浦（Alice Rumph），金宝肾护理产品（上海）有限公司，科罗拉多州莱克伍德市

答 首先祝贺你对这些问题采取的主动态度。我发现让表彰真正有效需要持续不断的努力，还要在现有基础上不断加强。和管理者讨论一下吸引挽留好员工越来越难的问题，以及这个问题背后隐性的成本、生产力和竞争力的缺失。告诉他们竞争对手正在做什么。同时将这个问题和盈亏底线挂钩。你不能强迫管理者去表彰他们的员工，但是你可以让他们认识到为什么他们需要这样做，如此才能更令人信服。另外别忘了，“太忙”这通常只是个借口而已。

表彰和奖励的具体变化

在过去的十年，表彰已经成为一个值得信赖的绩效管理工具，而员工表彰和奖励的具体方法也发生了重要的变化：

从单一方法变为多种项目和活动

在此之前更为稳定的时期，公司会有一些传统的表彰项目，比如“服务年限”或“月度最佳员工”项目，这些项目多少也激励了员工，但是它们不足以满足今天的员工需要。

以中心为主的项目到各领导为主的项目

过去的表彰项目可能是由公司中心人员开发，由人力资源部门管理；今天激励员工的工作则是每一位领导能力范围内的工作。

从正式项目变为非正式行为和活动

尽管正式表彰对员工依然意义重大，但是非正式、自发的表彰——尤其与重要的日常事务相关的表彰——的重要性要更胜一层。

从少数选择变为持续变化的多种选择

更多的选择意味着更好的协调和更多的新鲜感，因为对某一个员工非常有激励效果的方法对另一个员工可能毫无意义。如今，最好的激励项目可以让员工在可供选择的选项里有更大的选择余地，包括多种物品可供选择，还有发展机会、家庭参与的活动、特殊的考虑、团队活动，以及自发的庆祝会。

从很少使用变为经常使用和灵活使用

过去用一个好的业绩评价激励员工在下一年里好好表现的日子已经一去不复返了。现在必须持续不间断地表彰那些努力获得并应该获得表彰的员工。这反过来意味着需要投入更多的创造力和灵活度以想出实用的新型表彰方法，并且更加经常地使用这些方法。

从津贴文化变为绩效文化

公司，尤其是大型老牌公司，正在从“照顾员工”的思维模式中走出来，转向“帮助员工自助”学习、成长、表现以及生产，让员工和公司达到“双赢”的目的。

从覆盖精英人员变为覆盖每一位员工

在过去，奖励，比如旅游和发放物品，主要是面向公司顶级销售员的。现在，奖励不单单面向整个公司，而且公司鼓励所有员工相互表彰，甚至是他们的上司。

所有行业都有它自身的问题，这些问题可能包括产品质量低劣、士气不足、客户服务差、生产力水平低，而这些只是其中一部分。在一些情况下，这些问题可能会需要几百万美元才能解决。然而，表彰不但成本少，而且在士气、绩效、招聘、留人方面效果显著。表彰确实有效，并且当管理者表彰他们员工的工作时，员工会受到鼓舞，全力以赴做好工作。

人们不会记得你说了什么，不会记得你做了什么，但是他们永远不会忘记你给他们带来的感受。

——佚名

要点快递

- 现在任何公司要想成功，都必须重视表彰机制的使用，这一点比以往任何一个时候都要重要。
- 表彰和绩效之间关系紧密，对盈亏底线有积极影响。
- 领导比以往更需要在其能力范围内直接激励员工。
- 正面强化确实有效，任何人都可以通过学习有效奖励和表彰获益。

第二章

薪资谬误，表彰七大层面

薪酬是权利，表彰是礼物。

——罗莎贝斯·莫斯·坎特（Rosabeth Moss Kanter），管理顾问

如果你问一个管理者，他的员工在工作中最想获得什么，很可能你会得到一个长长的单子，列着各种财务鼓励，包括加薪、奖金、升职等等。如果问任何一个员工他们最想要从工作中得到什么，那么你很可能会得到一个完全不一样的答案。

确实，工资很重要，但是更重要的是无形的信任和尊重、学习新技能的机会、参与决策的机会，优秀的工作绩效能换得真心的感谢。

表彰谬误

早在 20 世纪 40 年代劳伦斯·林道尔（Lawrence Lindahl）就做了一系列研究，之后肯尼斯·科瓦奇

（Kenneth Kovach）重复进行了研究，得出类似的结果。研究发现，大部分时候，员工自己最期望从工作中获得的与管理者所设想的截然相反。

	员工排序	管理者排序
对所做工作的欣赏	1	8
在各项事务中有“参与感”（in）	2	10
在个人问题上能得到体谅和关怀	3	9
工作保障	4	2
工资优厚	5	1
工作有趣	6	5
升职 / 发展机会	7	3
对员工的个人忠诚	8	6
良好的工作环境	9	4
技能培训	10	7

在管理者看来，员工最想得到的是那些传统的激励因素，包括优厚工资待遇、工作保障、升职 / 发展机会（其中每项都需要财务成本）等等，但实际上，员工自己最重视的是对所做工作的欣赏、在各项事务中有“参与感”，以及在个人问题上能得到体谅和关怀——充满讽刺的是，所有条目都没有直接的财务成本。

威奇塔州立大学（Wichita State University）的杰拉德·格雷厄姆（Gerald Graham）教授在 1991 年做过一个调查，让 1500 名员工将工作中的 65 个激励因素根据重要性进行排序。最后的员工排序显示，前 5 条均是非金钱的表彰形式。而前 5 条里面，其中 3 条若要成功实行，只需要一点或者完全不需要资金支持，而时间成本也非常之少。排名第一的员工激励因素——“管理者对出色的员工私下表扬”在员工中反响最强烈，效果也最好，但是 58% 的参与者表示他们的上司从来不或者极少对他们表示这样的谢意。排名第二的员工激励因素是“管理者私下给表现优秀的员工写感谢信”。76% 的参与

客服排外性

问　不被表彰的员工难道不会受挫吗？

——加利·弗拉克斯曼（Gary Flaxman），加利福尼亚长滩市（City of Long Beach，CA）

答　是的，这种情况确实会发生，但是有办法将这个问题减轻。如果员工因为不被表彰而受挫，那么说明表彰不够，或者不够经常。如果标准十分明显，员工便可以根据标准自我选择，用优异的绩效获得表彰。如果他们表现出色，但是没人留意，那么给他们一个机会自我提名，或者用其他的方法让他们的工作绩效可见化。丰富表彰的方式，不要只依靠上级表彰下级这一种方法。

者表示他们的上司从来不或者极少有此行为。下面的表格列出了格雷厄姆的研究中排名前 5 的激励因素和实际使用频率。

前 5 名	格雷厄姆的激励因素	
排名	激励行为	适用频率（%）
1	管理者对出色的员工私下表扬	42
2	管理者私下给绩效优秀的员工写感谢信	24
3	公司根据主要工作绩效安排升职机会	22
4	管理者公开表彰表现出色的员工	19
5	管理者召开士气鼓舞大会，庆祝取得的成功	8
参与者均认为自己的上司和公司代表性地采用了这些做法。		

格雷厄姆博士研究发现排名前 5 的激励行为有两大共同特征。对员工来说最具有激发作用的是：

① 管理者自发的行为，而非公司指定的行为

② 取决于具体表现，而不只是出勤率

格雷厄姆博士发现员工最喜欢的奖励形式是个人行为，“是他们的顶头上司即时即兴的表彰行为”。

他总结道：“这些激励效用显著的技巧似乎反而很少被采用，尽管使用起来简单、便捷。”

其他研究者得出与格雷厄姆相似的结论。纽约的家庭与工作研究所（Families and Work Institute）负责的“劳动力变化国家研究项目”（National Study of the Changing Workforce）也发现，员工在选择公司时非常重视非金钱的因素。

在调查参与者列出的所有“非常重要”的原因中，前 10 个原因没有任何直接财务成本。65% 的参与者将“开放沟通”列为最重要的原因，而“职位工资”排名第 11。

零成本创意 6

欢迎卡片

琼·帕吉特（Joan Padgett）来自俄亥俄州代顿市（Dayton）的退伍军人医疗中心（Veterans’ Medical Centre）。他说：“最近我决定花点时间给新来的员工送张卡片，在上面写了如下内容：‘一天下来，有时候你会觉得充实满足，有时候你会觉得筋疲力尽，但是希望你永远在离开办公室时都会记得，你为中心做出了贡献。’新来的员工收到后十分激动，说她要一直留着这张卡片。她激动的反应让我相信，用卡片来感谢、称赞、欢迎、祝贺员工，意义重大。”

表彰悲剧

据报道，一家公司的董事长在给公司的资深经理红包奖金时说："这是你的奖金——你认为你配吗？"经理听后一愣，心里不是滋味，最后在一星期内辞职不干了。

1. 公开沟通 …………………………… 65%
2. 对个人 / 家庭生活的影响………… 60%
3. 工作性质 …………………………… 59%
4. 管理质量 …………………………… 59%
5. 上司 ………………………………… 58%
6. 学习新的技能 ……………………… 55%
7. 对工作内容的控制 ………………… 55%
8. 工作保障 …………………………… 54%
9. 同事水平 …………………………… 53%
10. 激励性工作 ……………………… 50%
11. 职位工资 ………………………… 35%

调查中出现的大部分条目都是有关所谓管理的"柔性"因素，工作中"人性化"的一面。这项研究发现"开放沟通"对员工来说最为重要。所有员工都想知道公司里发生了什么——尤其是影响到他们自身和工作的事情。只要简单地告诉他们公司的情况，给他们提供必要的信息以此让他们更加有效工作，这也是一个激励措施。

鲍勃 • 纳尔逊（Bob Nelson）在 2002 年做了一项类似调查，前 10 个表彰员工的因素是：

前 10 名	纳尔逊的表彰因素		
1	支持和参与	6	可用管理和可用时间
2	个人表扬	7	书面表扬
3	自主性和权威性	8	电子表扬
4	弹性工作时间	9	公开表扬
5	学习和发展	10	现金或现金替代物

一项又一项的调查无一例外地表明了这个简单的道理：当谈及表彰员工这一话题时，最好的激励方式反而是那些无形的东西。

受金钱驱动的神话

大多数人工作不仅仅为了金钱。我们并不是说金钱不重要，金钱当然重要。我们都需要用钱来付账，都需要钱过我们渴望的体面生活。我们也不是说金钱没有驱动的价值，金钱对于我们当然有驱动力，而且这种驱动力会因人从事的事业而不同。如果你即将购置新房，或突然得了什么头痛脑热，或是孩子要上大学，那你可能要更加关注你的“钱袋子”，你也会因此更加受到金钱的“驱使”。

但对我们中的大多数人来说，通常情况下，一旦我们有能力轻而易举地应付每月的开销，我们的自尊心必然会迅速转向其他更有重要意义的方面：感到自己为社会做出贡献，身边的领导会在我们工作出色的时候大加褒奖，受到同行的尊重，对公司的一举一动都能随时知晓并参与其中，做着一份有意义并充满趣味的工作。

问题在于，付给员工的工资是薪酬。这份薪酬是整个公司的薪酬理念和政策的体现，是其市场和地区综合考虑的结果。表彰不是一种薪酬，而是在这种薪酬之外你能提供给员工的东西，并希望以此他们能更努力工作。

管理学家弗雷德里克·赫兹伯格曾认为，一份合理的薪水是一种“维持因子”，人们受雇于一份工作，完成工作就是为了获得它。“维持因子”包括很多其他基本需求，例如足够的工作空间、充足的照明、舒适的工作环境等等。这些因素保证人做自己的工作，但远不足以激励人做到最好。人尽其能则是赫兹伯格所说的“激

索取现金

问 当员工一直要求以金钱作为回报意味着什么？以一些非正式调查为例，员工选择现金而非商品作为工作表彰，并在派对、冷餐会等地方主动提出关于金钱的请求。

——在线论坛参与者

答 金钱的确是一种激励因素，所以毫无疑问员工们会要求加薪。但是，如果他们一味地只要求金钱，那你可能要面对另一种状况了。我见过在一些机构里，金钱是唯一的激励因素，即金钱作为感谢的手段或表彰的一种选择，以至于员工们认为金钱才是公司必须提供的唯一可以接受的赞誉。但实际上，这只是单一方式，我们不要只依靠某一个表彰方法。

表彰与金钱不同，它是指除了现金奖励之外你给员工的东西。

> 人们大多想要学习新鲜事物，想要感到自己对社会做出贡献——在做有意义的工作。很少有人仅仅为钱工作，人们更希望自己的所作所为让世界变得与众不同。
>
> **——弗朗西斯·赫塞尔本，**
> 德鲁克基金会主席

励因素”的作用了。激励因素包括褒奖和表彰，富有挑战性的工作以及成长和晋升的空间。从本质上来说，让人工作与人尽其能有巨大的差异。

另一个我们经常被问及的问题就是：“如果金钱不是首要的激励因素，为什么这常常是我从员工那里得到的唯一的信息？”我们有机会亲自针对这个问题调查了多家公司，获得一系列不同的解释：

1. 在一些机构里，人们做自己不喜欢的工作，上司也不会赞赏他们的业绩，员工们总结说：“如果在这里工作就是如此，至少待遇还不错。”在没有表彰的情况下，金钱成了维持乏味工作的精神慰藉。

2. 在其他一些机构里，有些上司只用金钱感谢下属。例如，他们用奖金奖励项目完结，表现突出当场现金奖励，或是额外追加员工年薪涨幅。虽出于无心，但这些上司暗示给员工的信息是金钱是感谢的唯一媒介。他们用这些办法训练员工认为金钱才是真正形式的感谢。

不幸的是，很多人把他们赚的酬劳等同于他们自身对机构的价值。而你需要留心，因为你所需要应对的不仅仅是那些时时要求更高酬劳的个人。为什么呢？因为你想要强化结果，而非要求。这是一个关键点：你永远也不能仅凭高薪水从员工那里得到最好的绩效。只想获得高薪水的员工永远不会对他们的现有收入满足，而且他们的预期也会提高，随着薪金水涨船高。

但既然金钱是基本需求，想要激励员工，难道有时不应该先要给员工好的报酬，然后才是我们讨论过的其他因素？一位作者曾在一次大会的主题发言时提出这样一个问题，当他听到有一位观众的回答后十分高兴。那位观众站起来说：“不一定！我发现积极的强化能够提高员工的绩效，公司收益会随之改善，最终员工待遇自然会越来越好。”换句话说，非货币性刺激措施是提高员工绩效的催化剂——让人在过程中获得收益。

另一种看待金钱和激励关系的方法是尽管我们中的大多数人无法影响员工的收入，但我们却能做很多事刺激他们日常生活中的兴奋点。如果你想让员工精力充沛、勤勤恳恳地上班，想让员工思维敏捷、积极主动地工作，善待他们就显得十分重要。管理层与员工每日的交流能导致以下两种结果产生：或是增强领导和员工之间的信任与尊重，或是破坏这种信任与尊重。当你静下心来想的时候，也不完全是一个选择。

过去管理层的重心往往在“租用”员工这一行为上；在某些工作环境中，员工甚至被称作“雇工”。如今仅仅“租”你想从员工那里获得的行为并不够好——你必须找到一种途径能触及他们的心灵和头脑，调动他们的积极性。你必须首先让员工感到自己受重视，他们才会日日尽心工作，一直以公司的最大利益为首要任务。

如果你真的想让自己的公司在如今瞬息万变的全球市场经济中站稳脚跟，你就需要从普通人中获取非凡的结果。关注如何对待员工能帮助你从员工那里得到这样的结果。为了最好的结果，那就公平地开工资，好好善待他们吧。

有效表彰的七个方面

为了对员工的激励更加切实有效、真诚可靠、充分彻底，管理层通常需要考虑七个不同的方面：

1. 偶然性。最好的称赞往往是偶然的。偶然性与赞誉和期望行为或绩效的依赖的紧密程度有关。当员工做出某些预期的行为或绩效，就应给予即兴的称赞，当一位员工处理好一项棘手的顾客投诉或及时完成了一个项目，就应当场表扬。非偶然性的赞扬是普遍存

7 零成本创意

主动出击

著名的巴尔百货公司的总部位于密苏里州的圣路易斯市，它的圣安分公司的管理者们在一天快结束时都会亲自询问每位员工哪项工作进展得顺利，而不是在办公室里等周报或月报。那些积极的项目会在次日早晨的公司会议中讨论。“及时强调好消息是非常有效的做法，这样有利于鼓励员工每一天做到最好。”公司产品销售管理者丹·艾普勒说道。

以你想被对待的方式来对待别人。

——黄金法则

以别人想被对待的方式来对待别人。

——白金法则

零成本创意 8

约翰日

当约翰·戈登（John Gurden）完成自动语音处理系统12.5万美元的月销售目标后，位于加州圣胡安卡皮斯特拉诺市的自动应答公司的CEO吴大卫曾问他想要什么奖励。他的回答是：命名一天叫约翰日。

约翰日的标语很快贴满了整个办公室，就连前台的接待员也是这样接电话的："早上好！这里是自动应答公司，我们正在庆祝约翰日。"吴大卫允许戈登这一整天都可以使用他的办公室。并且，戈登在午餐的时候很意外地收到了一本精美的约翰日影集。

在的，例如一个机构为全体员工举办了一次聚餐或庆祝一位员工的生日。

2. 及时。只有当预期行为或绩效发生后尽快表扬才是最有意义的。如果不及时，表扬将失去意义（甚至会让接受者感到很疏远）。而通常不及时的赞扬意味着把一个人的功劳攒到年度表彰大会或奖励晚宴，这样做只会事倍功半。

3. 频繁。当积极的强化频繁出现或至少在行为产生后出现时，才会对形成期望行为或绩效产生重要影响。当设计奖励和表扬计划时，应该时常考虑频率。最初，机构实施奖励的时候，旨在以正式且非频繁为基础并围绕特殊事项的活动，例如庆贺季度销售新高。当公司逐渐扩大奖励范围，则经常会建立更多的奖励名目，例如年度服务之星、月度最佳员工或安全奖等等。如果公司再继续增加奖励，毫无疑问它将成为每日管理的一部分，例如针对个人的一对一的表扬、频繁的感谢信以及公众表彰。

4. 正式。一项奖励的正式性关系到它对员工的影响。一项真正的奖励源自有计划且普遍表彰的激励项目中。正式奖励的例子包括月度最佳员工项目、年度服务之星以及全勤奖。非正式奖励就相对随意灵活，经常源自双方的关系。非正式奖励的例子包括个人对优异工作的感激之辞，或在员工会议上对出色客服的表彰。

5. 奖励的环境。可以在私下里给予某位员工奖励，也可以在公司部分或全体员工面前予以表彰。尽管人人都喜欢随时听到一些个人的表扬之词，但是正式的表彰更会受到接受者的青睐——当然不排除某些内向的人（约占人口数的20%）通常更喜欢私下里的非正式形式的表彰。务必要考虑到员工的个性。表扬的形式可以是与个人无关的——例如通过邮件——也可以是与个人有关的，甚至是有趣而热情洋溢的。但是大多数的员工都偏好在个人接触中受到表扬，无论在场观众多少。

6. 表扬者的身份和地位。我们都知道，来自管理者的表扬通常会受到员工的重视。但是究竟谁应该提出表扬？是公司里地位最高的人还是与接受者有特殊关系的人？依经验来说，对个人奖励而言，若是从我们熟知的人或密切合作过的人口中说出是最有意义的；公共奖励则最好出自地位更高者之口。如果有条件可以选择表彰提供者，那就问下员工他最想受到谁的表彰吧。

7. 估算接受者的价值。如果表扬的形式受到接受者的高度重视那将会更有意义。某些员工会重视与他们工作相关的奖励，例如一件专业的工具，软件升级或教育机会；而某些员工会重视与他们个人或家庭生活相关的奖励，这样他们可以与别人共享。此类的奖励可能包括与某位重要的人在外吃饭、周末出游、一套烧烤器具或是一场运动比赛的门票。管理者需要为员工提供个性化的奖励。考虑员工是最重视有形的奖励还是无形的奖励，或二者皆可。有形的奖励可能是一个纪念品或是纪念牌，而无形的或象征性的奖励包括典礼上表扬、公开表彰大会、休假、委以重任或提供更大的工作场所等。调查显示，当今的管理者需要考虑一系列选项，为的是从员工那里获得最好的结果。而这在几年前可能会被认为过于模糊、抽象，且往往不会受到重视。

你永远也无法获知何时一些真诚的话语能影响一个人。

——**金克拉**，演讲家，作家

爱在空中飞 美国南航飞

员工们穿着短裤、马球衫、运动鞋，他们相互说笑，在工作中大多都相处愉快。听起来像一群野营顾问吗？再试试看。他们是美国西南航空的员工。在西南航空，公司文化强调的是轻松愉快、充满乐趣。只要你一走到售票台，这种强烈的相互友爱、精神饱满的气氛就能立刻感觉到。售票代理处人员和空乘人员的心情愉快，他们的热情无时无刻不感染着乘客。

尽管航空业务的很多方面不能轻易忽视，西南航空公司的员工却并不总是一本正经。对于这一点，西南航空的工作人员和乘客都应该感谢赫伯·凯莱赫（Herb Kelleher）。他现在是西南航空公司的主席，曾长期担任该公司的首席执行官。凯莱赫一直都坚信“爱比畏惧更能使一个公司变强”。尽管很多公司都用制度和统一扫清工作环境，但是西南航空公司却将其公司文化建立在自由基础上的相互信任和责任感上。正因为如此，这个公司才成为全世界最成功和受到赞誉最多的公司之一。

西南航空公司的任务很简单：“在西南航空，员工是我们第一批顾客。”试想一下：如果你的员工不高兴，他们怎么能面带微笑为顾客提供好的服务？如果你善待员工，那他们也会善待你的顾客。如果顾客感到满意舒适，他们会再次光临，那么，股东们就会乐开怀了。

参与而非控制

当员工受到尊重，感到舒适自在，他们的忠诚、表彰和主动性会自然而然地增强。“我从没有控制过别人，也从来不想。”凯莱赫说道，“如果你营造了一种人人真正参与其中的环境，他们就会知道需要做什么并付诸行动。”

那么西南航空公司的员工是如何恪尽职守的呢？就在2001年“911”恐怖袭击之后，员工们自发产生帮助老板的责任感。他们计划用无薪工作的方法帮助公司节约成本。这项计划命名为爱（LUV）的誓言（爱是该公司股票代码——既表示公司总部在达拉斯爱田机场，也表示公司所强调的顾客和员工关系）。在 2001 年 9 月到 11 月期间，员工捐给公司他们薪金的一部分（1~32 小时时薪不等）。“这纯粹是自发的，完全是出于员工们的建议。”西南航空公司的通讯部副主席金吉·哈达歌（Ginger Hardage）告诉《人力资源新闻》（HR News）。

以下是西南航空公司培养员工忠诚感的一些独特方法：

- 1996 年，在众多主要航空公司中，西南航空公司在这一年连续第五次因航班准时、行李搬运得当、最少顾客投诉创最佳纪录。西南航空公司把一架飞机献给全体 25000 位员工，并把所有员工的名字写到舱顶行李箱外面。
- 目前，西南航空有 34000 位员工，它会在每位员工生日的时候寄出生日贺卡，也同样会在主要节假日和员工入职的纪念日寄出贺卡。
- 公司会举办一些比赛，例如万圣节服装比赛，感恩节诗歌比赛，还有一年一度的辣椒烹饪比赛。

爱的故事

有一个故事或许能比其他的事更能概括西南航空公司关注员工的态度。当一名叫艾德·斯图尔特（Ed Stewart）的员工拒绝了一份薪水更高的工作选择留在西南航空时，CEO 凯莱赫走进了他的办公室并亲吻了他。

在西南航空公司，你会了解很多事都与爱有关。

这些又会对公司业绩有什么影响呢？西南航空公司一直赢利并在不断扩张——事实上，它是 2001 年 9 月 11 日之后唯一增加航班的航空公司。因为很多人想要加入这家航空公司，而最后只有 3% 的申请者被雇用，但是因为这家公司所取得的商业成就，所以它能够给员工提供更好的薪水和利益，如此激烈的竞争是值得的。

目前公司还在不断扩张，已有超过 3 万员工。西南航空公司恪守其成功准则，并且一直与官僚制度做斗争，依靠它的员工而非政策和程序，公司以为那些东西只会轻而易举地扼杀公司的精神和竞争力。

要点快递

- 研究显示，管理者们所认为的员工们想从工作中获得的，与员工真正想得到的往往千差万别。
- 非金钱形式的表彰通常比包括现金在内的金钱奖励更加有效。
- 尽管形式简单的奖励如口头表扬和书面感谢信简单有效，但很多员工都说他们很少收到这类表彰——无数公司失掉了这个巨大的机会。
- 对员工而言，最能调动积极性的鼓励来自老板而非公司，是由绩效而发的，不仅仅是作秀。
- 表彰在期望行为或绩效发生之后即时给出是最有意义的。

第三章

管理者们为什么用或不用表彰

如果仅仅好意就能决定成功，那人人都可以成功。

——迪恩·斯皮泽（Dean Spitzer）

当员工们工作出色时他们就期望得到表彰。这一真理不仅得到无数研究和调查结果的支撑，而且几乎询问任何一个员工都会得到肯定的答案。感谢员工的出色工作会增加他们继续为公司效力的可能性，这也是吸引更多优秀人才的催化剂。

如果仅仅因为这些原因，你就认为运用奖励是当今公司标准作业程序，但事实并非如此。实际上，它的反面才是常有的事。

最近，鲍勃·纳尔逊与位于加州洛杉矶市的克莱蒙研究生大学（CGU）管理专业的彼得·F·德鲁克共同开展了一项历时三年的研究，这一研究是鲍勃博士学习的一部分。他力求解答一个简单的问题：为什么当员工工作出色的时候老板很少会奖励他们？这项研究共考虑了140项不同的变量，从个人方面（例如意识、技巧和人口统计资料）到机构方面（例如年限、规模和文化），结果很有启发性也很惊人。

他们从34个机构选出一组管理者，分别代表7个不同的产业：医疗保健、金融服务、保险业、酒店业/餐饮业/零售业、信息技术、制造业和政府部门。在每个机构里，经常表扬下属的管理者和不经常表扬下属的管理者形成对比。随后他们对所有管理者进行了一个全面的调查，探究他们奖励的措施。这既包括过去的经历、现在奖励的强化，也包括将来对此的期望。他们用开放式的问题收集每位管理者对有助或阻碍使用奖励主要因素的观点。本次研究的有效性因69%的回应率得到提高。

管理者为什么表彰？

为什么有些管理者热衷于表彰而有些管理者却对其避而远之呢？

以下是鲍勃的研究中提到的主要原因：

1. 个人责任感。经常表彰下属的管理者（高频管理者）已经把这种行为的重要性内化，而且每天都有意识地践行它。这一变量在区别高频管理者和低频管理者时显得最为重要。

2. 技巧和信心。高频管理者有人际交往的技巧，并且有信心使用赞扬，所以会不断提高，并一直坚持使用。低频管理者则缺乏表彰员工方面的技巧和信心。

3. 强化表彰的使用。高频管理者在使用表彰的时候不断强化——首先是被接受赞扬的员工强化，其次是被其他人强化。

4. 管理者的年龄。年龄较长的管理者（超过50岁）

表彰悲剧

一位工程师被命名为“月度最佳员工”，并在全体部门面前被授予荣誉奖牌。但事后，他把奖牌还给部门管理者，解释道：“我很感激这一想法，但这个对我确实没什么用处。如果你真的想因为我工作出色奖励我的话，就给我点休假的时间吧。”

在另一个相似的例子里，一位管理者很得意自己安排了高尔夫郊游作为一次培养团队精神的经历，结果大多数员工都没有打高尔夫，他们也不想打。

更容易认为表彰员工是不重要的。这一点对于在某一岗位或某一公司工作过许多年的管理者同样适用。事实上，年龄是区别高频管理者与低频管理者的唯一具有重要意义的人口统计的因素；高频管理者与低频管理者在其他人口统计的信息如性别、种族、国籍和教育水平方面并没有很大差异。

> 常识并不完全等于常做。
>
> ——史蒂芬·柯维（Stephen Covey），管理学作家

5. 榜样作用。尽管无论是高频管理者还是低频管理者，都没有提到现有上司经常表彰他们，但值得注意的是，高频管理者更可能是生长在父母乐于表扬的家庭之中。尽管我们对于同事的生活环境无能为力，但是得知这一事实还是很令人欣慰的。即使高频管理者并没有从自己的上司那里得到相似的奖励，他也会毫无保留地表彰自己的下属。这一点也说明了表彰的文化并不仅仅可以自上而下建立，也可以自下而上地建立。

意料之外的发现

让一项研究变得格外有意义的方法就是获得与研究者最初预期或甚至与苦苦追寻的结果不同的答案。以下就是这项研究找到的一些意料之外的结果：

有限的时间。高频管理者并不把时间作为主要约束因素，相反却把它作为一项积极的因素，毕竟表彰工作出色的员工花费的时间很少。另一方面，低频管理者却把时间列为他们不愿表彰员工的主要原因之一。如此看来，时间的确不是给予员工表彰的障碍；这只是那些不想表彰员工的管理者们的借口罢了。

表彰偏私。大多数管理者担心在挑选需要表彰的员工时，有可能忽略真正值得表扬的人。不管怎样，这项研究数据还是显示，对低频管理者而言，表彰时担心遗漏某些员工往往是借口，而在高频管理者看来这更多的是一个考虑因素。低频管理者把它作为不表彰

表扬简单易行，花费甚少，简直没有不做的理由。

——罗莎贝斯·莫斯·坎特，管理咨询师

员工的借口，然而高频管理者却常常将此考虑在内，因而时时小心不让自己漏掉任何一个值得表彰的员工。

计划和手段。表彰这一行为更多的受管理者个人信念、经历以及表扬技巧运用的影响，并非由现有公司表彰计划和手段的数量与质量决定。有适当的公司计划和手段能促进员工表彰，但它们并不是表彰的先决条件。无论是否有现成的计划和手段，乐于表扬员工的管理者还是会适时表彰他们的。

预算与资源。可利用的预算与资源同样也不是有效运用表彰的先决条件。尽管几乎在每一家公司里充足的资金会在很大程度上促进表彰的实施，但是高频管理者还是会想方设法表彰员工，无论是否有充足的预算或资源。

运用表彰的模式

显而易见，让高频管理者或低频管理者在管理者中保持自己的行为，会经历积极的和消极的周期。

高频管理者表彰员工的行为常常会产生积极的经历，这会使他们更乐意表彰员工。他们表彰员工的行为会受以下因素增强（以重要程度递减顺序排列）：他们的员工、他们自身、其他同事、供货商及他们的上司，运用表彰也是帮助他们获得期望的结果，包括员工增长的业绩和士气。基于已获得的成就，他们更乐意不断表彰员工，最后这个行为就成了他们日常行为的一部分了。

高频管理者的经验

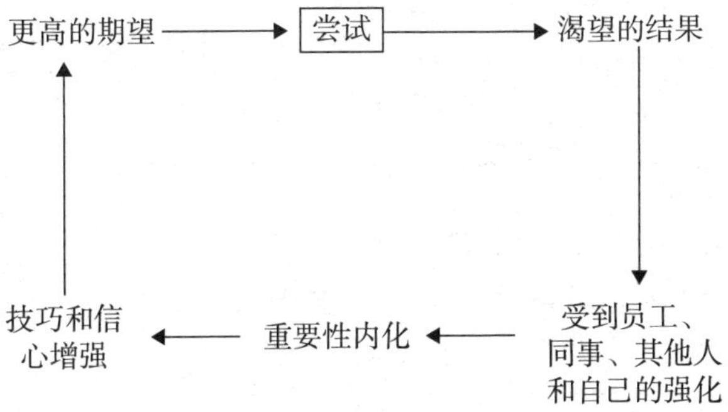

而低频管理者并没有表彰员工的正向经验，所以也就很少有机会或没有机会加强自己的行为。他们认为表彰员工不会获得什么利益，因而关于实施这种行为的担心或害怕便成了“不”做的借口。结果就是：无论是技巧还是信心都没有随之增强，表彰的行为也就没什么结果了。

低频管理者的经验

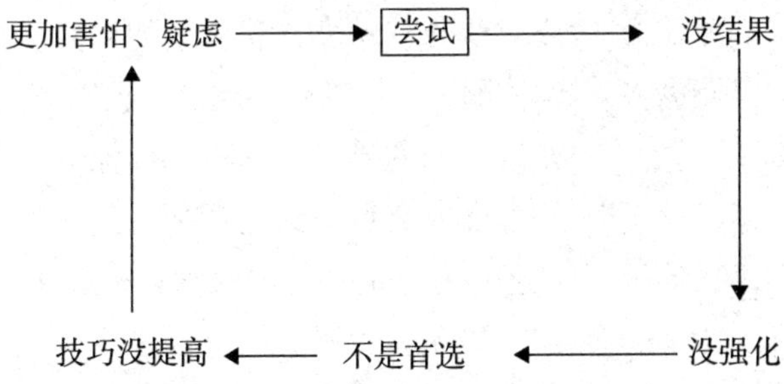

零成本创意 9

“倒苦水”

苏珊·弗兰克尔在一家知名的保险公司任职，她谈起了一个有趣的项目，即：员工们可以把自己最不想做的工作转交给他们的上司。这个项目源自一次假日竞赛，但它作为一项为人熟知的奖励用来表彰员工的作用很快传播开来。员工们喜欢将自己不喜欢的任务转交出去。这不仅是出色表现的动力，也是表现管理者们乐于助人的好办法。

认识兰德斯－恩得（Land's End）的招聘成就

了解兰德斯－恩得公司可以从它的主打产品目录和其他特色产品目录入手，例如兰德斯－恩得儿童产品、回归家园、不走寻常路以及一个人的生活，除此之外，还有兰德斯－恩得官网和它旗下的工厂店。1998 年，这家公司的效益额超过 12 亿美元，比上一年度增长超过 13%。这使得兰德斯－恩得公司成为全美最大以及最好的服装直销巨头。根据美国最佳雇主学会的调查显示，兰德斯－恩得已跻身全美百个最佳工作场所。

一天 24 小时，一周 7 天，一年 364 天

兰德斯 - 恩得公司一年只歇业一天——那就是圣诞节。然而，员工们从不会无事可做——通常，公司每 10 秒就卖出一件男士礼服衬衫——尤其是在节假日，销售更是火爆，3 个月的时间公司能完成年销量的 40%。节假日最繁忙的时候，出单会超过 15 万件。

所有这些对于想获得额外报酬的员工来说是有利的。兰德斯 - 恩得的管理层很清楚员工们需要一个覆盖面广的奖励系统，以便使员工保持愉快高效地工作，这样做有很多原因。其中一个原因就是，兰德斯 - 恩得总部位于威斯康星州的爱荷华市，在那里奶牛比人多，总人口只有不到 23000 人，失业率只有 2%。对于一个有 9000 名员工，每年处理超过 1300 万订单的公司来说，人才非常紧缺，所以雇用和留住最好的员工就显得十分重要了，而这尤其体现在节假日的时候。

另一个原因就是，公司的管理层认为这么做也是理所应当的。公司前 CEO 理查德 • 安德逊 (Richard Anderson) 先生曾说过："我认为公司的首要准则和基础就是以我们想要被对待的方式来对待员工。这不是一个以职位自恃的公司。人人平等交流，员工可以直呼我的名字。他们感觉越好，获利就越多，我们对他们照顾得越体贴，我们就赢利越多。我们坚信，如果我们的员工心情舒畅，他们积极的态度也会传达给电话那头的顾客。这些说起来简单，但却句句是真理。"

以下是兰德斯 - 恩得奖励员工时所做的事：

■ 道奇维尔 (Dodgeville) 电话联络中

心管理者杰基·约翰逊·凯吉尔(Jackoe Johnson-Caygill)在部门的“游轮屋”里为按摩画特殊的图画，好让员工们保持情绪高亢。“游轮屋”是一间贴满热带地区游轮海报的小房间，里面还散发着椰子味防晒霜的芳香。

- 节假日期间，季节性临时销售人员可以在离办公大楼最近的停车区域停车，这一区域通常是正式员工的停车位。正式员工需要停在离办公大楼较远的地方。
- 为了鼓励节假日临时工明年继续来工作，兰德斯 - 恩得推出了一系列激励措施，其中包括购买商品六折优惠、500 美元的费用返还、健康保险、全年准入公司活动中心。正式员工每推荐一名被公司录用的季节性临时销售员都会收到 35 美元的奖励。
- 正式员工凡推荐新员工或小时工，并且这名员工成为公司正式员工，推荐者就能获得500美元的奖励。高级招聘及发展专员帕姆·彼得森 (Pam Peterson) 说道：“目前最好的应聘者都是经我们自己的员工推荐的。”

> “我认为公司的首要原则和基础在于对待员工像对待自己一样。”

- 最近，公司为帮助新成立的电脑部招聘的员工给予了奖励，每招一位新员工奖励 1000 美元。
- 公司为绿湾包装工人队（Green Bay Packers）足球比赛的门票举行了一次抽签，当季所有成功的推荐人都可以参加。这次绘画比赛的获胜者都有机会乘坐由天涯角为比赛特意雇用的大巴车到现场观看足球比赛。
- 公司正在试验允许员工在家接收顾客订单，在家工作。最初这一做法只适用于公司业绩最好的员工，随后这一项目大受欢迎，公司便给每位员工提供了一台电脑、一个调制解调器和专用电话线。
- 兰德斯 - 恩得的创始人，公司主席盖里·康迈尔（Gary Comer）先生耗资 900 美元建造了一个 8 万平方英尺的活动中心，作为礼物送给员工。在设计过程中，他征集员工们的意见增加活动中心的设施。最后完工的活动中心包括一个 25 米长的游泳池（位居员工意愿前列）、有玻璃墙的室内跑道、一个运动设备房间、一个健身房、室外网球场和野餐场所。

表彰悲剧

当被问及如果员工工作出色他会如何表彰他们时，一个管理者回答道:“我会给这名员工的人事档案中写一封信。”当被问到他最近一次是什么时候写的时，管理者想了一会儿然后回答说:“1987 年。”

把低频管理者变成高频管理者

一个不善于表彰员工的管理者能变成一个善于表彰员工的管理者吗?如果问题的答案是可以的，那改变是持久的吗?你又如何能:

① 提高管理者表彰员工的意识，并让他看到其中的好处?

② 帮助管理者学习并使用表彰员工的相关技巧?

③ 鼓励管理者勇敢迈出表彰员工的第一步?

管理者们需要亲自体会这一过程及它带来的潜在作用，然后才能系统地运用表彰，并渐渐依赖其随之带来的成功。其中的窍门在于找到一个催化剂——一件事或触发机制，它可以帮助低频管理者以积极、有意义的方式亲身感受表彰过程。对于一些管理者而言，当他们自己因为完成了一件任务，或取得了一项成就而被其他人表扬时，这件事就发生了。其他的刺激因素包括关于表彰重要性的证据或研究，观察一位值得钦佩的指导者的行为或是扮演角色表扬某个人，参加关于表彰的报告会或训练，甚至读到一篇劝说某人表现不同的文章。这些办法中的任何一个都能给这一行为赋予可信性，促使一个人尝试更多地表彰他人。看上去很小的一步会带来截然不同的效果。

同样，一些简单的小技巧也会很有效——例如在管理者办公桌上放一叠感谢卡片并在每天下班前让他为值得表扬的员工写几句话，或者鼓励管理者在上下班的时候留几条积极的语音留言，感谢员工们所做的工作。像这样的技巧可以使表彰变得简单易行。一旦管理者肯定了表彰的价值，其他的训练、手段、资源和鼓励都将提高表彰的机会，使得表彰日常化。

通过一系列的行为，增强管理者表彰行为的使用，就有可能让一个无论处于哪个阶段的管理者开始行动，

表彰行为循环

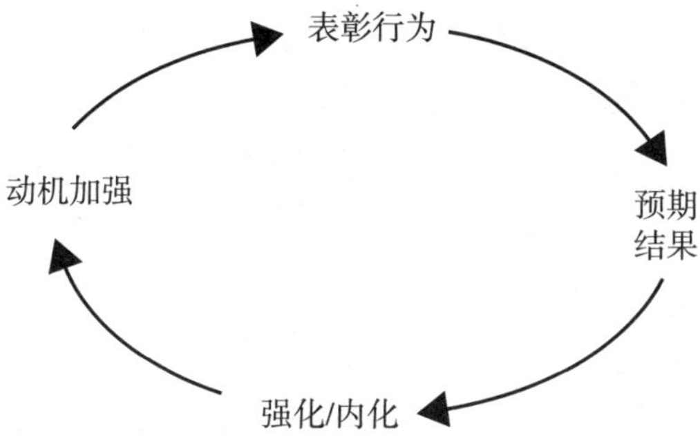

表彰行为： 通过让一位低频管理者在他自己的备忘录中列下所有直接报告，并每周表扬每位员工在工作中的某些出色方面，这位管理者就能直接看到这种行为所带来的效益。

预期结果： 通过与同一产业的其他公司分享好措施的结果，一个人力资源部管理者更能说服他的低频管理者试验一段时间的表彰制度。

强化/内化： 通过感谢一位低频管理者把他介绍给一位来访的重要客户，一位员工会把向来访的每一位客户作介绍变成日常工作的一部分。

动机加强： 通过在一次季度会议中引进一位外部专家为公司全部管理层人员做报告，一个公司就能同时意识到表彰的重要性，人们便可以期待表彰被所有管理者运用。

使他或她变成一个高频管理者。

六个借口

公司如果想要表彰员工成为一种个性化的、务实的、积极的体验，那就必须面对低频管理者的说辞。误解和限制必须要克服，反对和障碍必须要扫清，而借口必须要解决。以下是低频管理者声称的，他们不表彰员工的六个主要借口，还有处理每个借口的例子。

1. **"我不知道怎么表彰员工才是最好的。"** 大部分低频管理者认为表彰员工是一项困难的任务。他们需要意识到表彰的重要性，接受表彰技巧的相关训练，能获得个人的反馈，看到他们实际上可以完成的积极的事例和技术，不论他们的时间和资源受到如何的限制。为了获得表彰，管理者需要和他们的下属讨论潜在的表彰策略，寻求他们自身表彰行为的反馈。

在波士顿银行（现在附属于旗舰银行），管理者会在每一位新来的员工工作的第一天给他们每一个人一张空白的索引卡，让他们在上面列举能对他们产生激励作用的事物。管理者最后会得到为每一位员工准备的个性化的激励清单。

2.“我觉得表彰员工不是我工作的一个重要部分。”公司需要明确一种思想，那就是，表彰员工不是一件可有可无的事情，而是公司战略中不可缺少的部分，特别是和实现公司的目标有着联系。更进一步来说，管理者会因频繁有意义的为表彰员工付出努力而受到认可。表彰应该成为公司、团队、个人目标制定的重要部分，而不是落入“宣布式管理”模式中。在这种“宣布式管理”下，一个提议一经宣布，就不会再次听到了。

加利福尼亚州南部的3A公司副总裁会亲自写感谢短信给外地办事处的人员，向所有的中层管理者证明，如果他能找到时间感谢员工，那他们也需要做到这些。

3.“我没有时间来表彰员工。”正如我们所说的，高频管理者实际上将时间看作是实施表彰的推动力，因为他们发现一些最佳的表彰形式（面对面或者是手写的赞扬，积极的语音或是电子邮件信息，公开的表彰等等）几乎只需要一点时间就能实施并完成。而那些低频管理者声称他们没有足够的时间表彰员工，经常只是不愿去表彰的借口而已。

美国佛罗里达州的坦帕市有一家布希公园（Busch Gardens），那里所有的管理者和主管都佩带印有“谢谢你”字样的徽章，如果看到员工展示了公司的核心价值观之一，就当场送徽章表彰他们。

4.“我担心可能会漏掉某些人。”管理者通常都有

给管理者“按摩”

问 我在美容院工作，那里员工的流动率很高，金钱已经不是促使我工作的主要因素了，因为我喜欢为客户服务，帮助他们从内心感到愉悦。我发现，这也是大部分员工的感觉。你能帮我找到方法来训练老板和中层如何加强积极的推动措施吗？我知道，如果老板们知道如何每天（甚至每个小时）轻拍员工的后背，给予他们赞赏，那么员工留守公司的概率就会随之增加。

——阿莱恩·怀特（Alayne White），阿莱恩怀特成功集团，罗德岛布里斯托尔市（Alayne White Success Group，Bristol, RI）

答 首先，表彰老板和管理者，向他们表示感谢，以此作为典例。管理者们受到了表彰更容易将此传递给他人。其次，让每个人参与讨论，想创意，什么样的表彰形式他们最为欣赏。第三，充分利用可以每天用来表彰的工具：表扬卡或是纸条、流动奖杯、礼品券、公告栏、员工会议上的时间，等等。

的另一个担忧就是他们可能会遗漏某些应该受到表彰的人。然而，低频管理者将这种担忧解释成了根本不表彰员工的借口，而高频管理者则将这种担忧转化成了表彰优秀员工的承诺。例如，这或许意味着要和小组领导讨论，确保你有了所有成功完成了一项计划的小组人员名单，然后再公开表彰这个小组。如果任何时候你把应该表彰的人漏掉了，只要道歉就可以了。

本书的一位作者最近参加了一个颁奖会，在这个颁奖会上，颁奖人亲自核对，每一个到场的获奖人都是名单上有名字的人，而那些不出席的人不会被叫到（这些人会在以后受到当面表彰）。

5. “员工们并不在乎我过去给他们的表彰。” 低频管理者不应该被过去不见成效的表彰阻碍，而应该重新开始，努力找出下属最为看重的表彰形式。管理者可以和员工一对一谈话，或者开展关于奖励和激励措施的小组讨论，或者要求每一个人在下一次员工大会上提出两个激励措施，和其他人分享。让员工参与决策能提高他们的积极性，可以做出更大贡献，更有可能使所做的工作获得成功。

凯悦酒店公司的一名管理者在员工会议上问下属，他们对增加表彰员工的力度有什么想法。其中一个员工建议，部门轮流负责整个团队的表彰，这样的话，每个星期都将有一个人负责找到个人或是团队的成就然后以自己的方式进行表彰。这样，创意涌现，表彰飞涨。

6. “我的公司并不强调或者支持表彰员工。” 尽管表彰员工的工作即便没有公司正式的支持仍然可以进行，但如果可以提供这样的支持，可以帮助管理者维持他们的承诺，可以促进表彰项目的信息、训练、工具的持续供应，即便不是所有的管理者都使用这些资源，用于支持表彰为项目付出的努力和公司期待的员工。

表彰悲剧

一家公司专门邀请业绩最突出的职员参加一个总部的会议，告诉他们在会上会公开表彰他们，结果会议结束时已经没有时间了，以至于很多获奖者根本就没有被提到名字。

记住：如果表彰很重要，那就按原定计划实施，或者在开会前就开展。

如何运用这些发现

从研究中得来的深刻见解和经验教训可以通过多种途径运用到工作场所中。来看一下或许对你有影响的见解和经验。

1. 如果你是一个管理者，你需要意识到，表彰员工完全在你的能力范围之内。这更依赖于你内心的能力意识和对此的轻松承诺，而不是依靠正式的公司、项目、工具和资源。表彰员工并且使表彰成为日常管理的一部分，这样的机会每天都有，甚至委派任务的时候都有这样的机会。

美国运通让每一个管理者都有了“链接和标签”这样的概念，也就是说，每一个为下属提供发展机会的管理者都要解释为什么他认为这名员工值得表彰，这名员工可以从中学到什么，这次表彰会如何引导这名员工更看重机会和责任。

2. 如果你是一个人力资源的专家，你可以成为表彰的主要倡导者，以及表彰在公司的持续实施者。可以考虑让管理者使用并且和那些需要向他们汇报的人讨论表彰行为、活动、工具和项目。然后，你就可以锻炼出处理表彰事务的跨职能能力，更好地权衡各种表彰项目和公司在这方面的考虑。或许你也可以想一些方法找准不怎么可能受到表彰的管理者（他们中很多人可能年龄大、级别高）并给予个性化的关注。

在波士顿银行（现在是旗舰银行），表彰委员会的一个成员接受了一个任务，号召不开展表彰项目的管理者行动起来，并且向他们解释表彰的作用和影响，更新他们关于这方面的认识，经常邀请他们和那些更为积极开展表彰项目的管理者讨论这些问题。

如果你是一个中高级管理人员，就要意识到，你能影响公司内其他人看重的东西。你关注什么，他们也

10 零成本创意

挖掘人的潜能

沙欣·穆夫提是安普里奥·阿玛尼(Emporio Armani)女装部经理，该公司位于美国加利福尼亚西南部的科斯塔梅萨。她和我们分享了她和下属实现的突破。“有一名员工，他的工作表现、出勤率、对着装规范的遵从以及态度都已经过时了，而当我需要再一次规劝他的时候，我感到如此的挫败，以至于我脱口而出：‘我对你很失望！我知道你可以做好这份工作，但是你把自己所有的潜能都浪费了。’让我惊讶的是，他表示下决心不辜负我对他的希望；后来，他真的成为了下一个财务年度的最佳销售员。”

会关注什么；你塑造什么，他们也会塑造什么。看一看公司内的员工看重什么，然后管理者支持这些事情的进行，用自己的行动来掌控。

施乐公司（Xerox Corporation）主管在每一次部门管理会议结束之前都会省出一点时间，让大家在会议室走动一下，并且让每一个人分享自己团队最后一次一起的时候，他们为表彰员工所做的事。这样做不仅使团队的活力增加，而且管理者会记录下别人的想法，计划自己也去用这些点子。

如果你是一名顾问，并且负责处理员工的积极性问题，你应该能够评估和提出改进表彰措施的方法，解释和捍卫向中高层管理人员推荐这些措施的必要性。你应该帮助管理者和行政人员建立表彰和理想行为之间的联系，以及表彰和公司战略目标之间的联系。

基于事前和事后的评估，员工表彰分值上有了数量上的增长，顾问可以显示在达成公司目标上的重要进展，加强表彰力度，减少人员流动，让公司更接近成为行业中的“最佳雇主”。

今天 95% 的美国管理者在说正确的事，只有 5% 真正在做正确的事。

——詹姆斯·奥图尔，管理学教授

要点快递

- 员工希望出色完成工作后得到表彰。
- 高频管理者频繁表彰员工的首要原因在于，他们感觉这是他们作为管理者的职责。他们已经具备并且持续发展自己在表彰员工方面的技巧和信心。
- 低频管理者很少表彰员工的首要原因就是他们不知道如何才能最好地表彰员工。
- 年龄偏大的管理者（超过50岁）比年轻的管理者更不重视表彰。
- 不表彰员工的借口需要当面解决。

第二部分

表彰准备

第四章

表彰的环境

正面强化的方式比次数更为重要。

——B.F. 斯金纳（Skinner），行为心理学家

理解公司的环境，即你与同事的工作环境，决定了你为表彰所做的努力是否能得到回报。理解环境对任何种类任何程度的表彰都至关重要，但是，当为表彰所做的努力越来越纷繁复杂、雄心勃勃时，这种理解对最后是否能够取得成功也变得越来越必不可少。在本章，我们将告诉你要怎么有效利用表彰的环境。

活动及活动的环境

所有一切都有其所处的环境。环境能在很大程度上影响，甚至有时能决定我们怎样经历一场活动或一个事件。举个显而易见的例子，在饭店跟好朋友们绘声绘色地讲一个笑话势必比在葬礼上讲能引发更多的笑声。质量专家彼得•索尔提（Peter

激励员工唯一的方法就是分配给他具有挑战性的任务，然后要他自己承担负责。

——弗雷德里克·赫茨伯格，管理理论家

Scholtes）说：“所有事物都是一个大系统的一部分。领导者们要想知道发生了什么，必须要懂得这个更大的系统，因为所有努力都是这个系统的一部分，而且你始终与之发生相互作用。”

在工作环境中，关于能力和绩效的评价通常比一般地方更具有威胁性，比如在网球场或高尔夫球场等地方。运动中采取的评价方式是计分，但工作中采取的评价方式却与根本的自我价值和自我尊严问题息息相关。

高尔夫球场的环境及工作的环境

我们最喜欢用高尔夫球运动来打比方说明环境是如何影响关于一项活动的观念的。在你打高尔夫球的时候，你会花半天的空闲时间，走大段的路程，就为了把小小的一个球打进一个小小的洞，当然更多的时候是打到洞的附近。

对于没有尝试过的人来说，这听起来枯燥乏味，只是用长长的金属杆子击打小小的白球。这项运动是非常简单，但其周围的环境让它变得非常迷人。环境因素如多样性（不同的俱乐部、不同的打法和不同的场地）、竞争、计分、挑战、社交、练习等等让打高尔夫球的人从来都不感觉枯燥。

就像高尔夫运动不仅仅是击打球一样，一份工作也不仅仅是所进行的工作本身。每个员工都身处一系列的环境因素当中。这些因素，而不仅仅是工作本身，决定了环境是让人积极的抑或是让人消极的，这些对员工的绩效都有不可估量的影响。

试想一下，高尔夫运动被设计成工作环境那样。你的工作就是一整天一遍一遍地打球。你的老板会确切地告诉你在何时何地以何种方式打每一个球，一整天，每个星期，年复一年，然后再来评价你的绩效。在这样的环境下，你对打高尔夫球能有多少兴趣？

乔森维勒食品公司（Johnsonville Foods）的总裁拉

尔夫·斯坦尔（Ralph Stayer）说：“我曾意识到我并不是直接在控制乔森维勒员工的绩效，虽然我是一个管理者，但其实我并不管理人……我管理的实际上是环境。”确实，管理表彰的环境才是最重要的。

表彰的环境

一个公司会包括很多的因素，我们很可能把这些统称为公司文化。彼得·索尔提（Peter Scholtes）认为这种文化是促使“在一家公司生产类似的产品、提供类似的服务有别于在另一家公司的原因”。大多数员工所讨论的公司，实际上很可能是在讨论公司的文化。他们对公司文化的感觉在很大程度上影响了他们对表彰的体验以及对此的反应。

那到底什么才是一个公司的文化？公司文化包括以下内容：

- 共同行为 (common behavior)
- 视觉象征 (visible symbols)
- 核心价值 (core values)
- 道德标准 (ethical standards)
- 共同设想 (shared assumptions)
- 和同事及领导的相处模式
- 工作场所 (the physical workplace)
- 政策
- 规则
- 培训
- 报酬
- 操作标准

能源巨头佐治亚州亚特兰大南部公司（Southern Company of Atlanta）这样描述自己的公司文化：

> 南部方式（Southern Style）是我们给一种态度和文化所下的定义，这种定义和文化决定了我们是谁，将要前往何方。我们的价值观在团队合作中展现，我们强调互相尊重及互相学习。我们致力于顾客第一的工作环境，并在所做的一切行为中体现职业道德。团队合作吸引有才之士，并给他们提供锻炼

促使员工前来工作的是荣誉感、表彰和成就感。投身工作及成果被表彰的员工即使花再多的时间也愿意完成工作。

——托马斯·凯利，人力资源发展协会董事长

> 的机会。南部公司创造了开放的交流环境，我们相互倾听！优越的绩效预期允许你为自己的成功负责。我们鼓励创新，一直以来既有速度又有决断力。

萨斯奎哈纳国际集团（Susquehanna International Group）是个国际贸易技术公司，总部位于宾夕法尼亚州的费城。该集团把自己独特的企业文化浓缩为几段话，其中有一部分如下：

> 尽管成长快速，已经今非昔比，萨斯奎哈纳国际集团维持了有高度特色的小公司文化。工作的服装随意，环境友善，如家一般温暖。在萨斯奎哈纳国际集团，显而易见所有的员工都同心协力，以达成公司的目标为共同目标。在萨斯奎哈纳国际集团，能否晋升取决于员工对整个公司的贡献，仅以员工的推动力、创造力和技术水平为评价标准。而且，公司内部结构平等，没有等级高低之分。独特的环境给员工的出类拔萃创造了条件，员工可以不受繁文缛节、岗位要求以及公司其他因素的约束。这种自由的氛围为我们公司赢得了最聪明、最有竞争力及最富有创造力的人才。

但是一个公司的文化表面并看不出来。只有通过公司内部的实践及行为才能真正反映公司的文化，并由公司文化反映出公司的核心价值。关系如下图所示。

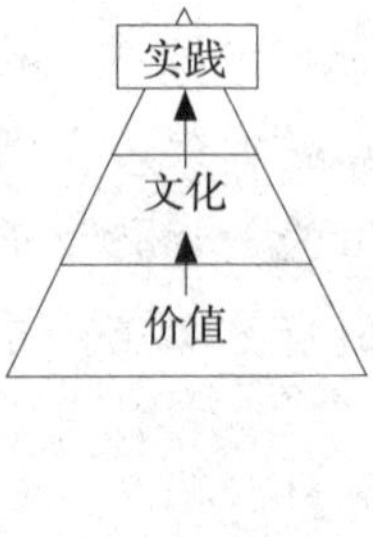

11 零成本创意

洗和看

在俄勒冈州（Oregon）玛丽赫斯特（Marylhurst）的帕罗特溪儿童和家庭服务中心，管理者们自发地为自己的员工洗车。提出此想法的凯利·古特曼（Kelley Gutman）说："当管理者在为员工洗车的时候，员工坐在阴凉处，喝着冰茶。这是件小事，但是会让员工觉得自己受到了赏识，因此每个人都会享受这段快乐的时光！"

一个公司的实践包括如下领域：

- ■ 领导者的管理风格
- ■ 人际交流的形式
- ■ 人才需求倾向
- ■ 入职介绍和培训方法
- ■ 奖励和惩罚

表彰作为管理实践的一种，比起其他的方式，更能反映一个公司的深层文化。通过观察一个公司表彰什么、有多少表彰、怎么表彰，就能比较好地了解一个公司的价值观。比方说，绩效导向的公司更倾向于表彰成就。惠好公司（Weyerhaeuser Company）每年会授予 25 个表现优秀的员工“总经理奖”；得奖人士会在由高层管理举办的全公司活动中接受奖项，并将得到奖金及个性化的奖品，以表示纪念。另一方面，重视传统的公司表彰另外的东西，比如说工龄。佛罗里达州代托纳比奇市的巴吉特集团（Budget Group）汽车租用公司的总裁马克•索提亚（Mark Sortir）每月都会举行一场庆祝活动，每次都有一个大蛋糕，以欢迎在公司又度过一整年的总部员工。

毋庸置疑，有活力和创造力的公司会比稳重、传统的公司有更多的庆祝活动。在线旅游公司普莱斯（Priceline.com）总部位于康涅狄格州的诺沃克市（Norwalk），公司中有个员工匿名提出要通过不寻常的事件或活动来鼓舞公司的士气。比方说狂欢节，为公司的主管准备浸泡池活动，其他还有魔术墙、遥控车大赛、铺设草皮、设置水障的高尔夫球锦标赛，所有这些活动的设施后来都在公司场地上建造起来了。

一个公司的文化以及核心价值深深地影响了该公司对表彰行动的接受能力。比较有创造力、讲究团队合作、注重交流、以人为本、灵活变通以及学习导向的公司，更容易尝试各种对个人、团队及公司进行表彰的新

如果别人事情做得很好，鼓掌表示赞赏！你会让两个人都很开心的。

——萨穆尔·戈尔德温（Samuel Goldwyn），制片人

派对

问 对于假日聚会的活动或奖品你有没有什么有趣的想法？

——埃米·皮科克（Amy Peacock），佐治亚州诺克斯市涅克斯特通信公司（Nextel，Norcross，GA）

答 让大家都参与进来！每个部门都能为过去帮助他们的成员或者部门提供若干或者一个奖项。贺曼公司（Hallmark）的商店管理者做了各种各样的成就证书，比如“最愿意帮助他人奖”“态度最乐观奖”，之后他大声读出各种奖项，让他的团队成员猜猜看谁是获奖人。这是一种很有趣的方式，可以对在过去一年员工表现出来的重要品质表示感谢。

在恰当的环境、恰当的时机，伴着真挚的感谢之辞送出的纪念品，员工每时每刻看到或者用到，都会带给他们以激励。
——鲍勃·纳尔逊（Bob Nelson）

方式。相反，比较个人主义、任务导向、传统、独裁、统一的公司则在广泛实践及表彰创新方面比较困难。

在本书的“表彰方法”部分，罗列了一系列的表彰鉴定方法，可供你找出自己公司在公司文化环境中的位置。这些鉴定方法将会帮助你估量自己公司在表彰方面有多少成就。在下面，我们将接着讨论这种鉴定的隐含意义。

图形和背景

通过考虑两个影响力大的科学概念，即图形和背景及信噪比，我们就可以理解表彰的环境。

图形和背景这个概念是指人类感知事物的方式，特别是对图形（前景中的物体）和背景对比的感知。背景的性质影响了我们怎么看待图形。

具体的例子在日常生活中比比皆是。在高速公路上，就算开到70英里每小时，你可能也不会觉察到速度之快，尤其是在周围的车子速度相差不多的时候。在车子都是快速行驶的背景下，“图形”，即你所开的车的速度，得到了伪装。一眼扫到速度计上的数字，你很可能会感到震惊。另外一个常见的例子，不管你有多高，你很可能在跟不同人讲话的时候对自己的高度有不一样的感觉，你的感觉取决于跟你讲话的人是比你高还是比你矮。在商业活动中，这种现象也经常发生。试想一个员工拿到了1000美元的奖金，开始非常兴奋，但之后他发现同事拿到了2500美元的奖金。此时，这名员工的兴奋可能立刻就转化为嫉妒了。

那我们要怎样才能利用对环境、对图形和对背景的所知，来提高公司中的表彰效果呢？在完美激励国际咨询集团（Super Motivation）里，迪安（Dean）讨论了激励因素的力量以及去激励因素的负面影响（见51页和52页的列表）。

下面的列表中列出了一些提高和促进表彰的激励因素。这些隐藏在工作环境背景后的因素具有巨大的潜力，可以（积极）改变员工对自己工作的想法。环境，或者“背景”中出现更多的激励因素，这些“图形”，即员工，会被激励并表现得更好。

常见的激励因素

行动：

积极参与生产性的工作

乐趣：

工作环境除了苦差事，还包括令人享受的活动

多样性：

执行新的和不同的任务的机会

投入：

感觉自己的意见受到重视

股份参与：

在经济上或者心理上，两者兼得，感觉拥有公司

选择：

准许做自由的决定

责任：

决策过程中的一环，比如说对整个任务负责，而不是做多少算多少

领导机会：

有机会管理一个团队、一场会议或者一件大事

社交：

在工作中和其他同事能够自由交流，而不会被指责为怠工

团队工作：

成为高效能团队中的一员

使用特长：

被鼓励做擅长的事情

学习：

提高个人的能力

容忍错误：

允许失败而不用受惩罚，并被帮助从错误中学习

衡量方式：

被鼓励保持自己的风格，而不会被上司指手画脚。

目标：

被鼓励设定自己的目标，而不是被他人强加目标

提高：

处在每天都能提升一点点的环境当中

挑战：

被分配到有适当难度的工作任务，能够张弛有度，而不会焦虑满满

鼓励：

处在一个互相信任的环境当中

赞赏：

因为贡献而得到承认

重要性：

觉得自己是“至关重要的任务”中的一部分

公司环境中激励因素的反面是去激励因素，或者说是工作环境中的负面因素。当工作背景中去激励因素的数量超过了激励因素，“图形”即员工，会过于低落以至于放弃对表彰的追求。

常见的去激励因素

公司政治：

该环境中权利、影响力、资源及升职的竞争标准是主观的或是隐形的

不明期待：

不明确的、令人困惑的或相反的目标、目的和标准

多余的规则：

这些规则是必要的，但是其中很多都有去激励的效果

设计糟糕的工作：

设计糟糕的工作无法满足内部和外部的客户并使员工受挫

毫无建设性的会议：

员工通常筋疲力尽、神情憔悴、无聊厌烦地离开会议室

缺乏跟进：

多数员工都可以写一本书叙述中途夭折的“最先进和最伟大的项目”

频繁变动：

变化是必须的，但如果太任意多变、反复无常就会给工作带来危害

内部竞争：

健康的公司跟对手是竞争关系，而不是跟自己竞争

不诚实：

员工讨厌被骗

伪善：

你怎么可能会相信一个说一套做一套的领导？

保留信息：

省略部分信息也是骗人的一种

缺乏公平：

公司内部有很多不公平的政策和实践

令人沮丧的反应：

对员工的创意和建议的负面即时反应，比如“这行不通”“你不能在这里做那种事”或者“那个不可行”

批评：

让员工觉得自己是“除非被证明无罪”外都是“有罪”的工作环境

能力施展不足：

人们觉得自己理应得到施展的技巧和能力没有得到施展

忍耐不好的表现：

当一个人表现不好，会让其他人看起来或者是觉得糟糕

理所当然想法：

员工默默地把一件工作做好了，但是因为体制问题而被忽略

隐形管理层：

很多员工甚至不认识部门的副主管，更不用说CEO了，这实在让人惊奇

管得过多：

大多数的员工都希望自己能有权利，但是没有多少管理者愿意给他们足够的权利

不稳定性：

经常颠倒利益或政策，今天这样，明天那样

被强迫做低技术含量工作：

工作规则不能让对工作质量有要求的员工对自己的工作引以为豪

这里提到的这些去激励因素，会让一切激励项目都无法顺利实施。无论新的激励方案多么行之有效，组织内部存在的去激励因素会最终抵消它的积极影响。请记住：对员工来说，奖赏和表彰的美妙感觉会很快消失，而去激励因素在他们心里留下的糟糕感觉却可能持续很长时间。

信噪比

另外一个可以用来判断表彰是否有效的科技术语——信噪比，来源于通讯领域。信噪比可以反映一条信息的相对强弱指数。“信号”，相对于阻碍信息传递的“噪音”的强度。“信号”是你希望传递给接受者的信息；“噪音”是一切对信息传递起阻碍作用的因素。比如，当你用移动电话交谈时，静电干扰（噪音）会降低通话的清晰度（信号）。而信噪比可以用来测试信号相对于背景噪音的强度。

信噪比不仅仅和通信领域相关。它也可以用来解释为什么我们努力付出，却并未达到预期的效果。公司内部到处是噪音——这并不是说到处吵吵闹闹，噪音分贝极高，而是指许多外部因素对重要信息的传输——比如表彰的实施过程，会构成障碍，甚至已经产生了消极影响。组织因素，比如商业环境、组织变革、信息的不间断轰炸，都会消解我们在表彰项目上付出的努力，这就像背景噪音会给双方的交谈带来不便一样。

如果公司正在裁员，那这种情况很可能会对表彰项目的实施产生消极的影响。同样地，表彰项目的实施也会受到如下情况的影响——如果一个机构正为一个重要的企业重组项目而忙得焦头烂额，或者一个大公司在评估员工业绩时，采用强制分布法（即在考核进行之前就设定好绩效水平的分布比例，然后将员工的考核结果安排到分布结构里去），那么，平时业绩突出的员

表彰悲剧

现在，在佛罗里达州奥兰多市的一家书店工作的一位女士之前曾在纽约一家公司上班。她在那个工作岗位上待了20年，却并没受到重视。一次，在老板宣布一些重要人事变动时，对她说：“如果你不想做，就辞职！”于是她辞职了。这个从来没有表扬过她的老板在几周后，又给她打了电话，希望她回去工作，并承诺给她加薪，提高福利待遇。但是，她拒绝了。

工——如果没评上最佳员工的话，会把这种考核方法看作是对自己的惩罚和严重打击。

非物质上的表彰计划会因上述情况而使员工怀疑它的激励和诚意，自然表彰效果也会大打折扣。噪音——公司的裁员过程、企业重组项目或绩效评估体制，都会使信号（公司在表彰项目上付出的努力）遭到破坏。

需要注意的是：如果不及时察觉面临的各种挑战，并迅速地适应环境变化，那么这种消极环境会严重损害我们在表彰项目上的努力。实际上，新手与行家的区别就在于他们对表彰环境的敏感度上。

避免激励受阻

千万不要让你在表彰项目上的努力遭受某些因素——某些无法避免，但是可以预见并尽力去弥补的事情的影响。如果你所在的公司员工对公司的表彰行为反响不高，你可以尝试去改变这种情况。比如，你可以继续贯彻实行组织内部现有的表彰项目，但要更加频繁地去做。此外，那些在公司内部因为大家习以为常，而失去任何意义的表彰方法能避免就避免。重要的是，要始终对你所在的团队给予表彰。在这种环境中，你最好做一个渐进性的改良者，而不是一个革命者。

其他需要考虑的方面包括：

1. 商业环境或者运营环境。一个公司的商业环境或者运营环境会在很大程度上影响其对表彰行为的接受能力，以及适合该公司的表彰项目类型。你所在的公司是否正在经历财务困难？是否大幅度地削减成本？公司内部是否进行过合并、收购或者裁员行为？是否有过业务流程重组行为？是否正在开展组织结构调整或者技术更新？所有的这些因素都会妨碍公司员工对表彰行为的接受能力。

治愈愤世嫉俗者

问 怎样解决员工不信任管理层这个问题呢？

——在某论坛上发帖的网友

答 这很可能是由他或者她之前的上司在许多地方不信守承诺、出尔反尔造成的。首先，你需要在你跟员工之间搭建信任的桥梁。这种信任来自平时你与员工沟通交流时的态度。如果你一直履行承诺、办事公道，那么，即使最消极的员工，也会变得信任你。其次，奖赏那些你希望今后能够频繁看到的行为。把重点放在员工的绩效上，并强化员工展现出来的那些积极的个人行为及团队精神。一句谢谢、一张表扬员工成绩的小纸条，都会发挥效用。要有耐心，毕竟员工的不信任感不是一天形成的，因此要重构信任基础也绝非一日之功。

2. 科室或者业务部门的变化。一般来说，上述情况也适用于科室或者业务部门的变化。是否有较高的人事变更率？管理层是否发生变化？是否实行强硬的工作要求？实际上，工作环境中的任何重大变化都会影响表彰行为的贯彻实施，造成消极的工作环境，进而增强公司内部激励机制实施中的噪音。但是，了解环境也为我们提供了展开积极行动的机会。

3. 其他激励计划。还需要考虑的因素是公司内部是否还有其他的员工激励手段。虽然其他的激励手段有助于打造员工为了得到公司重用而不断努力的积极氛围，但是过多的激励手段也会带来负面效应，使员工低估公司的这些政策的价值。一个大型公司的管理者曾经对作者说："我觉得我对员工的表扬有点过头了。"

4. 高额奖金或者高价值的奖赏。你要记住，高额奖金或者高价值的奖励会对小额奖励或者非物质方面的表彰产生负面的效应。比如，如果实行严苛的销售竞赛，并对销售突出者采用丰厚的奖励（度假旅游、小汽车、高额奖金），都会使非正式的表彰显得微不足道。

5. 组织成员结构。不要忘记考虑那些人员构成上的一些可变因素，如平均年龄、工作经验水平、种族及受教育背景，这些因素都会影响员工对表彰行为的接受度。

6. 工作人员的总体趋势。流动性、下降的员工忠诚度、低失业率、薪资水平、该地区的生活成本都会对公司奖励及激励措施的实施产生影响。因此，在制定员工激励方案时，一定要考虑到组织内部的这些因素。

值得庆幸的是，所有这些因素都不会成为激励措施的杀手。为了适应表彰背景，你可以掌控的一个重要工具是抓住时机。时机是决定一切措施能否达到预期目标的关键因素。有时组织内部变动太多，就不利于开展工作——即便是表彰计划也不适合实施。需要考虑的一个重要问题是：现在适合开展工作吗？暂时不做是否可行？

12 零成本创意

用电子方式说出来

凯瑟琳·A·河本（Katherine A. Kawamoto）是美国销售公司（American Sales Contacts）的主管，该公司位于美国南卡罗来纳州的厄莫镇。她和我们分享了下面的建议："现在有许多电子问候卡片服务，内容丰富多样。当员工心情不好或在外出差时，一份问候卡片会给他们带来莫大的精神慰藉。你可以提前对来年进行规划，列出需要发出的结婚周年纪念卡或者生日贺卡。你只需要填一个电子表格，服务商就会在这些日期临近时，以电子邮件的方式给你发送电子贺卡。"

联邦快递提供世界一流的奖励和表彰

美国联邦快递集团总部设在田纳西州孟菲斯。该集团长期以来深受员工及顾客的喜爱——多次荣登《财富》杂志评选出的“美国最适合员工工作的100家公司”榜单，并在其登载的“顾客最喜爱的美国公司”名单中位列第八名，在顾客最喜爱的全球公司名单中位列第七名。该公司213000名员工在2001年为公司创下了190亿美元的营业额。

当时美国经济低迷，加上9•11恐怖分子袭击事件的影响，许多航空公司不得不大规模地裁员。作为美国最大的航空公司之一，尽管面临极大的压力，联邦快递却没有跟风裁员，而是选择紧缩开支，并在收益下滑的困境下，继续推行表彰方案。这种做法极大地鼓舞了员工的士气，他们更加卖力地工作，以加快实现自己的业务目标。

正式表彰

联邦快递是美国联邦快递集团旗下最大的子公司，该公司有许多奖励和表彰的项目，包括如下这些正式奖励：

1. 祖鲁奖（Bravo Zulu）“Bravo Zulu”这个词语来自于军事术语，意思是“做得太好了”。

任何一名员工，只要工作出色，或完成了值得庆贺的项目，都有资格获取这个奖项。该奖项由管理者来颁发，员工也可以举荐自己的同事来争取该奖项。

另外，该奖项还附带有物质上的奖励（低于100美元的奖金、电影票、晚餐礼品券），但是鉴于最近正在实施成本节约计划，所以大家正在试图以开支小甚至不花钱又有趣的方式来颁发该奖项。比如，管理层发现，在员工所在团队面前，送给员工一封用心写的信件，对员工来说，它的价值不低于奖金。

2. 五星奖（Five Star Award）这是一个年度奖项，颁发给那些在过去一年工作最为出色的员工。候选人由高层管理人员严格挑选，并会得到奖金或者该公司的优先认股权。

3. 金鹰奖（Golden Falcon）这一奖项授予那些收到客户表扬信，并且业绩出众或者一直无私奉献、努力提升公司服务水平的员工。比如接到一份地址有误的包裹，但是却不惜花费时间和精力、把包裹及时送到客户手中的快递员就有机会获得该奖项。

4. 博爱奖(Humanitarian Award)

这一奖项授予那些促进公众幸福安宁，尤其是在危急关头，向别人伸出援助之手的员工。有一位员工获得此奖项——他曾经在一起发生在高速公路上的车祸中，把一名男子从正在燃烧的汽车里救出来。

一位管理者用巧克力来奖赏员工把物品码放整齐的行为。另外一个管理者（“金嗓子”）会为那些正在给包裹分类的员工高歌一曲。

非正式表彰

联邦快递对该公司的正式表彰项目引以为豪，同时也看重管理者和员工为非正式奖励而做出的贡献。这里有几个例子，提到了管理者如何以非正式的方式对员工表示表彰：

- 一位管理者用巧克力来奖赏员工把物品码放整齐的行为。这位管理者发现，某种类型的巧克力凑巧和组装成运输设备的背面很相似，因此，当她看到设备上的货物摆放得尤为整齐时，就会立马把这个场面拍下来，等到下次开会时，让大家看一看，并且把巧克力奖给那些装货的员工。
- 每天早上，一位管理者(“金嗓子”)会为那些正在给包裹分类的员工高歌一曲。
- 在另外一个快递配送站点，工作团队共同出资买了一组音响设备，每个员工都要做“一日DJ”。这样一来，员工们就有机会了解彼此的音乐品味，也加深了对彼此的了解。
- 那些被评选为“月度之星”的杰出员工会收到一份张贴在公司荣誉墙壁上的表彰通告复印件，此外，另外一份复印件由联邦快递送到员工家中，在员工下班回家后，便可以同家人一起分享这个好消息。

联邦快递公司的经营理念建立在以人为本、优质服务及利润回报的基础上——他们坚信，只有以人为本，员工才会尽心提供让客户满意的服务，这样一来，公司才能赚取利润，并将发展成果惠及员工。正是这一信念让联邦快递广受好评，并一跃成为这一行业的佼佼者。

表彰悲剧

一个大型咨询公司的合伙人原本以为，如果他把一个小碗装满糖果放到办公室的公用区里供大家免费品尝的话，大家对他会有好印象。于是，在没人吃那些糖果时，他以为是人们嫌弃糖果不够好，便倒掉那些糖果，决定买质量更好的糖果。最终，他在碗里装满了巧克力。然而，几周过去了，这些巧克力依旧无人问津。最后，他询问大家忽视他体贴行为的原因，才得知办公室里的人都在减肥。

了解表彰的背景，也能增强你对那些对实施表彰行为有利或不利因素的敏感度。比如，当公司裁员时，每个员工都会变得惶恐不安，害怕自己成为下一个失业者。在这种情况下，你该如何进行表彰行为？如果你刚表扬一个员工没多久，他就被解雇了，那么，在这种情况下，你的表彰传达出的是什么信息呢？

环境评估手段

有许多评估公司环境、并从这种环境中察觉表彰行为效果的方式。可以使用的评估方法包括个人观察、个体访谈、小组座谈会以及调查。

1. 个人观察。表面上，这是评估公司环境最简单易行的方法了。在公司内部，我们可以从许多蛛丝马迹中看出哪些行为是适宜的、哪些是不正确的。但是个人观察却往往难以令人信服，这是因为每个人难免都会有偏见，同时不同的人观察的结果也可能大相径庭。在个人观察中，为了避免个人偏见的干扰，可以采用标准化的问题来帮助你客观看待环境。

- 公司内部沟通是否顺畅，是否有建设性？
- 员工是否彼此倾听心声，并相互尊重？
- 员工是否喜欢自己的工作？

2. 个人访谈。和员工面谈也是为公司把脉的一种方法。在一对一的面谈中，询问的问题可以是开放性的（你觉得……怎么样？），也可以是封闭式的（是这种情况吗？），也可以采用等级量表的方式（你对如下的内容是完全赞同还是强烈反对？）但是面谈比较耗时，也不会促进积极的互动沟通。

3. 小组座谈会。当面谈以小组形式进行时，便被称为小组座谈会。这种形式的一个优点是在相对较短的时间内，可以获取更多的观点、看法。这种形式也能够使参与者们积极交流彼此观点，从而获取更为全面的信息。可以询问类似下面的这些问题：

- 该公司的激励环境如何？
- 你觉得自己的付出和贡献得到应有的表彰了吗？
- 在这里工作，你最喜欢公司哪些方面？

这类问题可以让你很快了解所在公司的激励环境现状，并且发现亟待解决的一些问题——这些问题往往可以轻松搞定。

4. 调查。另外一个评估公司环境的方法是做调查。许多公司都会做年度调查，以便了解员工的看法。做非正式调查大有益处，它可以使你对公司以及你所在的部门的激励环境有更深入的了解。你或许会考虑挑选一种在本书表彰手段部分提及的公司测评手段，比如“表彰行为库”或者“表彰环境评估”。这些手段可以使你能够直接评估公司的表彰环境状况，并有助于你判断公司的环境是否适合推行更为宏大的表彰项目。此外，调查结果也有利于你判断公司内部是否存在需要做出调整的地方，以促进表彰项目的顺利实施。如果你正考虑把一个重要的表彰项目或表彰计划付诸实践，那么，上边提到的内容，对你来说，就会显得尤为重要。

在这一章中，我们对表彰环境的相关情况做了一些简单的介绍。我们希望，在本章中提到的一些想法、手段和建议会对个人、团队或者公司实施表彰项目起到一定的积极作用。正如我们提到的，环境可能意味着机会或者威胁——机会眷顾有准备的人，而威胁则会缠上毫无准备的人。

尽最大努力去做好万全准备吧！

13 零成本创意

加强攻势

彼得·伊科纳米（Peter Economy）和大家分享了他担任圣地亚哥城市住房委员会管理者时的经验——在为期一周的管理培训研讨会结束后，每个成员都会在一张索引卡片上写下其他成员在训练课上表现积极突出的方面。每一个人随后会收到评价自己的索引卡，以便了解其他人对自己的看法。

要点快递

- 一个公司的文化——使该公司不同于其他公司的特质——对员工如何看待表彰行为、对表彰做出何种反应有很大的影响。
- 激励因素——使公司员工精力充沛的背景环境状况——必须比去激励因素突出，才能确保公司的表彰项目顺利进行。
- 公司的噪音——商业状况、组织变革、信息超载等等——都会干扰你试图向员工传达的信息，降低这些信息的有效性。
- 高额的奖金会让非正式表彰及非金钱形式的奖励显得微不足道。
- 公司环境可以采取个人观察、个体访谈、小组座谈会以及调查的方式进行评估。

第五章

表彰循环

如果一个人不从历史中汲取教训，注定要重蹈覆辙。

——乔治·桑塔亚那（George Santayana），哲学家

最杰出的管理者懂得积极强化的价值。也就是说，他们会发现员工正确的工作行为，并对他们的这种行为给予及时肯定。这些管理者知道，一声谢谢，带员工吃的一顿午餐，为他们准备的专门奖品，都会产生积极的效果——员工很有可能会继续以这种令人欣慰的方式工作，并不断地追求进步。这些管理者知道，世界上最高明的管理法则是“你奖励什么，就会得到什么”。

表彰习得过程

但是怎样学习表彰技巧呢？表彰不是一种单一的技能，而是多种密切相关的知识、态度及技能的组合。具备正确的知识、端正的态度才能掌握适当的技能。这些技能又会随之产生适当的行为。而这些适当的行为又

14 零成本创意

在微软的趣事

在微软公司，一个极大的荣誉是自己的办公室可以铺上草皮：当你不在办公室时，会有人把你办公室内所有的家具都搬出去，然后把整个地面铺上草皮。这种装饰方法在公司非常流行，因此，分发给大家的一张便签纸上，就赫然写着："如果谁想给别人的办公室铺上草皮，请打这个电话，我们会搞定一切事宜。"但是，这种装饰方法在制度化后，就有点索然无趣了，于是，公司里很快就停止了铺草皮，并且开始进行一些无伤大雅的恶作剧，比如在办公室里堆满以泡沫聚苯乙烯（俗称"发泡胶"）为原材料的花生、爆米花。值得一提的是，有一次，一个管理者出差回来，发现自己办公室的门被卸掉了，室内的墙壁也被装上了石膏灰胶纸夹板，并刷上了和走廊墙壁相配的颜色。

会产生我们期待的结果。这种因果关系详见下图。

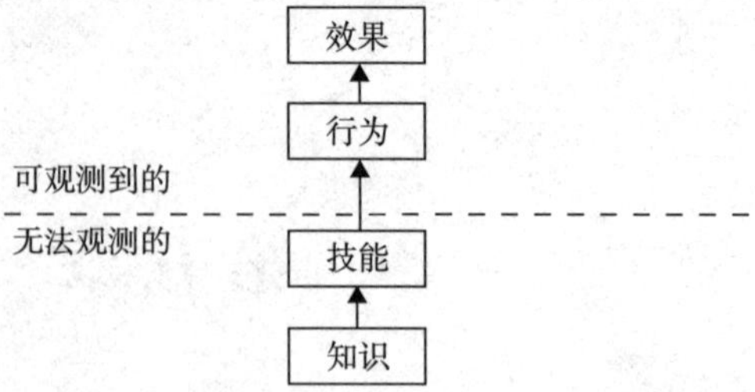

只有行为和效果是可以直接观测到的（在虚线上方有所标示），而为了看到期待的行为，取得满意的效果，就必须首先在知识、态度和技能上打下牢固的基础。

所有的学习过程都存在风险——失败的风险、发觉自己愚蠢可笑的风险、浪费时间的风险。

学习任何一门技能，一般都会经历如下几个发展阶段：

意识不到自身的不足（unconscious incompetence) 在这一阶段，你还没开始学习技能。自身有不足之处，但却意识不到，这是因为你甚至还不清楚自己到底对多少东西一无所知。在这一阶段，你还没开始做表彰行为——你甚至从未关注过它。

意识到自身的不足（conscious incompetence） 在你开始学习某种技能时，就会很快意识到自己在这方面的缺陷。在这一阶段，你不仅缺乏必要的专业素养，也缺乏自信。无论你是在学习如何表彰，还是在学习骑自行车，在初学阶段，你都会感觉自己面临着巨大的挑战。但是，只要你勇于坚持，假以时日，你就可以掌握这门技能，进入下一个阶段。

注意到自己的能力（conscious competence） 在这一阶段，尽管你掌握了这门技能，但是要把它很好地展现出来，还必须下一番功夫才行。在不断的练习中，你会愈发娴熟，专业素养会不断提升，也会变得更加自信。尽管注意不到自己的能力（unconscious incompetence），在你的技能日臻完善时，这种技能就会变成一种自我强化的习惯，你可以毫不费力地把它自然地展现在大家面前。在这一阶段，你开始注意不到自身具备的这种能力。

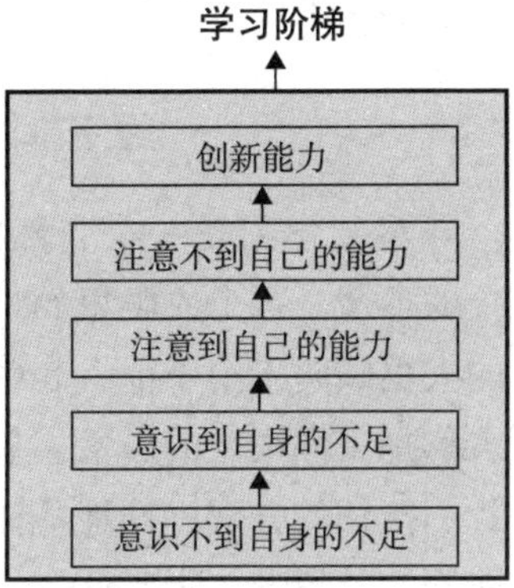

任何人都可以熟练地掌握某门技能，但是人们不一定会在同一时间学会这门技能。因为有的人学得快，有的人学得慢。学习的速度——而不是学习能力——把大家区别开来。

需要强调的是，在学习的起始阶段，人们很容易选择放弃。因为当人们意识到自身不足的时候，难免会感觉不安，而这种不安的心态又常常迫使他们无奈地接受现状。许多人在一开始，就选择放弃，停止学习这门技能。而另外一些人，不畏困难，克服内心的焦虑，通过不断的实践练习来提高技能水平。在整个学习过程中，这些坚持不懈的人，会变得更加自信，技能水平也会越来越高。

在我们觉得自己有能力胜任某份工作时，很可能也会变得富有创造力。各行各业的专家不仅具备出类拔萃的专业素养，同时也能够尝试用各种新颖的方式展现技能。这些专家已跨过了注意不到自己能力的阶段，而变得富有创新精神了。这也就是我们把创新能力作为学习第五阶段归入学习阶梯的原因。拿学自行车为例，一些人在注意不到自己的不足这一阶段就不再练习，满足于可以轻轻松松地骑车。而其他人继续学习，不断提高自己的车技；在继续学习的人群中，有一小部分人学习各种骑车的花样或参加自行车比赛。这也就造就了会做和擅长的区别。也就是说，尽管每个人都可以具备很高的技能水平，但不是每个人都能成为专家。

我们的底线是相信任何一名管理者或员工都有可

生命短暂，我们没有足够的时间去从零开始学习对我们有价值的一切。毫无疑问，为了成功，我们必须借助有经验之人的力量—— 他们的知识对我们实现自己的目标大有裨益。

—— 博恩 · 崔西 (Brain Tracy), 畅销书作家

能获取表彰能力，但前提是他们必须首先成功地突破在学习过程中面临的各种障碍。

学习中的障碍

尽管学习是一个自然的过程，却不一定是一件轻松的事情。每个人眼里的难度系数有所不同，因此，有的人更倾向于给予他人表彰，也不会觉得学习如何给予表彰是一件很难的事情。显然，我们都更愿意深入学习我们擅长的方面；而那些让我们有挫败感的东西，则是能不学就不学。孩提时代，我们被迫去学习；成年以后，我们选择去学或者不学某些东西。

在接触新东西时，对未知的恐惧，是我们面临的最主要的心理障碍，这种恐惧感常常使大多数人选择待在自己的“舒适地带”—— 那些一直以来让自己感觉得心应手的行为。当我们凭借自己现有的各种技能做得“不错”的时候，为什么非要费工夫去学习另外一种技能呢？既然我们处在意识不到自己不足的阶段时，不会焦虑不安，那我们为什么非得自找麻烦，让自己意识到自身还有局限性呢？

在你下定决心学习一门新技能时，就意味着要冒一定的风险——冒着让自己看上去滑稽可笑、内心里觉得自己愚蠢的风险。菲利普·克劳士比是世界质量大师，也是经典巨作《质量免费》的作者。他在一段话中就曾分析过这个问题的本质，他说：

> 有一种行为理论指出，每个人都在潜意识里阻碍自身的智力发展。他们的生活会变得程式化，一成不变。一旦他们在这个世界上，感觉惬意满足，便会停止学习，同时，在此后的人生道路上，他们的大脑也不会继续积极运转。他们可能在公司里有骄人的业绩，也可能很有理想抱负，也可能没日没夜地加班，但是他们不再有学习意识！

零成本创意 15

站起来欢呼吧

美国西北银行曾在佛罗里达州的奥兰多市开销售服务会议。当时，银行所有的主管在人行道上站成一排，鼓掌欢迎从巴士上下来、进入开会地点的员工。西北银行在马里兰州哥伦比亚市的副总裁维多利亚·戈麦斯说“这让大家感觉很特别。”

我们必须留意自己的“舒适地带”，勇于突破自己，不断学习、追求进步。牛顿的运动第一定律（也被称为惯性定律）指出：“一切物体在没有受到力的作用时，总保持匀速直线运动状态或静止状态。”如果把这个定理用到表彰行为中去，它的意思就是说，只要你没碰上必须做出改变的状况，你抵制变化的这种倾向（惯性）往往会占上风。如果一个人从来不向他人表示表彰，那么他会继续这种习惯；除非受到要求做出改变的外力的影响，一般来说，这个人会继续自己一贯的表彰方式。

害怕出错、害怕让自己看上去愚蠢的心态让许多人踌躇不前，不敢接触新东西。然而，我们常常忽略的一点是，犯错是我们学习进步的基础，因为我们可以从不断地尝试和错误中受益——有一些学习过程可能更易遭遇各种障碍。对于大多数人来说，表彰的前提是他们敢于让自己置身于那些超出自己现有能力范围的境况中。此外，这种“突破”行为会最终提高你的办事效率。

表彰悲剧

一位作家曾听某公司的CEO说：“我们有一个月度最佳员工评选方案。但是进展并不顺利，大家似乎对这个方案都很排斥，但是因为已经实施了，我们也就没打算取消它。”

PDRI周期（计划、实践、检查、改进）

在学习表彰技能的过程中，人们慢慢地攀升到学习阶梯上更高的地方，然而学习的道路却不是一帆风顺的。或许PDRI周期是反思学习过程的最好方式。PDRI代表着：

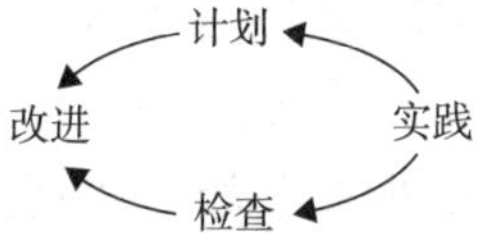

- Plan（计划）做某件事情或参与某项活动。
- Do（实践）你的计划。
- Review（检查）评估自己的行动是否富有成效。
- Improve（改进）完善自己的行为方式，以确保下次做得更好。

让我们把这四个步骤应用到表彰行为学习过程中去。

计划　这指的是你决定实施某种表彰形式。你没必要用文字详尽地描述你计划中的行动方案，事实上，计划也可以指你做某件事的愿望或打算。你可以问自己："我该如何激励自己的员工或工作团队？"显然，行动越复杂，越需要制定一份正式的计划，这一点我们会在讨论公司表彰行为的时候提到。此外，你做某件事情的决心越大，你就越有可能把计划付诸实践。

除非你对某种技能或行为已经习以为常，否则，制定计划非常必要。在日常生活中，我们的各种行为中大约有百分之八十的部分是常常做的，不需要我们在做的时候进行过多的思考，但是在采取各种新行动前——或者当我们的各种习惯性行为遇到新情况时——就需要我们至少要有坚定的信念，统筹全局，进行规划。

实践 只有行动才能把想法付诸实践。许多人的想法很好，但是却从来没有坚持到底过。如果只要有想法，不需要去实践的话，每个人都会大获成功。实干家们知道计划做某件事与做某件事之间有天壤之别，因此他们敢想敢干。他们知道，不行动，一切都是纸上谈兵。他们也明白，一开始，也许自己做得不好，但是无论如何，让自己动起来至关重要。这就像耐克的标语"放手去做吧"一样。

检查 如果你开始了某项表彰项目，就要检查一下活动的效果。反馈信息是学习过程中很关键的一个步骤。检查评估会给出如下这些问题的答案：接受者对表彰反响如何？表彰给大家的感觉是什么？表彰的目标实现了吗？表彰行为有没有带来一些意想不到的积极抑或消极的后果？

评估可以是具体细化的，也可以是简单的。有时候，你可以借助自己的直观感受来做出评估，有时候，其他人也会协助你来完成评估。

完成活动评估后，你可以从如下三件事情中挑一件来做：（1）停止这项表彰项目（可喜的是，几乎没有人采取这一行动）；（2）以后继续按照原有方案来做；（3）改进自己表彰项目的方式。

如果你觉得自己的表彰行动富有成效，那么你可以继续按照上次的方法来给予表彰。需要注意的一点是，成功

零成本创意 16

小事不可小视

查尔斯在一家承包政府工程的公司上班，这家公司总部位于佛罗里达州西北部城市彭萨科拉。他曾对我们说："我是一家公司的维修管理者，手下有六十四个修理喷气式飞机的技工。我们公司承包了美国海军飞行学校里的工程。每次当我把纸风车或者气球系在正在修理的飞机上时，这些看上去彪悍的修理工们都很高兴。因为纸风车或者彩色的气球象征着这架飞机顺利通过了各项安全测试。"

不是进步的朋友。一般来说，我们往往从不尽人意的行为中会学到更多的东西。成功给予我们一个进行积极强化的机会，而失败则为我们提供了又一个获取成功的机会。

改进　大多数人重复自己的某种行为，是因为他们希望自己下次可以做得更好。在这一阶段，你需要依据评估时收集到的反馈信息，来完善自己的行为。你在某项活动上花的精力越多，在进行评估、完善自己行为时越用心，那么，你做这件事情的能力也会日益提高。

和线性学习模式相比，PDRI 周期的价值更为明显。这是因为线性学习模式没有提到反复练习和反馈信息的重要性。应用这本书以及鲍勃•尼尔森的畅销书《奖励员工的 1001 种方法》中提及的 PDRI 模式和书中丰富的表彰知识，你会越来越擅长给予下属表彰。你进行表彰行为的次数多了，就会越做越好，也会更加自信。这样一来，你会更频繁地进行表彰行为。如果给予表彰成为了你的一种习惯，那么 PDRI 模式就会帮助你提高工作效率。

惯例无可厚非，但是需要注意的是，它有一个缺陷。那就是例行公事看上去机械呆板——没有人愿意从一台机器那里获取肯定。一家大型制造公司的老总每个月都会下一次车间，向员工问好，这让他感觉自己是个了不起的管理者。但是如果你就此情况询问他的下属，他们会说老总的行为多少有点可笑。一个一线工人曾说：“每个月，约翰逊先生都会问我妻儿怎么样。每次，我都告诉他，我还没有结婚。”

在另外一家公司里，公司高层似乎很少想过要向员工表示谢意，相反，他们对打动同事的心更感兴趣。在管理层会议上，公司的管理者们会对员工的某项活动给予高度评价，但是受到领导层赏识的这个员工却很少能够亲耳听到这些赞许的话。

人们往往很容易陷入到某种习惯性活动中去。当你丧失了新鲜感、不再发自内心地去感激某个员工的出

治愈愤世嫉俗者

问　两个车间，其中一个车间的员工善解人意，工作积极主动。但是另外一个车间的情况却恰恰相反。我们该怎样改变这种氛围呢？

——在某论坛上发帖的网友

答　从第一个车间的成功经验中学习。开始在两个车间里实现信息共享，交流日常事务。到底是什么让第一个车间运转良好，第二个车间情况糟糕呢？在某个车间里，有没有哪些人在表彰态度、表彰惯例的形成中发挥重大作用呢？如果出现了这种状况，那么，第一个车间里的关键人物都具体做了哪些事情，另外一个车间能不能照搬这些具体的做法呢？或许你可以考虑先成立一个表彰任务小组，小组的成员从两个车间里挑选，这样，他们就可以进行经验交流。

色工作时，表彰行为就会变得机械呆板。同时，员工甚至会觉得公司的表彰行为完全是糊弄人，只是为了哄骗员工卖力工作的权宜之计。这也正是为什么我们除了采用PDRI周期，还必须进入下一阶段的原因。

突破性提高：进入到下一阶段

当表彰行为变成呆板的惯例时，我们就必须寻求改变的途径——这对员工和我们来说——都是相当重要的。因为一旦一种表彰行为成为例行公事，变得机械呆板，就会丧失其原有的激励效果，相应地，人们也就会越来越少地去采取这一表彰行动。

一旦你感觉自己对基本的表彰行为可以完全驾轻就熟的时候，就需要学习新的表彰技能了，这也就意味着你得走出自己的“舒适地带”。这包括尽可能地扩大表彰行为的范围——发现表彰的新类型、新方式，充分利用表彰行为以便获得最佳效果，同时还要把不同类型的表彰行为同你期待的工作业绩联系起来。

表彰行为对表彰的接受者及给予者都有极大的鼓舞作用。在掌握了PDRI模式后，你该积极地去寻求新的表彰挑战。可喜的是，PDRI模式为表彰的发展奠定了基础。

最好不要让PDRI周期无限地循环——它会让我们所掌握的技巧变成一种根深蒂固的习惯。而我们又往往会恪守固有习惯，这是因为待在“舒适地带”会让我们感觉自在惬意——这也正是菲利普·克劳士比提出“每个人都在潜意识里阻碍自身的智力发展”的原因所在。具有讽刺意味的是，当我们重复同一个PDRI周期的次数越多，我们采取其他表彰行为的可能性也就随之下降，表彰技能也就无法得到进一步提高。一个至关重要的自我成长技巧是把握学习新东西的时机。

一旦你掌握了自己的第一个PDRI周期，那么，你就会考虑改进工作方式，提高工作效率，希望可以尝试着做一些超出你现有能力范围的事情。

真诚至关重要

问 怎样才能消除员工对新的激励方法的抵抗情绪——比如，如果员工询问管理层实行这种激励体制的动力是什么呢？

——加拿大国际发展机构(the Canadian International Development Agency)，加拿大魁北克省赫尔市

答 告诉员工你的打算。毕竟最好的管理就是你同员工一起做某件事情，而不是你为他们做了某件事情。比如，你可以说：“今后如果咱部门的员工做出了出色的业绩，我会试着给大家更多的肯定。我知道过去我很少这样做，现在想想，觉得对不住大家，所以以后如果我给予你们表彰，请让我知道你们的反应，好吗？”如果你态度真诚，把员工的利益放在心上，那么员工就不会感觉自己受制于人。

但是突破性的改变并不意味着你必须做一些对所有人来说都算得上巨大突破的事情。突破是相对而言的；一个人眼里的突破性改变对另外一个人来说可能只算得上是一种量变而已。当你做好了进行下一个表彰突破的时候，就要下定决心，奋勇向前。唯有这样，你的表彰水平才会得到提升。下边的图表显示出了这一发展过程。

做出突破性的改变不一定非要花费很久的时间。做出进行突破的决定可以仅仅因为你意识到“我对一成不变的表彰行为感到厌烦……我想提高自己的表彰水平”，并且对即将要做的事情满怀期待。

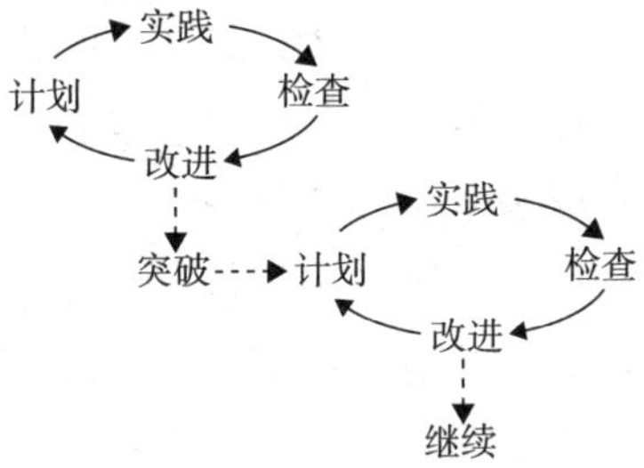

比如，微软公司的一位管理者对自己的表彰方式不满，不想对所在工作团队的突出业绩只简单地说句“大家辛苦了”来敷衍了事。她希望自己可以做一些改变，于是，便为自己的工作团队订购了一些咖啡杯，在杯子上面印上自己表达谢意的话语。虽然这样做很费事——需要得到高层的批准，需要联络杯子的生产商，需要考虑印在杯子上的话语。此外，她还要考虑如何分发这些杯子——因为她所在的是个虚拟团队，团队的成员遍布美国的各个角落。

重要的是，这位管理者利用这个机会，让其他不太愿意在表彰行为上做出突破的管理者们也参与到这项活动中来。她为这些管理者提供了参与的机会，这使得他们的员工也可以得到表彰。这也就是说，你也可以帮助别人取得表彰突破。

最重要的是她做到了：她在转变表彰行为中实现了自我突破。售价仅要两美元的咖啡杯极大地调动了整个团队的积极性。

有趣的是，这个帮助她实现了表彰方式突破的点

持续学习促使每个人在生活中找到更好的工作方式。继续学习不是一份开销，而是一种投资，这种投资会给你带来源源不断的回报。

——杰克·韦尔奇（Jack Welch），前通用电气董事长兼 CEO

子是一个下属想出来的。她虚心听取员工建议的态度更是进一步激励了整个团队。在任何领域，实现突破的一个捷径是从别人那里吸取一切成功有效的经验。认为自己需要去做一些与众不同的突破性行为，是我们常常容易犯的一个错误。我们没有意识到——对自己所处环境和状况有裨益的妙招数不胜数。

不要害怕向你信任的同事甚至下属征求意见。毫无疑问，在你所在的公司或者其他地方，一定有人很擅长给予他人表彰。而这些成功者的表彰方式对你实现自我突破来说，就是一笔宝贵的资源。如果你无法从他们那里获取第一手资料，那么就从文章、书籍或者你能接触到的其他一切资源中“窃取”他们的思想。

有助于实现表彰突破的另外一个途径是彩排。这就是说，你在工作场所实践新的表彰行为前，可以尝试着先与你的家人朋友进行角色扮演游戏，并从他们那里，获取对你新的表彰行为的评价及意见。你也可以在脑海里想象实践新表彰行为时的状况，以及可能会产生的效果。进行一定形式的彩排会增强你奋勇向前的信心，帮助你最终实现表彰突破。

表彰训练也是实现表彰突破的最佳途径之一。在训练环境中，人们可以参与讨论活动，应对各种虚拟环境下的阻碍因素，从他人身上学习。

找一个表彰教练也是实现表彰突破的可行性方案。找一个你尊敬的人，让他传授自己给予他人表彰、并取得积极效果的秘籍。如果你很幸运，碰到了在表彰行为方面比你更为出色的行家，那么，就争取让他做你的表彰教练。事实上，这是一个互利共赢的过程——你们可以相互学习，取长补短。

如果平时过度劳累，压力太大，也会不利于实现表彰突破。现今社会，大多数管理者日理万机，疲于应付，因此给自己一个缓冲的时间也是非常重要的。无论你担任什么职务，抽空放松一下，重新调整自己的状态，对

17 零成本创意

庆功会

在加拿大石油公司（PCZ），管理层会定期举办“庆功会”。在会上，员工们会向管理层报告自己前一段时间里为公司既定目标奋斗的过程中已经取得的成绩。这些会议很有趣，带有很强的庆祝气息，因此可以为大家更好地开展下一步工作注入新的能量。

于保持新鲜感、高效工作至关重要。这也对你实现表彰突破大有益处。从单调的日常事务中走出来，想一想自己要怎样给予员工表彰才能改善团队的士气和工作绩效。

> 知识不是信息，而是变革。
>
> ——**奥修（Osho）**，作家

杰克·坎菲尔是畅销书《心灵鸡汤》的策划者之一。他提出如下建议：

> 减少待在办公室里的时间，可以使你的大脑更为清醒，这对你产生奇思妙想极为重要。当我度完长假，又回来工作时，就会很快发现休息的价值。因为我办事效率更高，思维更加活跃，富于创造性。在度假期间，我也产生了许多不错的想法，这些想法在之前根本就想不出来，因为平时我一直忙忙碌碌，疲于应付。

最好的放松和充电方式因人而异。因此，对你来说，重要的是要找到那些最能放松你的神经、让你精神焕发的活动。

促进表彰行为突破的另外一个好方法是参加一个互助小组。杰克·坎菲尔指出自己恢复精力的原因就在于自己和其他人待在一起——他参加了一个智者小组。这个小组的名字由传奇激励大师拿破仑·希尔首创。拿破仑·希尔是伟大巨著《思考致富》的作者，他曾建议人们成立一个互助小组，相互加油，互相鼓励。

向实施表彰行为的人表示肯定

本来，人们应该更频繁地实施表彰行为，但事实却并非如此。其中一个原因是实施表彰行为的人自己没有得到外界的肯定。员工是否经常想着要向给予他们表彰的管理者表示感谢呢？管理者们是否常常给予彼此肯定呢？

永远不要忘记那些给予他人表彰的人们也需要得到他人的肯定。否则，人们会忽视他们的付出和贡献。如果你负责管理工作，经常给予自己的下属以及时有效的表彰，那么你一定会受到他们的欢迎。

在人事管理局 我们相信表彰的力量

多丽丝·豪赛尔（Doris Hausser）是美国人事管理局绩效管理主管。她为美国所有的联邦机构（这些机构的员工共有1008000人），在开展创造性表彰项目上提供建议和必要的指导。我们采访了她，希望了解她可以和世界上最多元化的工作团队一起共事、激发他们的积极性的秘诀。

豪赛尔告诉我们，“人事管理局面临的挑战是一方面要鼓励员工做事时富有创造力，创新精神，另一方面还要确保员工不做出违法的事情。”公众时时刻刻的监督，什么都要依靠公共资金的现状，以及必须遵守严厉的法律条例的压力，使得人事管理局所面临的挑战变得更加严峻。此外，豪赛尔还提到，“政府部门各有特色，我们需要同从航天员到牛仔等各种职业的人打交道。因此设定的奖品必须因人而异，保持多样化，才能获取各个员工的重视。”

在1993年以前，人事管理局对联邦各个机构在员工表彰和奖励方面的各项事宜都实行严密的控制——告诉各个机构哪些是可以做的，哪些是不能做的。但是人事管理局对政府表彰项目的严密控制并没收到积极的效果。毕竟众口难调，你不可能指望每个人对同一种表彰项目都拍手叫好。在这种情况下，政府废除了以前呆板严厉的规章制度，开始在各个机构中贯彻实施更为人性化的指导方针。在废除了原有制度后，OPM（人事管理局的英文缩写）也开始进行角色转换，开始把自己看作政府部门的表彰和奖励顾问，而不是事事都要过问的“警察”。

当时豪赛尔参加了美国能源部的一个会议，会上，人们集思广益，各抒己见，希望找到新颖特别的方式来奖励自己的员工。在会场上，她就意识到实现表彰方式的转变绝不是轻而易举的事情。“大家正讨论得热火朝天的时候，我走进了会场。但是，他们一看见我进来了，就马上安静下来。当主持人替我做了个人介绍后，刚才在发言的那位女士就不愿继续说下去了。她说自己正在谈论新的团队奖励方案，不愿意当着人事管理局工作人员的面来谈。她欲言又止的态度情有可原，因为之前OPM强调个体表彰，而不是团队表彰。我向她保证自己不会插嘴，除非她说了不合法的事情。她接下来提到了电线修理工的生活对员工团队作业的极大依赖性。她提议设定团队目标，进行团队奖励。听完她的提议，我站起来鼓掌，并告诉她我会公开表明自己的观点——这个提议是个不错的计划。这次经历给我上了一堂生动的课。”

因此，现在OPM尽量不直接插手

政府各个机构的表彰工作。他们向各个机构提供讲解表彰原则的指南。同时，OPM也意识到，各个机构只有根据自己部门的情况来制定表彰项目，才能取得积极的表彰效果。他们鼓励政府各个机构积极交流各自想法，还从外边请人为各个机构进行表彰原则方面的培训。当某个部门向OPM求助时，OPM会在协助这个部门制定适合自己的表彰方案的过程中，提出如下一些问题：

“一个机构已经开始向那些需要冒着生命危险、在恶劣环境中工作的员工颁发‘长颈鹿奖’（‘Giraffe Award’）。设立这个奖项其实也就是奖励员工不惧风险的精神。”

这份工作的性质是什么？“员工是否需要和公众进行沟通交流？如果需要的话，那么或许你该对热情周到的客户服务表示表彰。而对于那些终日和计算机进行互动的员工，你可以通过计算机本身来了解他们的工作绩效，但是首先你需要为每个人设定绩效目标，并在公开场合，对业绩出色的员工给予奖励。”

这份工作的背景是什么？“假设有一个政府雇员是管理站（ranger station）的高管，那么要怎样判断这个人的工作是否出色，谁去监督他的工作呢？”

你希望奖励什么？你需要奖励那些你希望在今后继续出现的行为。“一个机构已经开始向那些需要冒着生命危险、在恶劣环境中工作的员工颁发‘长颈鹿奖’（‘Giraffe Award’）。设立这个奖项其实也就是奖励员工不惧风险的精神。显然，这个奖项代表着用人单位对员工的期待——甘于奉献，不惧危险。”

文化的范围是什么？在复杂的组织里，部门不同，员工从事的职务也可能是多元化的。“也许一楼是总领事，二楼的办公室里全是和电脑打交道的员工，三楼是搞科研的团队。在这种情况下，你必须划清文化界限，针对每种文化的特点来制定个性化的表彰项目。”

豪赛尔和她的同事还帮助政府的不同机构协调法律议题和激励议题的关系。“有时，我们会接到一些机构的电话，他们希望采用一些抽签发奖方式来作为激励项目。美国法律不允许类似这样的奖励项目，因为谁能获奖，全靠运气。因此，我们就试着帮这些机构制定更为有效的激励项目。一般我们会向他们提一些问题，来了解一下他们制定抽奖发奖方式的目的，以及这种激励方式具有吸引力的原因。一般来说，他们决定采用抽奖给奖法，多半是因为大家都能参与进来，希望碰碰运气，说不定还能获得一件有价值的东西。而归根到底，还是因为这个机构不但预算不足，同时还希望整个工作团队都能得到表彰。对于这种情况，我们会建议这个机构不要向员工送印有机构标志的昂贵的大水晶花瓶，相反，可以给每位员工都发一枚印有‘好样的’字样的徽章。毕竟贵重的物品不是只有水晶花瓶。人们需要明白，表彰的效果也同样重要。”

打造“表彰氛围”需要使表彰制度化。如果你所在的公司还未形成规范化的表彰体系，那么就需要管理者自己去做该做的事情，并向这些努力给予他人表彰的人表示肯定。

如果你的表彰行为还没得到他人的肯定，那么，你可以试着给予自己某种形式上的肯定。当你在表彰行为上取得里程碑式的胜利时，就奖赏一下自己吧！

要点快递

- 每个人通过学习，都可以成为激发员工积极性的行家。
- 学习是一个不断进步的过程，可以用PDRI周期来表示：计划、实践、检查和改进。
- 当你掌握了PDRI模式，深入学习就需要你去实现自我突破。
- 不要忘了向表彰行为的给予者——你的上司、同事——还有你自己表示肯定。

第六章

准备工作：个人表彰

一句恰到好处的夸奖，能让我多活两个月。

—— **马克·吐温**，作家

最有效的表彰类型发生在针对个体的、一对一层面上。管理者若有效地运用一对一的鼓励与表彰，或能在员工身上最大限度地激发他们的动力，就是最有效的表彰。每个管理者都应该负起责任，确定自己了解员工的状况，并且每日跟进。

表彰起步小贴士

表彰一个个体，起步阶段最有效的方式是什么？且看下面列举的指导方针：

从即时奖励起步。动力是很个性化的。为了达到最好的表彰效果，你需要进行即时奖励，并且在一对一的层面。说到表彰，还有一点非常重要，那就是你不需要任何人的批准就能开始。

选一件事，不按常规出牌。最好的目标是那些可以达到的理智的目标，所以最好从小处着手，比方说只选定一个目标，打破常规来做。收到成效之后就有动力，接着就可以拔高自己的目标。一次想做十几二十件事只会止步不前，停在最初定的目标上，相比较而言，专注于一件事并持续为之努力效果要好得多。比方说，每次员工大会开始都念一念好消息，夸一夸优秀员工，客户或者公司其他员工或许写过感谢信，也可以读一读。据估测，我们每天所做的90%都是前一天的重复，所以不要小看我们选择的一点点改进，绳锯木断，水滴石穿。

问清楚员工的动力所在。员工们倾向于什么样的表彰方式要弄明白，可以让他们自己写下喜欢的感谢方式，或者做个调查，记下他们觉得鼓舞人心的细节。每个人的倾向都不一样，就是同一个人不同年龄段喜欢什么样的鼓舞方式都不一样。花点时间了解一下他们工作中最感兴趣的活动类型，最希望掌握或者提升的技巧，还有他们对自己职业生涯的规划。了解他们的个人爱好以及家庭状况。所有这些都是激发潜能的源泉。你对员工了解得越多，就越能有效地鼓舞他们的士气。帮助员工实现他们的目标，他们就会齐心协力让公司运作得更好。

注重自己能做到的，不要盯着自己不能做的不放。几乎每一种工作环境都会有这样那样的限制，让你不能顺利进行员工表彰计划。公司一大就显得不近人情，阶层分明，相反，较小的或者非盈利的公司就有更多的资源可供表彰员工所用。公共组织在利用公共资金组织表彰项目的时候必须要考虑周全；历史悠久的公司那种家长式催促办公的方式不太有效，可是他们也不太容易转变；另外许多公司都加入了工会，这也不便于某些表彰措施的实施。但是，你不能盯着那些你不能改变的事情

洋工，可以不磨?

问 我是科罗拉多州戈登市青年计划的监管人，我所雇用的员工主要是19至24岁的年轻人。这个年龄段的年轻人生活忙忙碌碌，要让他们全力以赴地投入到工作中不是件容易的事，特别是那些比较年轻的。你们有什么好建议吗?

——马特·赫斯（Matt Hess），科罗拉多州戈登市

答 找到他们的兴趣所在，再想办法有的放矢。以我的经验，年轻员工一般为社会环境所激励，所以你可以创造机会，在工作中和工作之余让他们更多地跟同龄人互动。他们通常都会非常聪慧机敏，能高质量应对工作中的任务和变化。

不放，还有几百件事可以做，需要你去做。一件事完成得漂亮，每个人都能写个便条来表示衷心的感谢。这只要几分钟，而且分文不花。

不要期待完美。绝大多数管理者一看到没有达到预期目标就放弃了最初的努力，可是认识员工没有完美途径，任何新的举动或者变化一开始都会显得奇怪。所以要先从小事开始尝试，从可行方案中吸取经验，加以提高改进。你要尝试新的做法，让你所在工作小组的其他人给予反馈建议，这其实是个愉快的过程，你不会犯太多错误的。

接下来，我们要确定如何实施个体表彰最有效，以此为基础建立一套更系统的方法。

> 大多数人都会“拍马屁”，只有少数人知道怎么真诚地赞赏别人。
> **——希腊谚语**

个体表彰计划

开始一个全新的行为习惯最好先做好计划，个体表彰也不例外。这种计划不一定要很详细，甚至不需要很正式。你决定告诉某某他的工作完成得很好，你很满意，这就是一个计划，可以这么简单。

为了达到最佳效果，你的计划应该包括表彰前表彰后的几个阶段：

表彰前

做个体表彰计划，既有效又快捷的方式就是套用w&h表格（who, what, where, when, and how）（人物，事件，地点，时间，步骤）。这个表格不写下来，在脑子里系统地想一想就会给你的员工表彰添一臂之力，你要是刚刚开始就更是如此了。

什么是我想要表彰的？（事件）最有效的表彰是因人因事而异的，即对某一具体行为或绩效做出反馈。

谁是我想要表彰的？（人物）谁是我们预期行为的最主要责任人？这一点需要弄清楚。

表彰悲剧

老板对员工的某一项工作表示赞赏，可那是许多天前完成的工作，而员工忘了。所以员工得出这样的结论：老板对自己简直是漠不关心。

记住，表彰要打铁趁热，才能让员工记住。

什么时候来表彰？（时间）在预想行为或绩效发生之后立即实施表彰会取得最佳效果。

在什么层面表彰？（层面）最有效的表彰是个人层面的，即与表彰对象面对面交流。

怎么来有效表彰？（步骤）如果表彰一方对被表彰方而言激励价值提高了，这个表彰就是有效的。由谁来表彰？是要在公共场合还是私下交流？问问自己这些问题，有助于发挥表彰的最大影响力。

如何有效夸奖

要欣赏别人，给予质朴的夸奖是最有效的方法之一。夸奖无价，且分文不花。说到有效地赞赏别人听起来像是一个常识,可是许多人都没有真正掌握这门艺术。为此我们提出 ASAP 原则，囊括了有效褒扬的几个重要因素：要尽可能地迅速、真诚、具体、个人、个性化、主动。

迅速。时机非常重要。一旦取得成果，或者预期行为一发生，就应该表示感谢，这样才最有效。要是过了太久再感谢，就意义不大了。员工们会认为对你来说还有其他更重要的事情让你抽不出几分钟与他们交流。

真诚。心不诚，语不真。你要赞赏别人，必须要真心实意地欣赏别人的成就，为他高兴，要不然就会显得功利性太强，好像是你想让员工加班故意这么说的。俗语有云：人们不关心你知道多少，除非他们知道你有多关心他们。

具体。谈及员工的成就一定要具体，不能蜻蜓点水泛泛而谈。褒扬的话说得太空泛就会显得不真诚，需要具体细节增加可信度。夸奖员工，你要指出他的所作所为及其价值何在。比如你可以这样说："为了完成我需要的统计数据你加班到那么晚，真的是谢谢你了。今天早上开会这些资料必不可少。"

个性化。一言以蔽之：最个性化的表彰形式是最有效的。这说明表彰的重要性不可小觑，你要放下手头的一切而只关注你要表彰的那个人。时间很紧，你亲自上阵更证明了它的价值。及时发一封电子或语音邮件，用这种方式来表彰也很有效，但是如果你有机会，亲自表彰，效果会好得多。

我们中的大多数宁愿被表扬毁灭，也不愿被批评救赎。

——**诺曼·文森特·皮尔（Norman Vincent Peale）**，牧师、作家

积极。如果你说：“这篇报告写得不错，但是打字错误还是有不少。”这一个“但是”就把你之前的话全部否定了。这类纠错的话下次再说，赞扬时就赞扬，不要与提建议混在一起。

主动。赞赏会把你向预期目标推进。不要等着一个完美完成的任务。有点进步，或者行为表现基本正确就可以夸一夸，这样你就能更快地达到预期目的。

总结一下，有效的赞赏能传达以下几个信息：

- 我看见了你的努力（你要确定别人知道你知道了什么）。
- 我很欣赏（肯定别人的行为成果的价值）。
- 我为什么觉得这很重要（一定要给出解释）。
- 这给我的感受（附上一个情感价值）。

对一件工作简单直接地称赞极其容易，但是真正坚持做的人很少。加倍努力地去欣赏你的员工，他们会以一千种方式来回报你。

小举动，大效应

表彰不一定要花里胡哨，事实上，越简单越直接越好。我们去了解员工、鼓舞员工，做得越多，就越会惊讶地发现可以用最小的成本、最少的文书工作与指令交换对员工的工作表示欣赏，又简单又真诚。其实对管理者来说，任何事情从某一特定角度看都可以是被表彰的对象。证明这一点我们最喜欢用的例子就是惠普公司了。在加利福尼亚州帕洛阿尔托市，惠普公司一个小组

好几周都在钻研一个问题，后来一名工程师冲进管理者办公室，说他找到了解决方案。管理者在桌子上找了找，想表扬他的劳动成果，最终从自己的午饭中拿出一根香蕉，说："干得好！祝贺你！"这名工程师一开始还有点摸不清状况，后来这个"金香蕉"就成了惠普创新类员工最高嘉奖之一。

还有一个简单却有效的方法就是在名片上做个标注。约翰·普兰科特是乔治亚州马利耶塔市科布电力公司的人力资源雇佣与培训部的总监，他说："人们最爱收集别人的名片了。带着一些名片，要是看到别人正努力地工作，马上拿笔在名片上写上'谢谢'、'做得好'、'继续保持'之类的话，再加上两三个字，写明他们的所作所为。把员工的名字写在名片上，签个字，再拿给员工。"在芝加哥有家医院甚至就用这种赞赏卡片招募员工，"谢谢你今天的服务。如果你想要辞去目前的工作，我们公司将会很高兴为你提供一份工作。请与我电话联系。"

在俄勒冈州比佛顿市的美国泰克公司，管理者与员工们通用一套简单的方式对别人的行为进行表彰。他们印刷一些简单的便签纸，上面有卡通图案，还有一句抬头，"做得不错哟"。这张纸随便谁都能拿着用，再给公司里的任何人。上面要写上是谁、什么时候、什么事，然后再给当事人。有了个中介让员工来谢谢彼此，他们表达谢意的次数也大大增多。这个想法流行起来，现在已经变成了泰克公司的一种生存状态。

爱玛客（Aramark）餐饮集团总部设在宾夕法尼亚州的费城，集团每年都特地抽出几天来奖励优秀员工。获奖员工享受各种优待，比如说个性化的电脑横幅，还有免费的午餐。

让主动表彰成为你工作的一部分

建立一个提醒机制。海勒·布里斯是亚特兰大咨询

18 零成本创意

表扬栏

这是西得梅因市社区学校里康妮·麦克斯韦的想法："其他学院有人留下便笺，如果是关于我们当中任何一个人的正面信息，我就会把它贴出来。这样，我的同事们也会更多地写一些给别人，这样就有了一个双向的谢意分享。如果写的便笺贴出来，这已经相当于一个荣誉了。"

小组的首席执行官。他口袋里一直放着五块鹅卵石。每次称赞了一个人，他就把一块鹅卵石从一个口袋移到另外一个口袋。他的目标是一天下来五块鹅卵石都移走。这个小技巧让布里斯把夸奖别人变成了一个习惯，一个日常工作。

一天结束的时候做个笔记。如果你还没来得及称赞过一个人这一天就快结束了，回家之前花个几分钟记下今天有谁做得比较好。做一些个性化的便签卡，在桌子上的电话旁边放一小沓，时刻提醒自己要表彰别人。许多管理者可能觉得一旦忙起来就难有时间去称赞别人，但是一天快结束的时候稍微闲点，可以利用这段时间简单记记这天谁的工作做得比较出色。

发挥高科技的力量。要是收到一封很积极正面的邮件，转发给其他人，或者打印出来在下次员工大会上读一读。要是准备发一封表扬他人的邮件，也给收件人的上司发一封。语音邮件不仅仅是用来分配任务的，也可以用来表达谢意。在回家的路上你用手机就可以做。

开小组会议时挑出几个员工来表扬。以小组的形式就可以有很多机会来表彰他人。读一读客户写给员工的感谢信，安排一点时间让小组成员当众对别的员工表示感谢，或者组织一个“表扬火力线”，每个人都对小组中某一人的优秀工作以表扬为“弹药”进行“火力扫射”。

日常行程有变化。从不同的路线绕到你的办公室去，这样你就能跟所有员工都有交流。时不时从不同的入口进办公楼，跟员工打招呼，问问他们的工作状况。记住员工的名字，中途休息的时候与他们一起。要是时间真的比较赶，就跟员工重新约个时间，这样你就能百分百地给予关注。

敞开大门。如果你要用“开门政策”，你一定要在附近，让员工们享受这项政策。员工需要你的时候要能找到你，而不是看你方不方便。亚利桑那州凤凰城的

小公司也有爱

问　我们只有两位全职工三位兼职工，还有一些家庭成员。我认为给予嘉奖不仅仅是要能增加接受者的信心，还要能鼓励其他人做得更好。但在小公司，这样就会显得厚此薄彼了。

——乔恩·里尔，里尔，
技术通信，新罕布什尔州贝德福德市

答　小公司的相互交流更加灵活，程度更深，管理运作一清二楚，你可以比一个大公司做得更多，比如说专门任务分配，与老板共进午餐，允许各种逗乐，庆功会，培训与提升机遇，等等。组织一场讨论，每个人列出两三件能够鼓舞他们的事。给予嘉奖当然能鼓舞士气，但是只要有机会，你应该将奖励与员工的表现结合起来，这样就会尽可能地公正。这样必然会提高工作效率，鼓舞士气，提升员工满意度。

罗伊·穆迪及其联合公司的罗伊·穆迪说："一个人能做的最鼓舞人心的事就是倾听。"

下面列举的就是能激发员工积极性的因素前十榜单。

前10名	激励员工的方法		
1	亲自对员工的出色工作表示感谢——面对面地，或者书面表达，或者两者结合。这一定要做得迅速、频繁、真诚。	6	让员工参与决策制定，特别是如果这些决定对他们有直接影响。
2	要是员工有这个需求，你一定要花时间跟他们谈心、倾听。	7	表彰、嘉奖、提拔，这些都要以员工的绩效为基准。与低水平或边缘化的员工沟通，要么提升他们的水平，要么请他们离开。
3	给个人、部门还有公司的绩效提供具体的反馈。有人做对了事一定要指出来！	8	让员工对他们的工作以及工作环境有一种主人翁意识，自己决定怎么样工作最有成效。
4	尽量创造一个开放、信任并且有趣的工作环境，鼓励新想法新提议。	9	与每个员工都建立一种伙伴关系。给他们提供机会成长，学习新技术，还要让他们认识到在达到公司目标这个大背景下，你能够帮助也会帮助他们达到自己定的目标。
5	提供关于公司前景、新产品、竞争市场的策略等信息，指出个人该如何适应这个全盘计划。	10	取得成功就要庆祝，不管是公司的，还是部门的，还是员工的。抽出时间开会并组织活动来加强团队合作，鼓舞士气。

让员工在你的"规划表"中占据一席之地。把向你报告的员工的名字加进你每周的"规划表"，要是你看到他们"工作出色"就做个记号。

这些做法看上去都比较简单易行，却能给你的员工在士气、生产效率及工作绩效方面带来极大的影响。从上面挑一个或几个试试，有用的话一定要坚持。

挤出时间表彰员工工作

管理者想在工作地点给予员工更多的表彰，但是时间却不够，这可能是最大的障碍。管理者们一般都忙前忙后，关注紧急事项，而不是重要事项。这个重要事项指的就是他们要管理的人。

你遇到的每一个人脖子上都有一个标签，上面写着："让我觉得我很重要。"

——玫琳·凯·阿什，玫琳凯创始人更糟糕的是，许多管理者自欺欺人，认为他们已经给了员工足够多的表扬和表彰。奥布里•丹尼尔斯是乔治亚州亚特兰大市奥布里•丹尼尔斯国际公司的董事长，绩效管理领域的头号专家，他说："依我的经验看，一些管理者认为他们在给员工正面鼓励方面做得最多，可恰恰是他们做得最少。"

管理阶层可能知道需要给员工传达正面信息进行鼓励，觉得他们也做了，但是往往一天几乎看不到员工的出色表现。更糟的是，他们所认为的鼓励也往往与"正面"这个词相去甚远——反馈一点都不具体，也不真诚；夸奖也只是随机发放，忽视为了此次成功做出同等贡献的一些员工；或者是他们所称赞的行为表现事实上根本就不是那么回事。

怎么样才能让管理者们更多地表彰员工呢？我之前就指出，"时间不够"只是一个借口。在行为上要有所改变，就必须找到一个方法让它成为你日常生活中自然而然的一部分。

甚至是那些真的很忙的管理者也能找到时间让表彰员工成为他们的日常工作。如果他们不能亲自向员工表达谢意，还有其他的表彰方式可供选择。比如说一个部门庆功会，一个管理者就算自己不亲自到场，批准举办也是可以的。

相信坚持的力量

人们没有尽自己最大的努力去了解员工是因为什么呢？通常情况下，你可以跟管理者说明表彰员工的重要性，提高他们的意识，还可以让他们多学习人际交往技巧，提高他们的交往能力。但是一旦他们回归到工作中去，你就不能强迫他们坚持这种期望的行为。我们确信，如果我们帮助他们建立一套个性化的策略技巧和计划，让他们自己坚持，这样成功的几率就大得多。

好话价值千金，只花分文。

——道格·哈玛绍，联合国前任秘书长

海盗货运系统——这里的回报不会让你失望

联邦快递公司总部位于加利福尼亚州圣何塞市，海盗货运系统（现名西海盗联邦快递）是它的全资子公司，身价4.19亿美元。这家子公司在美国西部十一个州有着66个服务中心，形成了巨大的海运网。海盗公司长期以来就以其奖励表彰项目吸引着人们的眼球，这在运输业是史无前例的。《1001种零成本奖励员工的方法》中就好几次举了这个公司的例子，其他人也已经开始注意到它独特的以员工为中心的企业文化。

下面是这家公司许多不同的奖励方式和活动的简单介绍。

关键时刻奖。这个奖项是由员工提名，颁发给为公司带来额外利润的员工，大多数情况下就是给公司介绍新客户。一季度颁发一次，获奖者得到一块横匾与100美元的奖励。

EZTDBW奖。这也是由员工提名的奖项，得名于公司的口号：轻轻松松做生意（Easy to Do Business With）。这项奖项的得主是给不遗余力为同事提供帮助的员工，一季度颁发一次。荣誉得主会有一本证书，加上一个印有奖项名的小玩意，比如一个手电，一套笔具，或者闹钟。

安全奖。这是个自我提名的奖项，也是一季度颁发一次，所依据的是各个员工的一系列跟安全有关的各项指标的等级评定。

感谢员工周。海盗货运会在8月抽出一周以各种方式来表达对员工的谢意。员工会有免费的早餐午餐，所有的工作地在一周之内还会举办一个大型的烧烤午餐会。

假期庆祝。在放假期间，所有的员工都会受邀参加一个大的庆祝会，或者是烧烤，或者是晚宴。

BLT（早餐，午餐，随便谈）。一个季度中，公司主管们都会将五六个新员工叫到一起吃个早餐或午餐，让他们提问题，再回答，还有轻松无压力的谈话。

主管出访。公司主管们会定期参加员工会议，并且给与会人员带些食物。

全明星奖。这是一项当场颁发的奖项（奖额最高100美元），还有一本证书，只要一位主管或者上司批准，随时可以颁发，理由也可以五花八门。

特别奖。这项奖包括500美元的奖金和一本获奖证书。需要一位主管或上司的批准，颁发给做出特别贡献的员工。

货运经营业绩计划（VPEP）。如果公司的盈利超出5%，超出部分公司里所有员工都可分得一点。公司一年所花的鼓励基金超过90万美元。

月度最佳员工奖。每个月的每个货运服务中心都会选出一名员工颁予此奖。

“救生圈奖”。员工若是在解决问题时得到其他人的帮助，就会给他们一些“救生圈”（美国环形薄荷糖和水果硬糖品牌）表示感谢。

季度性PK。每一季度各个服务中心都会根据各项商业因素打分，竞争一份现金大奖，因为服务中心规模不一，奖金少至650美元，最高达6000美元。这份大奖每个人都可以参与竞争的。

今天穿牛仔。行政类的员工如果参与了慈善活动（从工资单中拿出3美元），就可以在某一规定的日子里穿牛仔上班。

钱，多多益善。这是一项鼓励奖，颁发给完成特定收益要求的销售人员。

开货车冠军赛。司机们可以参加一项公司赞助的开货车冠军赛，秀车技，看他们是如何应对各种不同情况的，比如在放着圆桶的障碍车道开拖拉机挂车。获胜者会得到公司赞助（所有费用全包），参加州级甚至国家级的卡车车技大赛。

据海盗货运人力资源部的副董事汤姆·萨奇维兹说：“我们发现，与人‘分一杯羹’很是重要。这传达了一种大家庭的感觉。我们‘卖’的是服务，我们的员工就是我们最好的形象大使。”

萨奇维兹说：“我希望我们的员工对工作对公司抱有一种正面态度，这样他们在与客户沟通的时候就可以把这种正面情绪传达给他们。正面情绪最终会以多种方式回报给公司。”

零成本创意 20

保持联系

德克萨斯州的奥斯汀市心理健康与精神发育迟滞局的克劳迪娅·史密斯说："我们给每一位新员工都配一位心理导师，这样他们立刻就有一种归属感。不管有什么日常问题，导师都随时随地有空。六十天过后会有一个导师、员工、管理者三方一起的事后跟进，看看情况进行得怎么样。如此一来，我们的人员流失率大大降低，人们很快速地就进入了状态。"

下面列举的几个策略经测验在许多不同类型的组织机构里适用。试一试，改一改，也可以重新组合，只要它们在你的工作环境中适合就可以。

将你的行为活动穿插进你的日常工作。对许多人来说，改变他们日常行为的关键是把新行为融进他们的日常计划与组织系统。就像我们之前提到的那样，我们让一些分析型、任务导向的管理者认识到应该把与员工的互动列为"必做事情"，之后他们就更多地夸奖员工，这个策略非常成功。我们让这些管理者把向他们汇报工作的员工名字写在每周"计划表"上，如果员工做得好，他们表达了赞赏之情，就把名字划掉。一些管理者认为，这样的小技巧帮助他们认识到去称赞别人其实是一件具体的行为，而不是看不见摸不着的，这样完成任务就更容易了。管理者也可以在日历上做一些标注，比如说员工的生日，或者是员工进公司周年纪念，要是再能有个什么里程碑式的佳绩就更好了。

集思广益，群策群力。管理者如果让别人参与进来，讨论一下将要完成的任务，取得的成效将会大大提高。他们可以把人们分为两人一组来完成表彰项目。搭档可以是他们在培训课上认识的，或者属于公司其他部门、但是想要保持联系的。让他们互换行动计划，找出特定时间来做后续跟进与过程分析。这样的"伙伴关系"中，搭档就相当于指定的监督者、咨询师、实施者三位一体，真的称得上鼓励协助你实践新行为的"心灵伴侣"。

或者在下场员工大会上，管理者可以这么说："我准备试用一些新策略，欢迎大家反馈。说具体点，就是如果我发现某个人做得不错，我会过去跟他指出来。我希望又即时又具体。我想知道你们的感受。请给我反馈，这样我就知道怎么改进了。"

"一对一"会议。挤出更多的时间与员工互动，一个很系统的做法就是主持一些"一对一"的会议。这

I字打头，表彰不愁——实用不花钱

表扬以及真诚表达谢意的举动对员工来说非常重要。但是还有许多其他的因素可以融进工作中，对员工进行一种表彰，让他们感觉自己很不一般。这些因素有（英文都以I开头）：

工作趣味与重要性并重。每一样工作必须有一部分对员工有很大的吸引力。管理学家弗雷德里克·赫兹伯格就说："你想让人工作出彩，就要给他们出彩的工作。"必须承认有的工作很无趣，但是无趣的工作里却能加入一些变化，或者至少给一个令人兴奋的任务或项目，比如让员工到你的办公室面谈，把另外一位员工分到提建议小组，或者是其他的一周会一次面的特别小组。从日常工作中抽身出来的这些时间除了提高生产力、创造力，外加新鲜的视角与想法外，可能还有更多的益处。

信息/沟通/反馈。由于终身雇佣这个概念基本上成为历史了，员工们急切地想知道他们的工作完成得怎么样，公司运行得好不好。一开始可以告诉他们公司是怎么收入开支的。一定要保证员工有足够多的沟通渠道来提出问题、获取并分享信息。这些沟通渠道至少有一些是直接涉及到在平等环境下的管理模式。不久你就会发现员工们会很主动提出些建议来推进工作进程，帮公司省时省开支。

参与决策/做主人翁。让员工参与决策制定，特别是那些直接影响他们的决策的制定，这样不仅尊重了员工，对公司也非常有实践意义。与一个问题或者客户接触最近的员工往往对如何改进现状有独到的见解。他们知道什么有用什么没用，但是很少有人问他们的意见。如果让他们参与决策制定，他们会对这项工作更上心，也能更自如地应用新想法，做出改变。

独立/自治/灵活。大多数员工，特别是经验丰富业绩突出的员工，很重视能给他们空间让他们以最好的状态适应工作的机会。所有员工都喜欢工作中有灵活性。如果你决定并且表示要根据他们的表现给他们提供这些空间与灵活性，他们会更有可能按照你的预期完成工作，还会加进额外的主动性、想法与活力。

扩大视野/提供机会/增强责任。该表扬就表扬，这样的管理者大家都喜欢。与别人分享员工的成功，这机会数不胜数。而且，大多数员工就是在工作中提高的，所以要给员工新的机会去表现，去学习，去成长，这也是表达表彰与感谢的方式。

个理念主要是规定一个与每个员工“面对面”交流的可接受最少时间。加利福尼亚州圣地亚哥的肯·布兰佳公司就有这样的会议，至少隔一周一次，一次15至30分钟。这段时间内完全是员工做主，所以会议一开始管理者会问：“你有什么计划吗？”（他们甚至用“一对一”的表格来帮助员工做准备）。某位员工可能想要听到他人刚刚完成的一项工作的反馈情况，另一位可能想就如何与其他员工处好工作关系听取大家的建议（这时可以角色扮演，给出一些解决方案），还有人可能想谈谈职业选择还有他想学习的工作技巧。

安排时间进行表彰。你可以在工作环境中建立一些框架或者系统鼓励大家并给予表扬。之前提到过一些管理者在每次员工会议快结束的时候，都会问一下有没有人需要当众表扬别人。人们往往都会说有。有些公司的高级管理层会有“吹牛皮时间”让大家分享（并且庆祝）大工程的最新进展。

要点快递

- 在公司，要开始个人表彰项目最好的方法就是做计划，让它发生。
- 做个人表彰计划的时候要考虑以下几点：人物、事件、层面、时间、步骤（who, what, where, when, and how）。
- 有效表彰ASAP法：迅速、真诚、具体、个性化、积极、主动。
- 小举动，大效果。
- 因为工作完成得出色而得到感谢，这一点最能鼓舞员工，可以当面也可以书面感谢，也可以两种方式都用。

第七章

准备工作：团队表彰

没有人争着抢着邀功，我们的成就可以出乎意料。

——波士顿大学衣帽间上的标语

如今的商务领域，如何最有效地表彰一个团队非常重要，且具有挑战性，很少有事情可以与之相提并论。这些团队可以是致力于提高质量的；可以是具交叉功能的；可以是自我引导的；甚至可以是远程虚拟的。对团队的表彰可能感觉会很复杂，但实际上很多方面它只是我们之前讨论的个人表彰的深化，再加上一些改进。

沿用个人表彰方法

个人表彰必须要即时、真诚、具体，并且以绩效为依据。如果是在个人层面，是员工的直接上司或者其他高级别人员做出的表彰那就再好不过了。

零成本创意 21

就是要唱高调

德克萨斯州欧文市施乐公司客服管理者诺曼·戈洛，他用一种很积极的方式结束管理员工大会，即他让所有的管理者都跟大家分享一下上次碰面到现在，他们为感谢员工所做的一件事。这样给大家注入了一股能量，并交流实用性想法，而且他还把这些记录下来，放在《员工时事通讯》上，让更多的人看到。

这几个标准在团队也同样适用。最有效的团队表彰中有些也是个人层面的，比如为员工的全心参与，多提建议，积极主动而表示感谢，或者给团队全体成员写一封感谢信，感谢他们所做的贡献。管理者也可以以参加团队第一次会议的方式表达对一个特殊任务的关注，还可以给团队成员一些非正式休假，让他们设定目标，相互交流，集中精力解决问题。团队有进步了也可以订些特别的食物来表达感谢，鼓励他们继续努力。任务圆满完成后，管理者可以让整个团队去休假。

加州旧金山市盖璞（Gap）服装公司的一位管理人员想对赶在最后期限前拼命干活的每一位工作人员表示感谢，于是就发给大家一个SPA的礼品券。目的是："这是在劳累过后有个放松，大家都很满意很高兴。"

简单的点子也可以鼓舞士气，振奋人心。给一个团队的工作设计标志（印有特殊标语或者任务标志的T恤衫或咖啡杯），或者在公司各种杂志传单上印有团队的照片，这样能强化有效的行为，加州森尼维尔市的超威半导体公司（AMD）就经常这么做。

也可以为一个意义重大的成果设计永久纪念品。比如纽约州港市罗切斯特的日本分光（JASCO Tools）的总裁，为员工生产的部件获得一项质量奖做了一个正式的介绍，并将奖品一直放在柜台上展示着。

其实给员工打气就属于表彰的一种方式了。像团队总动员来确定目标，头脑风暴，找寻问题解决方案；鼓励并安排时间让大家发问，通过这些方式来公开强调交流的重要性；或者给团队足够的自主权，让他们为目标奋斗。

GDX汽车（GDX Automotive）设在印第安纳州谢尔比维尔市的新基地让员工自己决定工作该怎么做，这样员工会自觉承担责任。人力资源部的副董事加里·J·高伯维尔说，每一组可以自己选一个员工作组长。他解释道：“你要是想让员工负责，保证及时产出高质量产品，你必须给他们完全的自主权，让他们自己决定怎么样工作最好。”

科金公司是俄亥俄州代顿市的一家小金属电镀公司，它的全部八名员工都参与了工厂布局设计、时间规划，还有交货运送。摩托罗拉在伊利诺伊州阿灵顿高地有个手机部件工厂，它的自治小组不仅自己制定培训计划，安排工作时间，还有权力招聘解聘。

团队表彰有何不同？

在很多方面表彰团队跟表彰个人不一样，这就造成一个两难境地。管理者很可能因为对整个团队作了表彰而忽视了贡献最大的成员，还让那些“磨洋工”的员工继续游手好闲。

“软心豆式鼓舞法”，即给参差不齐的员工表现同样程度的表彰，这对一个团队的长远绩效有害无益。表现最好的成员会觉得自己没有得到应有的重视，他们要么退出团队（甚至是从公司辞职），要么就下次少使点力气，把自己的生产能力降到团队平均水平。

所有成员对团队集体成果贡献差不多，这种状况非常少见，因为每一位参与者带进团队的技术、知识、经验、热情都是不一样的。解决办法只有团队领导者知道如何按劳嘉奖，并且也确实按劳嘉奖。这样当团队发展壮大的时候，大家会知道领导者除了其他能力外，还知道如何正确表彰成员。若进一步发展成为一个高绩效团队，那时候所有的成员都熟谙表彰赞扬之道，作为领导者工作就要轻松多了。

还有一种解决方案是同时对个人和团队的贡献进行表彰。一项任务完成了，当众表扬一下整个团队，再在个人层面对优异成员表示赞赏。

你可以给团队一个挑战，努力超过原定目标，或

表现不佳，如何改善

问 我是一家音像店的老板，手下只有五位兼职人员。其中有两位做什么事情都非常棒，经常把分内分外的事都做了，剩下的几个就只做非做不可的工作。问：怎样才能既鼓励模范行为又不伤害其他人的感情？

——帕姆·科里伍德，顶尖时刻音像店，密歇根，马里斯维尔

答 你的担忧很常见。那些你希望在员工的工作中看到的行为表现是重点表彰对象，这一点很重要。但这就可能让那些表现平平甚至不佳的员工略感心烦。你可以给他们提供一些培训，让他们认识到只要表现改善了也可以得到表彰。给每个人平等的机会，向门店既定目标冲刺，达到了就给予奖励。要是没有具体目标作参照，你也要因为员工的优秀表现给予表彰。

表彰悲剧

《时事通讯》让一项行政任务团队中的每个人都与公司董事合了影，甚至几个从来没有参加过团队会议的人员也在内。一位成员说："我以后再也不主动参加任何任务团队了。"

者跟其他团队比赛。成功了就让成员自己决定如何庆祝：打保龄球，玩激光枪战游戏，参观博览会，或者去吃"爆米花午餐"（去看中午场电影），举办比萨宴会，中午聚餐。

当然，尽管钱本身不一定是一个很强的动力，但也可以当作团队表彰的一个方面加以利用。加州工业城"快速出击"的一个团队项目中，人人都能当赢家，但是如果是以团队的名义，则赢得更多。市场管理者理查德•S•卡尔霍恩说："我们有一个奖惩结合的项目，是一个4万美元的特殊基金，每次员工有什么错误，就从这里面扣一点钱。最后我们真正发出去的是7000美元。"第二年员工分为四组，1.25%的货运量被拿出来当作公共储备金，每个组有0.25%，如果有什么错就会从中扣掉一点。其实到最后，每个小组都能留着这0.25%，而且扣分最少的那组会分得剩下的0.25%。

波士顿有个柏斯以色列肯尼斯药物中心，其PREPARE/21计划提高了员工参与度、团队合作精神，还有创意度。这一计划的名字代表了21世纪需要的参与(Participation)、责任(Responsibility)、教育(Education)、生产力(Productivity)、信誉度(Accountability)、表彰(Recognition)、优异(Excellemce)等特质，鼓励员工去组织小组学习减少开支、让公司整体提升的方法。不仅如此，该公司更进了一步，小组建议节省的开支会拿来做一个储备金，参与员工都有一份。这一项目实施的第一年，节省的200万美元中有100万美元作为储备金分给了参与项目的员工。

团队表彰计划

团队表彰比个人表彰考虑的因素要多，所以可能要复杂一点。但关键是要开个头，而且不要把问题复杂化。因此，我们还是建议你使用个人表彰的w&h表格。

谁（Who）应该被表彰？你想要鼓励谁就要包括谁。跟团队讨论一下，问他们：“有人认为我们的团队应该要更多的表彰吗？”从来没有人说过：“我在工作中被表扬得太多了。”讨论时把重点放在正在进行的表彰效果如何上，而不是只关注这一次的庆祝或活动。要是你发现大家对表彰表现出兴趣，可以问这样的问题：“有人愿意帮忙策划一个表彰计划或者活动吗？”主动要求帮忙的人同样也看到了表彰的必要性，并且有兴趣，他们可以让表彰项目活动更有效。

什么事件（What）应该被表彰？整个团队或者个别优秀成员的行为达到了预期效果，应该给予奖励，这就是团队表彰。表彰项目可以是对完成团队分配任务的成员表示感谢，或者是就重要的团队成就举行庆

10	团队表扬表彰十法
1	特别任务小组第一次开会的时候，安排一名管理者突然到场，表达对员工积极参与的欣赏之情。
2	会议开始或结束的时候让组员自由发言，想表扬谁就表扬谁。
3	一个组员想出个点子或提出建议，对小组工作做出了贡献，这时要鼓励其他组员对其表示感谢。
4	为团队工作设计个纪念品，T 恤衫咖啡杯都可以，在上面印上团队或公司的标语标志之类。
5	组织一个“表扬火力线”，让每个人对团队中某一人的优秀工作以表扬为“弹药”进行“火力扫射”。
6	让一名成员为另外一位设计奖品，并颁发给他 / 她。
7	每一周或者每次成员开会让不同的团队成员对其他人进行表彰，换着来。
8	可以举办点心大餐、百乐餐，或者比较特别一点的早餐午餐来庆祝中期和最终成果。
9	邀请一位高层管理者参加成员“相互吹捧”环节，共享团队成果，感谢成员各自的贡献。
10	一个项目结束的时候给每一位成员写封信，感谢他们所做的贡献，并弄一个副本，放入他们的个人档案。

你有能力雇用别人为你工作，但是你必须要赢得他们的心才能让他们跟你一起工作。

——**安东尼·杰伊，**管理理论家

零成本创意 22

爆米花午餐

PI4系统是加州圣地亚哥市惠普公司的子公司，詹妮弗·沃里克在其中当一名电脑软件管理者。她的团队若是完成了规定任务，她会带大家出去看一场午餐场电影。她解释道："这样午饭时间就会稍微长一点，但却是一次很好的放松，有趣极了！"

祝活动。

什么地点（Where）适合进行小组表彰？只要有成员互动就可以进行表彰：团队会议，会间休息，或者在办公地点之外的团队庆功会上。庆祝更高级别组织的成就的同时其下属团队也得到了表彰，比如说组织一个公司级别的庆功宴，或者一个年度的"全体员工"大会。

什么时候（When）来表彰？跟个人表彰一样，团队表彰也要在行为表现达到预期要求后尽快进行。表彰有时候可以很及时，比如团队大会上有人提了很有建设性的建议，有时候也可以特地安排一下，刚好与整个团队的某一重要任务完成日期相符。

应该如何（How）来表彰？理想状态下，团队表彰应该名副其实，与团队的价值相当。让组员给你反馈，看你的表扬方式是不是有效。你如果欢迎他们的意见建议，他们反过来也更容易尝试新做法。这里还有其他一些方法可以一试：开员工会议的时候可以先读一读顾客写的感谢信或表扬信，或者在会议快结束的时候问问有没有人要对别人表示一下赞赏。做一个"成功项目"剪贴册，里面放上不同团队及其成就的照片，或者在一面墙上挂些公司从过去到现在各个团队的照片，注明他们的成就及目标，这面墙就叫"团队精神"。

低成本团队表彰计划

你要是觉得自己没那个财力建立团队表彰计划怎么办？幸运的是，最有效的团队表彰计划花不了几个钱，或者可以完全免费。就拿肯·布兰佳公司来说，公司在加州圣地亚哥市，他们用一个"老鹰奖"来奖励那些"给客户提供优质服务的员工"，这些奖项是每个员工提名一位同事选出来的。这些被奖励的行为典型的有为了装货加班，或者为了满足客户最后时刻的要求重新安排自己的时间表。

提名时附上一个简介，说明对该员工因何种行为而受到嘉奖，再由委员会进行审核，主要是过滤掉那些分内的工作。接下来“老鹰委员会”会对获奖员工来个突然到访，并且拍一张员工手拿“老鹰奖”的照片。这张照片会放在大厅的公告栏，附上对获奖者优异行为的简介。奖杯获奖员工可以放在桌子上，通常一个星期，直到传给下一位“老鹰奖”得主。年末还会在众多的获奖员工中间选一位“年度老鹰奖”得主，并且在公司年度庆祝大会上发一个上有刻字的闹钟作为奖励。

接下来是就如何制定一个效率高成本低的团队表彰计划的注意事项。

集中精力关注那些最有影响力的。你要是每次将重点放在少量几个目标上，取得的成果才会最好。看什么对团队成功影响最大，定位一两个目标。布兰佳（布兰佳公司总裁）的管理是将重点放在提高服务质量方面，这能大大增加公司的销售额，招徕回头客长期合作。

让目标员工参与进来。帮助团队确定目标之后，让他们为这项表彰计划制定标准与运行机制。团队自身参与进来会让员工有一种主人翁的感觉，让他们对团队的成功与否负责。记住，最好的管理是要看你与大家一起做了什么，而不是你为大家做了什么。让员工实实在在地参与自己的成功。布兰佳公司的“老鹰奖”就是一组员工集中到一起制定计划如何提高服务质量时想出来的。

大张旗鼓，做好宣传。表彰计划必须有趣，发布此项计划时就要体现出来。比如你要用一些销售手段，给你的成员一些图片或者样品，让他们看一看，摸一摸。“老鹰奖”是在一次小组大会上宣布的，解释了规则，并给每位员工发了提名表（外加饮料）。

换班也困惑

问　我有一家复印店，里面的二十个员工工作都非常努力，很敬业。许多工作是几个人一起完成的，而我把团队合作看得比什么都重要。我用好几种方式来奖励团队，但是因为他们三班倒，没有办法按照你们的建议在所有人员都在场的情况下给予奖励。

——**苏珊·霍兰，**镜像公司，德克萨斯，休斯敦

答　公开表彰通常情况下效果显著，但是它绝不是表彰一个团队唯一的方法。把问题放在你的员工身上，看他们最看重什么，希望以何种方式让别人了解自己的成果。你可以把优秀员工领奖的照片贴在公告栏上，或者也可以做一本项目剪贴簿。只要有可能，就要激起员工最大的热情，给他们鼓舞。

零成本创意 23

外表也重要

莎伦·卡恩斯是一名注册护士，在佛罗里达州迈阿密的杰克逊健康系统的质量管理部工作，她写道："我们想要改善一下保安人员的形象，于是我们就让他们自己选择工作时间，作为一个鼓励。我们惊奇地发现，同行竞争的作用果然不同凡响。每次换班的时候，值班指挥员会让所有着装正确的人站起来，然后其他人再检查有没有任何错误。"

公开跟进计划进程。你要是对计划进行到哪一步没有概念，就不能加以掌控！要是你一步步跟进，公开跟进，员工对你的期望就会更加关注。"老鹰奖"得主不仅在公告栏上展示出来，并且公司的杂志上会列出该奖项所有得主，并简单介绍他们给客户提供的优质服务。

大家赢才是真的赢。几种最有效的表彰方式，包括个人的、书面的、公开的表扬，这些都是免费的。既然如此，为什么不多多益善呢？"老鹰奖"没有上限：每个人都能得奖，而且还多做了"旅游中的奖杯"，这样，获奖者就能把奖杯放在桌子上的时间长一点了。

奖励要灵活。一样东西对这个人有激励作用，对那个人可能就没有。所以只要有可能，给该被表扬的人一些自由度，让他们自己选择奖励方式，包括表达表彰的活动还有奖品。"老鹰奖"得主可以在洗车券、餐厅打折券、动物园门票中间任选一样。

随时根据需要更新计划。就算是再好的表彰计划也有一个有效期限，一般是几个月。所以要以该计划的成功之处作基石，错误之处作经验，尝试些新事物，保证计划的活力。尽管"老鹰奖"的实行花费不多，却非常成功，该小组最拿手的就是客户服务这一方面了。在60%的员工都得过该项奖之后，标准作了更改，内部服务也算作一个标尺，这样更多的员工就能参与进来了。

正式和非正式的奖项都要有。正式和非正式的奖项要结合起来，这样才能更有效。比如说，一项表彰项目是非正式的，但员工要填"成就表"，留档可查的，并且可以得到一份正式的奖品，以这种形式记录这件事。"老鹰计划"重订的时候，有个团队就把正式非正式奖励计划结合起来。每次员工获奖了都会得到一些便利贴，贴在一张卡片上，等到全部贴满了，就会在公司大会上得到一块匾（正式奖项），风光十足。年末所有牌匾得主都可以带上配偶或其他人与公司董事与创立人一起参加晚宴。

想方设法将新行为保持下去。要保证更高水准的绩效，公司组织系统可能就要大力拉升调整来强化期望的行为。公司系统包括雇佣、见学、交流、培训、事业规划、绩效工资、提拔升职等等。“老鹰奖”已经变成一个起点，把客服变成整个公司的核心，变成公司文化的一部分了——而它一开始只是在销售部默默无闻。

管理远程与虚拟小组

美国劳工部的一份报告显示，约十分之一的员工都有第二份工作安排。如何管理不在身边的员工是一个特殊的挑战。因为以上这些迹象都不在表面，管理者必须要更系统更主动地去寻找机会表彰员工。

团队表彰小贴士

- 一个中肯的评价、突出的贡献、高效的执行力或者是坚持到底的行为都要得到表彰。
- 项目进行过程中的小成就也要表彰，是它们造就了最后的成功。
- 奖励对时间对承诺的忠诚。
- 对那些内向的员工要特别注意鼓励他们，感谢他们的贡献。
- 有人提供了不落俗套的想法就要表示赞赏。
- 要表彰并鼓励积极的群组心理激励，比如不去打断他人。

听起来很傻？

问　我店里的年轻一点的员工都觉得这些表彰的小点子傻，我该怎么办？

——凯瑟琳，在线会议参与者

答　没有一个点子能让所有人满意，这句话不假。但是每个人都想得到别人的重视，你要做的就是看看什么能让他们有这种感觉。问问他们更倾向哪种做法，尽量迎合他们的想法。他们要的或许是更多的自由度，或许是一个职业协会的入会邀请，或许是整个团队旅行，等等，无限可能。你还要记住，不要让少数人的愤世嫉俗破坏了团队其他人看重的东西。

表彰悲剧

一位销售经理给他的推销员每人买了一条领带，却忘了其中有些是女性。

一位作家过节的时候自己掏腰包，给他的十六位助手都买了火腿，后来被人提醒有两名员工不吃火腿。

记住：有效的表彰不仅仅是建立在那些表达关心的行为上。

汤姆·科菲是威斯康辛州麦迪逊市奥斯卡迈耶肉制品及冷盘公司的一名管理者，管理着北美五个不同区域。每个区域都有的技术专家，帮助区域管理者们推进小组发展。科菲想让他在不同地区的员工花点时间互相帮助，这就是他面临的挑战。但是他成功地将身处异地的员工紧紧联系在了一起，这是因为他有想法，并且做到了以下几点。

建立信任基础

紧密的工作关系，不管是虚拟的还是真实的，都是以信任作为出发点的。管理者与员工之间没有每天面对面的交流，信任就很容易崩塌。员工必须要知道他们的管理者相信他们，相信他们每天履行的工作任务，相信他们在少量甚至没有监管的情况下可以完成基本工作，达到规定的标准。

为员工挤出时间

虚拟办公室跟远程地点有许多好处，但是没有“面对面时间”这一建立信任关系不可替代的因素。管理是人与人的互动，自然，你要为员工挤出时间。

如果员工不怎么待在办公室，那抓住他们在办公室的时间与他们见见面就显得更加重要。这可以是每周规定一个时间与员工会面，或者选大家都在场的“核心时间”，或者调整你的时间表，员工在办公室的时候你也在。我们知道，一位管理人员的时间表是在公司的工厂安排的，这样每位员工都可以登记一个时间碰个面。

在一起的时间是怎么样度过的，这也有很大影响，要跟员工讨论真正重要的问题。密苏里州圣路易市A.G.爱德华家族证券经纪业的首席执行官本·爱德华在每个月的最后一个星期五都会举行一个电话会议，所有

员工都参加。会议开始是一个简短的公司现状介绍，接下来的电话线就被实时问答阶段所占据了。

保持一种团队精神

尽管员工不在一个地方，公司还是要创造并保持强烈的团结友爱、忠诚和合作精神。管理者可以积极行动灌溉团队精神，包括设定一个特定的时间段打电话、发邮件、开电话电视会议或者网络聊天。这种交流方式给了员工与其他组员交换思想的机会，谈论可能遇到的问题及改善现状的方法，评论小组的成就，分享思想，接收反馈，或者头脑风暴，讨论对策。人人都需要一个平台来分析问题，表彰成就。

最后一点非常关键。要想团队表彰取得效果，必须要夸赞取得的成果。你一路都忽视正面结果的话，最后你也得不到正面结果了。

下面有一些团队表彰方法，能够针对不能面对面交流的小组。

距离增加，交流也要随之增多

电力学一个基本的原则就是如果资源越远，信号就会越弱越混乱，就越需要加强。同理，员工与管理者之间距离越远，就越要努力与对方保持联系。这就需要定期的信息更新或者预约更多的会议或访问。

罗森鲁布斯国际公司是一家连锁旅游公司，总部设在宾夕法尼亚州的费城，CEO是哈尔•罗森鲁布斯，他欢迎每个员工通过一个免费的语音信箱找到他，提意见，提问题，表示赞扬，一天平均有七名员工这么做。法戈电力公司位于明尼苏达州的伊甸草原，它有一个每日电子时事通讯，跟员工分享销售额生产量、客户反馈，以及利润分配最新状况。

还有你不能怕麻烦，要保证针对远程员工的交流、

远程员工

问 我在芝加哥一个私营软件公司工作，公司总共有三百名员工，我们的问题可不小：态度欠佳，动力不足，人员流动率极高。大多数员工是咨询顾问，他们远程工作，75% 的时间都在路上奔波，与客户在一起。远程工作人员没有办法参加总部的鼓舞士气的活动，比如去打棒球，在酒吧优惠时段去喝酒，还有边午餐边学习。我们也试过发些Borders（全球网上书籍音像制品出售平台）和美国运通的礼券，但是却没有办法建立一套系统。你们有什么建议吗?

——劳拉•琼斯，赛博格，
伊利诺伊州，芝加哥

答 你为总部的员工做了什么，就至少要为在远程的员工做些什么。不要让距离成为借口，更不能不充分表彰员工。你可以考虑增加使用电邮和语音信箱来表达赞赏，还可以有一些特地为远程员工准备的表彰项目。

表彰在西雅图闪闪发光

在西雅图，谁要是做出了贡献，让人们生活工作得更舒适，这座城市会倾尽全力去给予奖励与表彰。这种始于对优秀的追求，表现在公司各个级别各个部门的管理支持与员工参与。

西雅图的卓越可不是天上掉下来的，而是由于公众的全身心投入与齐心协力，外加选举产生的政府及其官员。事实上，跟大多数美国城市一样，地方政府工作人员会在某一时间碰上任何一个人，不管是停车管理，还是消防与执法，还是在管理水电等公共设施，或道路修理，或管理公园与游乐设施等等各种项目。认识到这一点，西雅图创建了一个员工表彰策略，把对员工的表彰与赞赏作为市政府最重要的资源。

“西雅图真棒！”是该市表彰计划的中心，全市范围的员工都可以就七个方面提名某个同事，表彰他们的成果，获奖者将在一个传统的年度颁奖会上得奖。这七方面包括突出的公共服务、启迪他人、社区大使、创新行为、员工参与、环境保护和见义勇为。

可以交一份预先打印好的表格来提名，或者通过市局域网提名，然后由市八个不同部门的九名员工组成的委员会进行审核。虽然委员会的主要职责是在每个领域选出最佳候选人，但是它也肩负责任，要确定城市的每一个部门，一万名员工一个都没有落下，都有机会得到表彰。“西雅图真棒！”的项目管理者特丽萨·钱伯斯说：“我们要保证表彰的范围要广，这样部门中有些员工去年没有得到表彰，但今年也许机会更大。我们也关注不同的工作类型，尽力保证远程员工、一线员工及团队都能得其所应得的表彰。”

年度颁奖大会上，七个领域的获奖者将会得到一份现金大奖（个人500美金，团队可达2000美金）或者两天带薪休假，一份奖品，还有赞赏。西雅图拨给“西雅图真棒！”这一项目的预算约1,4000~1,6000美金，其中超过一半的基金是被年度大奖的个人或团队得主拿走的。

整座城市有30个部门与办公室，其中大多数都有自己的正式表彰项目，这些还不包括上述市级项目，以及一半以上的部门都有的年度或季度带有正式庆祝仪式的表彰项目。它们所含的给个人或团队的现金大奖从

100 美元到 2500 美元不等。优秀员工还有机会带薪休假或换班。

正式项目只是表彰行为的冰山一角。西雅图许多部门有各种形式的非正式表彰，比如在一个长期工程结束时办一个轻松的庆祝会，或者发些牌匾纪念品之类来对优秀表现者表示赞赏。该市行政服务部提供资源制定计划，以示支持。举个例子，有项 REV（表彰员工价值）项目，其员工表彰工具箱就是该部提供的，发给员工表彰工作室、新型主管及员工介绍会。工具箱里有低 / 无成本的表彰点子，像发放印有“西雅图真棒！”的感谢便条，创立一个在线“光荣榜”或者“荣誉之殿”，附上优秀员工或团队的照片及近期成果简介，也可以主持一个员工赞赏日，还有好多好多。工具箱里有一个马克杯，印着“因为我们，西雅图真棒！”，还有一个“光荣榜牌”巧克力棒，还有一些纽扣和贴纸，都印有“西雅图真棒！”字样。

> “在这个世界上，你可以想象、创造、设计、建造一个最美好的地方，是人们亲手实现了这个梦想。”

该部门还用表彰“巡回路演”来激励远程工作的员工，很受欢迎。一位部门员工打扮成“表彰精灵”，向接受者撒“表彰之花”。庆祝活动还包括一个即兴的聚会，有曲奇饼，有软饮料。最后，接受者会得到一个表彰工具箱，装满了表彰他人的工具与想法。

西雅图公共排废部门（公共设施，排水系统及废水处理）有一个项目，叫作“万分感 谢，这是 20 块”，每当管理者发现员工一项工作完成得不错就当场给予 20 美元钞票的奖励。

城市之光（西雅图电力供应部门）有自己的《时事通讯》，上面有一栏叫作“停下来鼓掌”，邀请员工表达对同事的感谢之情。西雅图中心从星巴克买印有优惠券的书，再发给优秀员工。这个部门为“烈火中的优雅”颁奖，另外一部门为导师颁奖，还有部门为引导员颁奖。这些项目中所建立的公司环境，都是支持鼓励员工表彰行为的。

特丽萨 • 钱伯斯说：“我看到了我们公司的变化。我们的努力在整个城市造成了一系列连锁反应，现在员工都把表彰当作工作的一部分了。这其实就是推广了一个概念，那就是表彰是一种行为，而不是一条守则。我想强调的有一点，那就是表彰员工有好多方法，最重要的是你要付诸行动。即时由衷的表扬确实有很大的作用，就是它让员工爱上上班，备受鼓舞，要把工作做好。”

虚拟小组表彰小贴士

- 虚拟团队成员的成就不是那么容易看到，所以成员要随时告知领导者和其他成员。
- 认识到电子邮件也有不错的表彰效果，比如说电子花束或贺卡，再附上“心情邮票”或一些小图标。
- 给远程团队弄一份表彰记录本，这样他们就不会被忽略掉了——这一点在“混合小组”（既有传统又有虚拟成员）中尤为重要。
- 要记住：虚拟团队需要更多的表彰。
- 保证虚拟成员在表彰项目中的合理地位（可以分发表彰条目明细，并保证远程员工全部在这个圈子里）。
- 通过电话会议的方式让行政人员参与到表彰项目中来。
- 若是虚拟组员不能参加面对面的社交活动和庆祝会，要给他们另外的“奖励”。
- 印有标志的咖啡杯、T恤衫、夹克衫等等这些团队特有的物件对虚拟团队来说更加重要，因为这能时刻提醒他们是团队的一员。
- 列一些适用于流动工作点的表彰条目，可以通过邮件传达给员工，比如问候卡片、礼券和折扣券。
- 奖励虚拟团队成员的时候要下点功夫，用些不同的团队表彰技巧。

表彰、鼓励方式能与那些地理位置与你靠近的员工一样，这样所有员工都能参与进来。在各个地点问一问有没有什么问题，并且要保证每个地点的每一位员工都能听到所提出问题的答案。

利用科技，而不是被科技控制

管理者利用语音信箱和其他一些科技手段来给员工分配工作任务，这种做法看起来是更迅速更有效率，但是这种单向的工作分配方法让员工没有机会就这些项目问一些问题。

但是，用科技来强化工作中的人本因素，增加几率来进行意义重大的表彰和赞赏也不是没有可能。不过这不会凭空发生，需要前瞻与计划。

现在的员工，不论兼职还是全职，更多的不在现场工作，所以管理者要把互联网和其他科技融合进奖励表彰的计划中去。

语音信箱。在没有语音信箱的时候我们是怎么生存下去的？必能宝公司新近一项调查表明，现在电子邮件已经成为美国知识工作者最主要的信息传达工具了。要考虑一下给别人留下正面的语音邮件，只是想感谢他做的某件事。不要批评，不要附加的工作任务——只留下感谢的话。一封写得很棒的语音邮件（比如来自一位客户或顾客）甚至可以笔录下来发给大家。

电子邮件。你要是给某人发电子邮件表示感谢，给他的上司还有团队其他人发一个副件。你要是收到一封关于某某人的正面邮件，转发给其他人，或者打印出来，留着与员工面对面交流，或者在接下来的小组会议上，或者在公告栏上与大家分享。

移动电话。在你不办公的时候给与你共事的人打打电话，表示感谢。

屏幕保护。你可以设定一个屏保，提醒自己要对员工还有他们的工作表示表彰。

虚拟的表彰。互联网给了你更大的空间让你去表彰他人。你可以给员工送虚拟鲜花、贺卡、明信片等，还可以给优秀员工在网上订一本书或者礼物或者其他的表彰方式。

24 零成本创意

保持联络

弗吉利亚州美国银行服务部的项目规划高级副总裁克里斯·希金斯说道：“对每个人都夸几句很重要。我一直试着去发现有谁的工作超出了一般要求。我的组员分散在全国各地，所以我时不时打打电话，或者在电话会议上突然出现。我不遗余力去感谢员工的工作。这并不要做出很多努力，主要靠自律，但是却有惊人的回报。”

25 零成本创意

为同事鼓掌

俄亥俄州坎顿市“帕金翰、独立特尔与波顾斯”公司的办公室管理者芭芭拉·格林跟大家分享了下面这个主意：“我们给所有工作人员都发了一封邮件，让每个人在下午四点钟的时候就在自己桌子边上为我们办公室服务部的杰出工作鼓掌。这个部门的员工分散在大楼上下，很少在同一个时间待在同一个地方。这样一来，所有的员工都能在同样的时间以同一种方式接受大家的表彰。这真是个好方法。”

公司局域网。加州圣地亚哥市的休斯网络系统公司在公司内网上创建了一个公告栏，它们称之为“鼓掌”，员工第一次登录到电脑时就会跳出来。公司里你想表扬谁都可以，大多数员工会花一两分钟读一读列出来的赞美之词。几天过后就要删掉一些信息，这样才能看到新的赞美。公司内联网是分享“优异表现”的最佳平台。一位管理者曾经在一年的时间里在公司的不同地点作了超过60次访问，她认为：“那些地方有最不可思议的想法，我的工作就是把这些故事与想法与全公司分享。”现在她在公司内联网上创建了一个特别的站点，用来分享“优异表现”。她汇报说：“这么做我们节省了上千美元，管理人员爱死它了！”

证书制作软件。你可以制作富有个性的彩色表彰证书，用这种方式来表彰员工，既迅速又有创意。许多公司都提供制作证书的软件，加上成百种纸张、印章、展示用文件夹、压花机，还有其他一些器材，让你的证书与众不同。

让虚拟的表彰个性化

管理者在策划虚拟表彰计划的时候，首先要知道员工最基本的动力因素在哪里。在虚拟工作环境中，提供一个角落办公室或者停车位意义不大，但是一台速度更快配置更好的电脑，或者最流行的手机又会怎样呢？洛兹·克利夫兰在华盛顿州西雅图的欧陆磨坊工作，他说道：“科技——更确切地说是接触科技的渠道——这本身就是非常有效的奖励了。我发现给员工配备新电脑很能鼓舞他们。也可以带员工一起挑选，征询他们的意见，这跟真正让他们买下电脑一样，也非常能鼓舞人心。”

或者这样，虚拟团队成员还比较看重学习发展的机会，或者一盆赏心悦目的盆栽，可以让他们的家庭办

用高科技表彰他人小贴士

- 使用跟滥用是两码事。高科技要少用，用了就要用在点子上。每天都用科技手段称赞这个表彰那个会降低这类信息的价值，变成了废话空话而已。
- 头炮要打响。我们都喜欢三笔两笔就把邮件写好，还是停上两秒确定一下你要表达的意思都涵盖了。我们认识一名员工被一封邮件弄得紧张兮兮，上面是这么写的：“那件事办得不错。”
- 个性化。表达称赞之意要尽可能地具体、真诚。不要简单说句“干得好”就完事，加上具体的细节让夸赞会有据可依。
- 现在就开始吧！科技的好处在于让你可以立即行动，而表彰最有效的是在预期行为或表现刚刚发生的时候。抓住机会，坚持到底。
- 面对面跟进。想让表彰在脑海中印象深刻，每次用科技手段交流都要加上一个面对面的事后交流。“面对面”始终是真诚表达由衷赞赏的最好方式。

公室变得生机勃勃，或者是跟自己的兴趣爱好挂钩的奖励，比如当地餐厅的礼券，或者电影院的门票。

要想了解远程员工的需求，问一问就知道。做一个调查，问问什么样的表彰行为对他们最有意义，也可以跟小组成员讨论一下这个话题，还可以在项目结束的时候让远程员工自己选择表彰和庆祝活动。这不仅让员工参与到你的表彰规划当中来，还在项目结束的时候给他们提供了一个看得见摸得着的奖赏，让他们更有动力去好好表现。

一个团队的发展历程，从“我们”跟“我”的使用频率就能准确地看出来。

——路易斯·D·艾根，

大学研究所执行副总裁

要点快递

- 个人表彰必须要即时、真诚、具体，并且以绩效为依据，最好是来自于员工的直接领导或者公司里其他德高望重的人。
- “软心豆式鼓舞法”，即给员工参差不齐的绩效同样程度的表彰，这对一个团队的长远绩效有害无益，应该避免。
- 有可能的话，同时给个人和团队提供表彰。
- 计划团队表彰的时候，考虑一下人物、事件、层面、时间、步骤。
- 管理者可以积极行动灌溉团队精神，包括设定一个特定的时间段打电话、发邮件、开电话电视会议或者网络聊天。
- 给远程员工的奖励必须要量身定做。

第八章

准备工作：组织表彰

无论男女，谁都想把工作做好，把工作做得有创意，如果他们能够获得适当的环境，那么他们就愿意那样做。

——**比尔·休利特**，惠普共同创始人

由公司、工厂和集团组织并执行的正式表彰项目和活动叫作组织表彰。抛开这种共性，组织表彰可以有多种形式——说简单了，在公司简报上表扬一位出色的员工是组织表彰；说复杂了，组织表彰可以是一个多层次的过程，以公司的执行总裁在炫目的年度庆典上向员工颁奖而收尾。

不论采用何种方式，有效的组织表彰项目可以帮助公司建立一种表彰文化，而这种文化自身具有持续性——员工和管理者可能换了一拨又一拨，而表彰文化可以长盛不衰。

组织表彰和个人、团队表彰

在某种程度上，组织表彰是对我们在个人和

永远不要怀疑一小部分热心的民众能够改变世界。事实上，他们是唯一曾改变世界的人。

——玛格丽特·米德，人类学家，作家

团队表彰中提倡的表彰原则更为详尽的发展，但它也有自己的独特性，它所带来的特殊挑战不容小觑。

从本质上来讲，个人和团队表彰的效果往往很有限，对组织整体的影响也是暂时性的。如果没有一个组织系统来维持，个人和团队表彰通常不会持久。

相比而言，组织表彰由于范围更广、复杂性更高，所带来的影响也更广泛深远。

随着表彰项目范围的扩大，它对组织的整体文化产生的影响也会越来越深远持久。当然，这是要付出代价的：范围越广，复杂性越高，遇到困难的可能性也就越大。

与个人表彰和团队表彰相比，组织表彰需要采取不同的视角——一个更广阔、更有战略性、更系统全面的视角。我们不得不加强预判执行一个组织表彰项目所带来的后果，也不得不紧密监测该项目对员工产生的影响。有时候，负面影响可能和正面影响一样强大，因此，一旦发现预料之外的后果，就要立刻采取应对措施。然而，发现预料之外的问题又谈何容易。在个人表彰中，信息往往能得到及时反馈。但在组织表彰项目中，如果你犯了个错误，可能要等到该错误引发了严重后果时才能有所察觉。

例如，一家公司在宣布公司高管的巨额奖金制度的同时，又推出了一项非货币的员工表彰项目。员工对这两个项目之间的财务分歧很是不满，自然对这项组织表彰项目心存不屑。不幸的是，高级管理人员没有及时收到反馈信息，继续推行这两个项目——结果，大多数员工在感情受伤的同时，又感觉到了屈辱。这项组织表彰项目本来初衷是好的，却大大削弱了员工的积极性。

个人奖励通常被看作是一位上司或同事的孤立行为，团队奖励通常被看作是一位管理者或团队领导的孤

立行动，与此不同的是，组织奖励往往会被组织成员当作一种“政策”。

组织表彰的影响

组织表彰不同于个人和团队表彰，具有广泛性、可视性和正式性三个特点。

广泛性：组织表彰直接或间接地影响一大批人。

可视性：整个组织都可以看到或听到表彰行为所传递的信息。一旦一个奖励高度公开，会引发不同的观点。这可能是福，因为奖励可以对公司的许多员工起到积极的模范作用；然而，这也可能是祸，因为在透明制度下，任何错误都被极度放大了。如果上司私底下表彰一位不称职的员工，这带来的损失很小，但是，如果他在组织层面的项目中，公开对一位显然不称职的员工进行表彰，就会对员工的士气和信心、对自己和组织的公信力造成长期严重的破坏。

正式性：组织表彰需要更庞大的结构，这往往意味着启动项目时灵活性的降低和困难程度的增加，而且项目一旦开始，就很难做出改变。有结构可循固然很好，可以增强表彰项目的一致性，提高表彰行为的可能性。缺点就是设计缺陷很难修复，变化无常或无故中断的组织表彰项目会极大地打击员工的积极性，使他们越来越质疑管理层的诚意。

为何要推行组织表彰？

一个组织之所以想要建立一个覆盖整个组织范围的表彰项目，主要原因有三个：

提高效益：加强管理层更加希望频繁看到的特定行为和结果。

以核心价值观为榜样：突出由管理层建立的公司的核心价值。

从小事做起

问 最近，我担任了我们医院录取高管的职务，并惊奇地发现，部门的人员流动率竟然高达 80%！有人分析，问题是出自高度紧张的工作环境和微薄的工资，可我采访了一些员工，他们的说法是：他们的辛勤工作没有得到足够的表彰，感到自己被极度忽视。我想马上启动一个组织表彰项目，可是又感觉难度太大，因为高层管理人员看上去高不可攀，而且他们惧怕改变。不幸的是，我们刚刚和另一家医院合并，因此每个人都在担心工作不保，担心要学习和适应新系统。请问你有什么建议吗？

——克里斯蒂娜·纽厄尔，
圣文森特医疗体系，佛罗里达州杰克逊维尔市

答 是的，我的建议是从小事做起，集腋成裘。小的变化可以取得即刻效果，并起到推动作用。如果你一直在等待完美计划的出炉，可能永远都等不到那一天。而且，正如你所指出的那样，通常是一些细微的考虑和关心——如果经常使用的话，能够起到重要作用，把公司变成一个更好的工作场所。

表彰悲剧

一家大型的中西部重型机械制造厂开发了一个受众广泛的表彰项目，涉及多层面的奖励，被描绘成金字塔形式。位于金字塔底层的是“非正式表彰”，它被看作是组织所有表彰项目的基础。该公司对非正式表彰重要性的深刻认识令本书作者印象深刻，该作者就询问公司采取了什么措施来管理这一活动。“没什么，”他们回答道，“我们不知道该怎么做。”

表示赞赏：表达管理层对员工额外努力的感激之情。

正如你将看到的那样，这些目标不是互相排斥的。表彰项目可以包含这些目标当中的任意几个或全部。现在，让我们来简单地认识一下每个目标。

提高效益

每个组织都有足够的机会来提高销售额、质量控制、生产力、安全、客户服务、知识共享、员工保留率以及其他方面。虽然表彰经常是组织效益改善项目的一个重要成分，我们相信，表彰应该是每一个组织改善方案必不可少的一部分。

以提高效益为目的的表彰项目是结果导向的，它的目标是帮助一个组织取得预期的结果。

人们做事情通常是为了得到他们期盼的结果。以达到预期的行为或结果为目的、以具体承诺（诱因）和事后表彰（积极强化）为具体形式的表彰项目，可以对所有类型的个人和团队表彰起到积极的推动作用。在我们的《1001 种奖励员工的方法》和《超级激励》这两本书中，关于如何对达到或超越预期效益目标的员工进行组织表彰的例子，多得不胜枚举。

在一个最常被引用的对工作绩效进行表彰的应用案例中，金刚砂空中货物公司（Emery Air Freight）使用积极的强化措施来降低做生意的成本。由于运货时集装箱装不满，该货运公司当时损失了很多钱。工人知道他们应该把集装箱装满后再发货，因为这个业绩预期已经向他们传达了许多次了。然而，虽然工人汇报说在 90% 的情况下，集装箱都是满载的，可实际审查显示，只有在 45% 的情况下，集装箱才是满载状态。通过积极的强化措施和对工作绩效的反馈（主要是来自管理层的表扬），满载集装箱的比例从 45% 提高到了 95%，为公司节省了几百万美元。

在一个类似的表扬工作绩效的项目中，惠好纸业公司（Weyerhauser Paper Company）将木材车的生产效率从60%提高到了90%以上。

以核心价值观为榜样

有时候，组织表彰的目的是为员工提供榜样，让他们效仿可取的核心价值观。比方说，当IBM公司的前行政总监郭士纳在美国运通公司的时候，他创立了高度可见的“杰出员工”（Great Performers）项目，将杰出员工的海报和更著名的美国英雄的海报一同陈列。榜样力量也被郭士纳成功地用来推动IBM的服务组织——IBM全球服务部。在报纸和杂志的广告中，会刊登取得重大成就的员工的照片，同时还会描述一下他们的突出成就和业绩。虽然这项广告活动主要是针对消费者的，但同时也达到了在组织内部树立榜样的目的。

还有许多类似的例子。每个月，诺德斯特姆百货公司（Nordstrom）都会选出一位五星级客服员工，来表扬在客户服务方面做出最大贡献的人。通过对获得这一表彰的员工的观察，其他员工可以清楚地看到，诺德斯特姆的管理层最欣赏和重视哪些行为。作为康涅狄格州斯图•伦纳德奶制品公司（Stew Leonard' s Diary）的老总，斯图•伦纳德因为在其杂货店的前线领导能力而著名，对于那些践行他的“顾客至上”原则的员工，他会给予高度公开的“月度最佳员工”的表彰。春田再制造公司 (Springfield Remanufacturing Corporation) 的老总杰克•斯塔克非常重视对员工成本意识的表彰，员工甚至因为知道卫生纸的花费而受到奖励！

佛罗里达州坦帕市布希花园的所有管理者都拥有一些纪念品，一旦他们发现有员工做了可以强化公司的核心价值的事情（比如说，在同伴没有要求的情况下，主动帮助同伴，在炎热的天气下仍然保持对顾客的热情，或是打扫自己留下的垃圾），就会把纪念品作为即时奖励送给他。得到纪念品的员工可以将它换成 10 美元，算在下个月的工资里，但大多数员工选择将它留作纪念。

通用电气的前首席执行官杰克·韦尔奇在他的办公室里为公司的采购人员安装了一部特殊的电话，这样的话，一旦他们从销售商那里获得价格优惠，就可以立刻打电话向他汇报，他就能当场对这些采购人员表示感谢。不管他在忙什么，他都会接听这个特殊的电话专线，然后亲笔为来电的采购人员写下贺词。这已经成为通用电气的一项传统，也是其接任者效仿的强有力的榜样。

表示赞赏

组织表彰不应该局限于对员工取得的可量化成果的奖励。赞赏是指对那些计划之外取得的成果的表彰。比如说，在道康宁公司，管理层会举办冰激凌社交活动，管理者将亲自做冰激凌圣代给员工吃，以此来感谢员工做出的突出成就。另一家公司给那些到处出差的员工的家属送花。当有员工取得了里程碑式的成就时——比如说，通过努力满足了一个难缠的客户的要求，或是紧赶慢赶在紧急订单的最后关头完成任务，公司会为他举办惊喜庆祝活动。表示赞赏的方式有很多，可以是一家公司为员工分发巧克力饼干的举动，也可以是另一家公司为庆祝新产品的诞生，在车间举办的冰激凌晚会，晚会还请来了墨西哥流浪乐队来助兴。

像这样的致谢盛会可以激励员工加倍努力，提高他们的工作绩效；也会深深地扎根于公司文化，成为公司传统的一部分。

27 零成本创意

特工爸爸

第一能源公司环保项目的主管迈克尔·霍瓦特说道："我手下的一位工程师为了对许多公司做出环境评价，在旅途中花费了大量的时间。我就写信给他的三个还在上学的孩子，解释为什么他们的爸爸出差那么久了还没回来，我还说他们的爸爸在执行我们公司的一项非常重要的'特工行动'。他的妻子第二天打电话告诉我，孩子们因为自己的爸爸成了'特工'而兴奋不已！"

组织表彰的出发点

组织表彰总共有三个出发点，代表了表彰项目的推动力的来源。

顶层：高级主管做出公司需要表彰项目的决定。

中间层：公司内部的一个特定群体设计表彰项目，然后将项目扩展到整个公司范围。

底层：一个现存的个人或团队表彰方案被在整个组织范围内推广开来（相比前两个模式，这一模式不大常见）。

现在，让我们简要分析一下每一个模式。

从顶层开始

大量的组织表彰源于一位首席执行官或其他高管的灵感，或是从高管启动的某个项目开始。作为康涅狄格州格林威治市董事会咨询服务机构的首席执行官，马丁·奥德尔斯顿就是以这样的方式发起一项表彰项目的。在阅读了日本某些公司实行的建议制度之后，他觉得自己的公司也需要一个类似的项目。他表彰员工的改进建议的初步努力产生了积极影响，员工的创造性和士气大增，因此，这些措施被扩展成为一个“我能促进”（I-power）项目，董事会咨询服务机构将这一模范项目向其他公司销售。“我能促进”项目利用了许多社会表彰和一些小金额的资金奖励，激励员工提出了大量的建议。正如一位员工所说：“我从未认识到，原来提建议也如此有趣。”

管理层可以指定一个人负责确保表彰项目的启动。这个人可以领导一个表彰小组，进行一系列表彰项目。活动的形式有很多，例如，开发一些简单、低成本的项目和庆祝仪式来庆祝组织取得的重大成就，或者建立一个信息反馈系统，确保管理阶层及时获悉公司内部的个人、部门和组织整体所取得的各种成就。

20 零成本创意

共同赏识

纽约白原市的科林服务系统利用“最热心的员工”“最佳员工”等奖励来表彰员工。同事们投票选出他们认为最合适的人选，主管亲自为获奖员工颁发奖品。

雪佛龙的表彰方式

位于加利福尼亚州旧金山市的雪佛龙公司，是一家生产能源和化学产品的大型国际企业，在全球拥有大约三万五千名员工。雪佛龙推出了一系列组织表彰和奖励的指导方针，每个分公司都可以按照这些指导方针设计自己独特的表彰项目。此外，雪佛龙还研发了一个公司层面的表彰项目，叫做“总裁奖”（Chairman's Award），用来奖励那些做出突出贡献的个人或团体，比如说，研究出了一项新技术，提高了工作进度，或者发明出了解决复杂问题的创新性方案。

表彰和奖励员工是雪佛龙公司的一个非常重要的理念。“雪佛龙方式”（Chevron Way）就是雪佛龙公司公布的一系列原则、价值观念和政策，用来指导员工的日常工作。有了“雪佛龙方式”的激励，每个分公司都越来越注重将表彰与业务目标和薪酬方案联系在一起，并且也越来越热衷于提出新方案，让表彰行为更有意义。

在很长一段时间内，石油公司利润丰厚，但市场崩溃以后，石油公司的效益日渐下滑，这时候，雪佛龙公司的管理层开始专注于提高公司效益。起初，他们将重心放在提高质量上面，因为他们知道，只有保证高品质的过程，才能保证令人满意的业绩。这种方式确实在很多年中提高了公司的业绩，但没过多久，公司发展遇到了天花板——他们无法在此基础上再提高效率或业绩。因此，执行团队就开始研究其他公司的最佳范例，比如说伊士曼化工有限公司（Eastman Chemical）。伊士曼已经开始在公司内推行表彰项目，并且在业绩方面取得了一些显著成就。

雪佛龙开始奖励公司喜闻乐见的行为，希望以此来鼓励、激发和强化员工的工作潜能。最有效的强化作用来源于所谓的“自然”或“自源”强化。如果你转动汽车的钥匙，发动引擎，这就是一个自然强化过程，你必须一遍又一遍地重复这一过程。但是，这些对组织成功所需的行为起到自然强化作用的因素并不总是存在的。即使是刺激性奖励项目也有自己的局限性。刺激性奖励项目不同于行为性奖励项目，因为刺激性奖励项目是提前设立、但在员工达到目标之后才兑现的奖励项目。让我们以一个每天靠与特定数量的顾客交谈而赚钱的员工为例。很有可能出现的情况就是，这个员工每天达到特定的工作要求就可以了，不会付出额外的努力。不同的是，雪佛龙公司不会想着设立限制条件——管理人员会告诉员工他们所适合的岗位，然后鼓励他们尽最大努力做到最好。当管理者发现了一个他们需要频繁出现的行为或结果时，他们就会对此行为和结果做出表彰，并公之于众，让其他的员工也知道。他们真正的目的是，把表彰作为一种工具，用来强化和鼓励对公司业绩有利的行为。

> “在一家分公司，在没有官方许可的情况下，每个人都有权利签名购买表彰和奖励物品，因此，公司成员拥有给予他们认为合适的表彰的权力。”

每一位员工都有资格获得“总裁奖”。去年，有一个组织帮助公司节省了几百万美元，所以公司就给这个组织内的所有员工颁发了“总裁奖”，因为这是集体努力的成果——每个人都做出贡献，每个人都会得到公平的奖励。

除了“总裁奖”，每一家分公司都研发了适合自己的表彰项目。在分部层面，表彰受到高度重视以及明文鼓励。它们鼓励每个员工将“雪佛龙方式”的原则和理念融入自己的工作当中。雪佛龙正在对管理者进行“基于强化的领导”这方面的培训。在这一培训项目中，管理者会学到肯定和否定的强化作用——什么时候采用结果来鼓励或消除某种行为。如果一个分公司在建立表彰项目方面需要外在帮助，它在任何时候都可以向总部寻求帮助，让总部帮忙设计或实施这一项目。一旦分公司确定了自己要做的事情，管理人员就可以将表彰项目的花费包括在预算里。

企业的表彰团队帮助分部一步一步完成项目。首先，他们会帮助分公司确立业务目标。其次，帮助分公司明确实现目标所需的行为。最后，大家共同找出表彰和奖励预期行为的最好方式，并共同研究具体细节。他们鼓励分公司建立公平公正、标准清晰、详细具体的表彰机制，例如“志愿支持某个项目”——而不是“超出职责范围的行为”这样的模糊标准。

雪佛龙公司的所有分部都有表彰项目，但这些项目不尽相同，都是根据分部的特殊情况，奖励那些使分部取得成功的行为。简单举几个例子：

- 在另一家公司，委员会通过评分表来对获奖候选人进行评估。
- 一些公司只使用即时奖励——比方说价值 20 美元的优惠券，而且每个人都有权利给予或获得这一奖励。雪佛龙公司的一家精炼厂还奖励给员工可以贴在安全帽上的贴画。

> **表彰悲剧**
>
> 在一个州政府机关，“月度最佳员工奖”往往在管理层的会议上颁发，而被表彰的员工几乎不曾有机会参加这一类会议。主持该会议的管理者通常以这么一句话来结束他对获奖者的祝贺辞：“如果你们当中有谁碰到拉里的话，请转告他，他已被评为本月度的最佳员工。”当然，谁也没有这样做过。

从中间层开始

在（中间层的表彰）这一情况下，组织内部的一个群体，例如制造部门，可以发起一个项目来表彰生产效率、品质意识或安全意识最高的员工。诸如此类的项目得到其他部门和高层管理人员的注意，也不是什么新鲜事了。一事成则事事成！这些成功的功能性项目往往会在整个组织范围内扩展，或被人效仿。

有时候，组织表彰源于某位管理者自发的举动。之前，我们讨论过惠普公司的“金香蕉奖”，它最初就是由一位管理者发起的，之后实行范围慢慢扩大，最终成为公司对表现出众的员工的正式表彰制度。

从底层开始

自发的表示表彰态度的小礼品能够发展成为大型的组织级别的奖励。团队或部门表彰吸引了更多人的关注或更大的支持，范围渐渐扩大到公司的其他领域，这样的例子不胜枚举。在德克萨斯州福特瓦斯市的文艺复兴大厦内有一家沃灵顿酒店，该酒店的门卫被要求创建一项对他们的工作职能表示表彰的奖励，最终，他们创建了“金扫把奖”，该奖最终演变成为一个高度成功的公司级别的奖励项目。

组织表彰的四个阶段

组织表彰项目的施行分为四个主要阶段。我们将在之后的章节中对每个阶段都展开具体讨论，但现在，让我们以对一个流程的简要介绍来结束本章节。如果执行方法恰当，这个流程能够对一个公司的员工和财务收支产生积极而深远的影响。

设计

每个人都知道一个房间设计蓝图的重要性。不管接下来的建造工作多么出色，房子最后的性能还是受到设计蓝图的限制。同样地，不论一座桥或者一条路建造得多精美，如果存在严重的设计缺陷，这座桥和这条路都不会符合安全标准。个人和团队表彰高度依赖于表彰给予者，而组织表彰更加依赖于项目的设计，对此，我们将在第九章进行深入讨论。

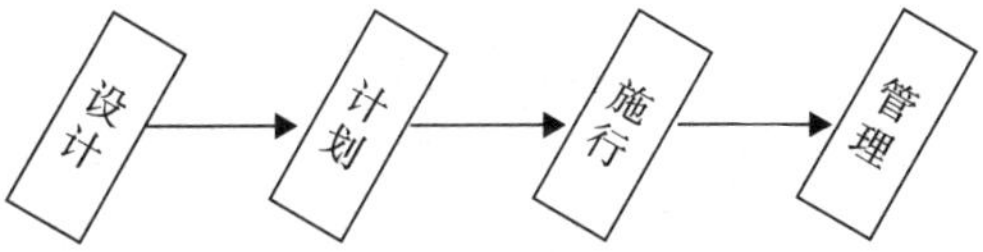

计划

一旦设计好了组织表彰项目，就要着手开发项目施行计划了。在第十章，我们会提出并讨论组织表彰计划的六要素，以此来把你的项目设计提高到一个可以成功施行的项目层面。同时，我们还会提供一个组织表彰计划的详细示例。

施行

一旦设计好了组织表彰项目，开发出了项目计划，就可以开始实施项目了。正如一句俗话所说：制定好计划之后，就要着手实施（Once you plan your work, you need to work your plan）。把计划变为现实，这就是“实施”（详情请见第十一章）。

管理

施行组织表彰项目之后，就应该好好管理这一项目。施行措施可以启动组织表彰项目，但单单启动项目还不够，不能保障项目的长久运行。正如你将在第十二

后勤人员

问 我想针对我们的后勤人员推行一个表彰项目，却不知道从何做起，心里非常着急。我们的后勤团队由五位行政人员和十位辅助人员组成。他们要扮演各种角色，承担许多责任，却很少有人对他们的付出给予表彰。这就引发了一些问题，后勤人员会问我，为什么那些销售人员都如此成功？

——**露西·莫里斯**，亚利桑那州坦佩市纳贝斯克公司

答 将你的后勤员工集合在一起，问问他们喜欢什么样的表彰方式。你可以事先搜集一下其他公司的例子，或者列出一张活动或项目清单，在讨论时供员工排序或投票选择。你还可以考虑一下，和销售人员探讨表彰的机会，问问他们对后勤员工的突出贡献有什么奖励方法。发现和表彰突出绩效的责任，应该主要由那些得到支持和帮助的销售代表承担——并且他们当中的很多人很乐意能借此机会，对他们从后勤员工那里得到的支持做出“回报”。

章看到的那样，组织表彰项目具有“生命周期”。认识和管理这些周期对于组织表彰项目的最终成功起着至关重要的作用。和生活一样，对于公司来说，唯一不变的就是变化。组织表彰项目必须保持活力和积极的管理，确保其能够应对所有不断变化的环境、情况和潜在问题。

要点快递

- 有效的组织表彰项目可以帮助公司创建一种表彰文化，而这种文化自身具有持续性——员工和管理者可以是换了一拨又一拨，而表彰文化却可以长久不衰。
- 与个人和团队表彰相比，组织表彰需要采取不同的视角——一个更广阔、更有战略性、更系统全面的视角。
- 组织表彰总共有三个“出发点”：顶层、中间层和底层。
- 有效的组织表彰分为四个阶段：（1）设计；（2）计划；（3）施行；（4）管理。

第三部分

组织表彰

第九章

设计成功的组织表彰

最好的表彰项目激励着人们做出全新的表现，能够帮助普通人在职场上取得惊人的成就。

——鲍勃·纳尔逊

如果设计得当，组织表彰项目很有可能给一个组织的整体氛围和财务盈亏带来显著和积极的影响。但我们不应该把组织表彰看作个人和团队表彰的替代品或加强版，实行组织表彰，需要一种完全不同的方式。

明确指出项目目标

之所以设定组织目标，往往是出于对当前组织状况的一方面或多方面的不满意。然而，这些担忧在初始阶段却总是相当模糊的。比方说：

①激励环境不良。

②员工流动率高。

③培训出勤率低。

④产品缺陷过多。

⑤故障率高。

⑥ 经常遇到客服问题。

⑦ 没有做出足够的表彰。

为了设立有意义的目标，用可以测量的指标来定义问题显得非常重要。让我们看一下，如果把问题量化，以上列表会是什么样子的：

① 在最近开展的激励环境评估调查中，激励环境值仅为 4/10。

② 员工流动率为 8%。

③ 报名参加培训课程的员工有 23%，其余的不参加培训。

④ 产品缺陷率为 5%。

⑤ 今年在车间发生了 12 起造成损失的事故。

⑥ 与去年相比，顾客投诉增长了 18%。

⑦ 在年度员工态度调查中，只有 12% 的员工称他们受到了上司的赏识和表彰。

一旦你对当前情况有了准确的定义，你就能明确自己理想的状况。以上例子现在可以转化成目标。

如何定下目标

明确的目标是杰出绩效的基础，要想有效地将目标付诸笔端，让它清楚地表达出想要达到的意图，关键是要将目标具体化。“模糊的”目标只能使员工不知道该做什么或该取得什么成果。

有效目标的格式对我们来说很容易掌握。

- 首先，确保你定下的目标是一项行动声明。
  （要取得什么成果？）
- 确保准确定位和理解目标群体。
  （谁将取得这些成果？）
- 给出具体的时间表。
  （什么时候能实现目标或要花费多长时间来实现目标？）

尊重

问 我们正在寻找两到三个能将所有人团结在一起的组织目标。我们认为，一个具有战略意义、以员工为主体的要素就是尊重。设立一个以尊重自我、尊重同事、学生和供应商为核心的组织目标，这个想法很有潜力，但我们不知道如何着手测量变化。

——南希·格里菲斯，纽约奥尔巴尼

答 尊重和信任可能并非你想象的那般抽象。如果你看一下《财富》杂志评出的“全美最适合工作的 100 家公司”，每一家名列榜单的公司，内部都涌动着一股强大的个人诚信和尊重的暗流。比如，盖勒普机构近来报道，那些对“我的管理者在最近一周表扬或表彰了我”这一表述做出积极回应的员工，往往对工作的满意度很高。试着弄清楚，在你的组织成员所处的环境下，能表示尊重的行为是什么？有针对性地传达尊重他们的信号，然后定期检查，找出有待改进之处。

示例目标

①在下次的“激励环境评估”调查中，要取得8/10的激励环境值。

②员工流动率仅为5%。

③培训课程有最低90%的出勤率。

④产品缺陷率低于1%。

⑤明年在车间不得发生5起以上造成时间损失的事故。

⑥客户投诉为零。

⑦最少有80%的员工表示，他们在近期工作中得到了上司的赏识与肯定。

现在，让我们用记录目标的语法和句法，重新改写一下以上提出的目标。

- 在5月1日针对公司全体员工的激励环境评估调查中，取得8/10的激励环境值。
- 在下一个财务年度，整个公司的员工流动率控制在5%以下。
- 在第三季度，将报名参加培训课程的时薪员工的保留率增加到90%或90%以上。
- 到7月31日，将每月的平均产品缺陷率减少到1%以下。
- 在下一个财务年度，将车间发生的造成时间损失的事故减少到5起以下。
- 4月份的客户投诉降低为零。
- 在下次的员工态度调查中，要有至少80%的员工反映，他们在近期工作中受到上司至少一次的表彰和肯定。

组织表彰的设计要素

一旦你已经明确表达了组织表彰计划，就要开始

你必须让人们对自己的工作有发言权。你必须让他们分得“一杯羹”，并有机会脱颖而出。你必须让他们能自由地享受快乐。

——麦克·库达海，马奎特电子总裁

着手设计该计划了。当你考虑以下列表给出的要素时，请牢记两件事：（1）要想让组织表彰计划行之有效，并非一定要具备所有要素，虽然从原则上说，具备的要素越多越好；（2）这些要素只有应用方式正确才会有效。

重点

将你想要表彰的事物作为表彰目标的中心，仔细瞄准，一举击中，你就会得到自己想要的一切——从高效的员工到更高的财务盈亏底线。

在组织表彰中，找到重点尤为重要，因为有很多其他的要素在分散我们的注意力。最重要的是要能识别临界状态，不要被某些类似现象误导，误以为达到了预期目标。比如说，如果你的重点是提高工作场所的安全，一定要确保从实际事故数量的减少这方面对结果进行量化，否则，你最后表彰的可能仅仅是上报事故数量的减少！

清晰度

在“游戏”开始前，组织内的每一个人都应该有一个清楚的认识，认识到能够表彰的对象和表彰的标准。此外，得到表彰的员工必须能够清楚地看到：自己的所作所为和获得的表彰直接相关，这是他们用实际行动赢得了别人的表彰。这就叫作“创建一个清晰的关联”。

我们吃惊地发现，员工经常对自己或他人受到的表彰表示迷惑，而且他们感觉，在很多情况下组织给出的表彰都不是公正客观的。诚然，高管偏袒自己喜欢的员工，忽视了那些真正对表彰和嘉许当之无愧的人，这种情况也是屡见不鲜的，但是，一旦员工开始相信（不管正确与否），在表彰机制的背后有一套“政治手段”在发挥影响，那么离这套组织表彰机制的坍塌也不远了。

没有客观真实的标准摆在眼前，公司系统就很容易被他们操控或误解。定义不清的表彰标准容易招致错误、误解和困惑。因此，提出一个广为人知、透明公开的表彰标准至关重要。那么，如何判断表彰是否正在你的组织内部发挥作用呢？当你听到员工说："我们（对表彰）当之无愧"的时候，你就知道啦！

准备

一个组织必须为实施组织表彰项目做好准备，但很多公司认识不到其中的挑战。没错，实施一个有效的项目并非易事。通常情况下，当没有其他的重大项目与组织表彰项目相竞争时，或者组织表彰项目与其他的、诸如质量或安全的提高等重要项目相关联时，是我们实施组织表彰项目的最佳时间。

总部位于美国明尼苏达州的明尼阿波利斯市的坦能公司就是这样做的。在坦能，质量改善已经成为公司联名签署的一项法案，因此，将公司的表彰计划与质量改善法案相关联，这也是再自然不过的事情。坦能的管理团队在研发表彰项目时，毫无疑问会将赞赏那些为提高质量做出突出贡献的人作为主要目标之一。

赞助

任何组织表彰项目，或者变革计划，都需要强力的支持和赞助才能得以实施。赞助就是指，有一位高管或公司内拥有相似地位和信誉的人，能够积极地支持和领导这一项目。然而，通常情况下，来自管理层的支持率都太低，而且太被动。

仅仅得到一个高管"放手去做"的许可并不是赞助。赞助意味着要有一位高管制定项目，并且为了项目的成功实施甘愿付出。赞助的重要性不仅仅在于帮助一个组织表彰计划成功起步，还在于保障它发挥长期作用以取得预期的效果。底线就是：高管必须自始至终支持表彰计划。

29 零成本创意

认真对待别人的建议

位于阿拉斯加州钻石城的美国皮带公司发现：建立员工建议制度以后，员工们变得越来越富有创造力。一旦发现自己的建议得到了认真对待，员工的工作态度就发生了改变，并且越来越乐意为公司的进步出谋划策。

世界历史上每一个伟大且权威的运动都是热情的胜利。没有热情，就不会有这一切伟大的事迹。

——拉尔夫·沃尔多·爱默生

一致性

在不同层次和组织内部不同领域运行的表彰项目必须相互协调一致，这一点至关重要。如果最重要的行为和结果不能在所有层面（个人、团队和组织层面）得到统一的表彰，那么组织的目标就会难以达成。

改善

提高和改善一个成功的现有表彰项目，要比从零开始有效率得多。没有必要再做无用功。那些重视表彰的组织，需要以组织内部和其他组织已成功的表彰项目为基准。建立一个组织表彰“最佳范例”数据库，能够提高后续项目的成本效益。此外，关于表彰项目，我们有大量的好范例以供参考和使用。像《1001 种奖励员工的方法》和《超级激励》这样的书能够为你定制自己的项目提供坚实的基础。

整体性

表彰通常是一个较大项目的一部分。让我们来考虑一种情况，比方说，一个安全改善项目。该项目已经找出了最主要的安全和不安全行为，列出了一系列行为清单，选出了安全观察员，建立了监督人们行为的测试系统，并且想出了能够将测试结果告知参与者的反馈程序。关键是什么呢？表彰不能是该项目的一个添加成分，必须和组织的其他相关项目融合为一体。事实上，我们坚信：表彰应该被看作是所有组织改善项目的重要组成部分。

系统性

当你做出“一对一”或小组范围的表彰时，可能不大需要“系统”，但随着表彰的范围和复杂性的增长，一个可靠有序的做事方式也越来越有必要。

大多数个人和团队表彰都是自发性相当强的，但无论个人和团队表彰多么成功，公司在着手进行组织表彰的时候都需要将项目形式化。系统化表彰方式的引入降低了对个人的依赖，提供了一致性和质量控制，这对于高度可见的表彰是至关重要的。然而，这并不意味着不能有有趣自发的表彰，只是强调这些表彰需要有一个正式的结构来约束。为了取得成功，组织表彰只能在正式需要的场合出现，管理者不能因为碰巧看到一个积极的行为，或突然心血来潮，想要扮演圣诞老人给员工发放礼品券而对员工进行表彰和奖励。

责任感

虽然有赞助人来保障项目的合法性，还是需要有人负责该项目的日常监督管理。项目的领导权和协调权应该属于一个总的组织表彰协调者（将在第十一章深入探讨），或者每个项目都有各自的协调者。

参与度

表彰项目往往被看作是一种非个人的活动。许多表彰项目看上去是由远端的管理层或向导所操控——比如说，幕后行政管理体制之类的。

在我们对个人和团队表彰的讨论中，我们着重强调了员工通过积极参与，获得员工所有权的重要性。这样做不仅可以加强组织表彰的效果，还可以提高团队的士气。

真诚的重要性

问 我想找出一些新颖的方式来激发工作的积极性，但我的老板指定了埃尔菲·艾恩的《为什么奖励不起作用》一书。艾恩声称：奖励措施只会带来暂时的服从，还会挫败斗志。对此您是怎么看的呢？

——**维·派克，**网上论坛成员

答 艾恩的书很有争议性，但我认为它被人们误导了。并不是所有的奖励措施都是短期的、操控性的。如果你首先找出对于想要激励的对象来说至关重要的东西，并且帮助他向着目标前进，你也在帮他强化自身的长期需要。有真诚、有素质的管理者不需要操控别人。

坦能公司的清洁技术

坦能公司由乔治·亨利·坦能于1870年创建，起初只是一个锯木厂，后来迅速扩展成为美国中西部最大的木地板制造商。如今，坦能公司在工业、商业场地的保养设备方面已经处于世界领先地位。

坦能的目标很简单：成为世界上在非住宅地板维护设备、地坪涂料和相关产品等方面最卓越的供应商。在1999年，坦能的销售额为4亿2940万美元，比1988年提高了十多个百分点，净收益增长了22%，达到1900万美元。坦能公司强劲平稳的增长并非偶然；该公司的业务是牢牢建立在高质量、支持员工自主性、多层次新型员工奖励表彰项目基础之上的。

在20世纪70年代，许多美国公司不得不与“低质量”这一问题做斗争，并面临破产的危险。不知从何时起，美国企业忘记了生产高质量产品的重要性。直到20世纪七八十年代，日本制造商凭借其高质量的产品取得巨大成功，美国企业才如梦初醒。

坦能公司也是经历了一番波折之后，才认识到产品质量的重要性。直到1979年，坦能的日本客户还一直为坦能公司最佳机械的液压油渗漏问题怨声载道。事实上，该公司几乎所有的商品都有缺陷，但因为日本人对产品的要求较高，所以他们是抱怨产品质量的唯一客户。

坦能公司面对困难挺身而出，应对自如，发起了一场质量革命，与之同步进行的，还有同样重要的关于员工自主性和员工表彰的革命。结果，如今在坦能公司，一旦出现问题或有某个系统或程序需要改进，公司都会鼓励员工积极参与，共同出谋划策。

焊接出一个新的解决方案

举个明显的例子，坦能的一群焊接工请求公司的工程师设计一个新系统，将焊接进行流水化操作，这样就能减少成品部件的库存量，以此来降低搬运和存储部件的成本。但公司管理层断然不能接受高达10万美元的预计花费。工程师又研发出了另一项解决方案，将成本降低到了25000美元。然而，管理层又一次否决了这个方案，认为成本还是过高。但是，焊接工们没有放弃，他们开始自己想办法解决问题。最终，问题是怎么解决的呢？他们用从当地的垃圾场买到的废铁建造了一个悬挂单轨系统。成本是多少呢？不足2000美元的原料成本，加上焊接工们大约两天的工作。这个系统堪称神奇——只在投入使用的第一年就帮助公司节省了29000多美元——那些焊接工因为不言放弃，主动创造出自身经济条件许可的解决方案而成为英雄人物。坦能公司对于鼓励员工自主性的工作环境的支持，催生了员工无穷无尽的创意，尤其是那些工作在生产一线上的员工的创新想法。

当罗格•黑尔于1979年引领质量革命的时候，他邀请了质量大师菲尔•克劳士比担当重任，为公司设定改革方式和道路。坦能公司采用了克劳士比开创性的作品《自由的质量管理》（Quality is Free），作为公司的行动指南，其中包括克劳士比提出的质量改善的十四个步骤。第十二步——员工认知——得到了公司的特别关注。

（奖励方式）因人而异

首先，坦能确定了一个明确目标：对那些工作质量高的员工进行表彰和奖励。随后，该公司又发现了一个非常重要的原则：不同奖励和表彰方式的反应因人而异。为此，坦能公司研发了一个三维的奖励和表彰方案。

首先是坦能的正式奖励制度，根据该制度，被奖励的员工（每年占员工总数的2%以上）会得到一条10克拉的黄金和钻石项链，并会在年度宴会上获得一枚徽章。在该奖励制度中，有三条规则制约着获奖者的遴选程序：

1. 所有员工获奖机会均等。任何员工都可以提名他的上司、同事或下属（但直接收到该员工汇报结果的人除外）。

2. 受到奖励的员工由来自公司的不同部门、不同级别、由员工组成的委员会选举产生。

3. 提名表上印有公司对获奖员工的筛选条件。

其次，员工反馈显示，他们希望得到更频繁的奖励和表彰。为此，公司又附加了一项“正式”奖励制度。一个由人装扮的熊和表彰委员会的成员会突然造访“考拉熊奖”的获得者，给他带来意外的惊喜。每个获奖者都会得到一个考拉熊毛绒玩具和一张表明其成果的荣誉证书。该奖励的提名程序并不严格，每月评选一次。

第三种奖励制度是坦能的非正式奖励制度，用来奖励那些取得特殊成就的员工。该制度十分灵活，可以根据个人和团体的需求和喜好来设置奖励。非正式奖励通常是管理者或主管对正确处理某件事的员工的即时奖励。

虽然在许多公司看来，只实行以上任意一种奖励制度就足够了，但是，坦能公司的领导人坚信：只有这三种奖励制度并行，才能最大化地调动员工积极性，使他们能有最佳绩效。前人力资源管理者瑞塔•麦林说道：“我们相信三维奖励制度是成功的关键。每一个层面的奖励方式都像三脚凳的一条腿一样，缺一不可。缺了一条腿，凳子就会倒下。”

零成本创意 30

客户体验

位于美国北卡罗来纳州斯巴达市的一个生产厂家——先锋，或叫伊柯丽斯，带领消费者与参与产品开发的流水线工人见面。工人们很喜欢将自己的想法告诉消费者，也乐于听取消费者的要求。

参与可以有很多形式，员工可以参与项目的设计，选择表彰对象，主持项目，或直接参与表彰过程。我们想要建设一个“咨询队伍”，包含来自重要组织单元的诸多代表。虽然咨询队伍不是公司必不可少的一部分，它还是可以提高普通员工对公司事务的参与度。

可接近性

表彰和奖励必须人人可及，而且人人都应当有机会获得奖励。这并不意味着奖励唾手可得或可以轻而易举地授予任何人，而是说每个人都应该是潜在的奖励对象，而且感觉这些奖励是可以通过自身努力争取到的。

我们惊奇地发现，太多的表彰项目由于只有一个获奖名额，酿成员工反目的恶性竞争。普遍实行的“月度最佳员工”计划就是这种表彰方式的典型代表。我们的经验表明，“月度最佳员工”的奖励制度并非像它的拥护者所相信的那样有效；它限制了组织内的表彰名额，使表彰显得毫无新意，获奖者也丝毫不会感觉到切身的兴奋和激动。

只要员工当之无愧，当然是奖励的对象越多越好，这才是奖励的目的。只要不偏离项目本身，你给员工的奖励越多，员工就会越积极地为实现组织目标而奋斗。我们强烈建议：应该按照员工的能力所及来设定奖励制度；否则，对于大多数员工来说，奖励制度会打消积极性而不是提高积极性。

可视性

组织表彰的好处之一是它能够直接或间接地影响一大批人。事实上，判断组织表彰项目的有效性，要看它能否对个人表彰和团队表彰以外的投资进行杠杆化利用。正如管理顾问盖瑞·雅各布和罗伯特·麦克法兰在书中所写的那样：“如果墙上的一张表扬名单或寄往家中的一封表扬信都能有那么大的影响力，那么，那些引发对巨大成就的广泛社会表彰的奖励和庆祝计划是不是更威力无穷呢？”

实现组织价值可见化的最佳方法之一，是从员工中选出最有代表性的标杆人物，有家公司就是这样做的。它租了一个足球场，让公司的“销售英雄”走入足球场，感受来自朋友、家人和其他员工的欢呼。苹果电脑公司发明了印有公司核心价值理念的 T 恤衫，当员工的行为实现了公司的某一核心价值时，公司就会把印有该核心价值的 T 恤衫奖给他。

可见性是表彰项目的一个主要好处，但也可能成为主要挑战。请记住，当个人和团队表彰被视为同伴或高管采取的孤立行动时，员工往往会把组织表彰看作一种公司政策。

知识共享

组织表彰增大了学习的可能性，因为个人会将他发现的最有效的技术分享给大家。很有可能的情况就是，个别管理者、高管和团队从他们的表彰经验当中学到很多东西。找到并分享所学到的“最佳范例”和经验是一个善于学习的组织的突出特点，这样做还能宣传一下成功的表彰项目。

不幸的是，由于没有做到知识共享，有太多的组织一直在做无用功。组织应该找到一种掌握“最佳范例”和经验的方法。这可以通过人工操作或电脑数据库来实现。像 Lotus Notes 这样的协作软件对鼓励在线交流、获取共享知识尤为重要。

重要性

表彰对员工的意义比它带来的经济效益更重要。企业应该努力获得高表彰价值，而不是高经济价值。

奖励多少员工?

问 单独提名奖励一个人和同时奖励一大批人，哪种奖励方式更重要呢?

——**苏珊·施米茨，**交通部

答 建立一个清晰、客观的奖励标准，对符合标准的所有员工进行奖励，这一点更为重要。如果奖励覆盖的人较少，可能就是一个危险信号：这项奖励项目已经失败或岌岌可危。表彰应当是对成功和超群的一种庆祝方式。如果员工只是走走过场，不愿努力工作，领导就应该专注于重新激发奖励项目的活力，或干脆找到新的项目取而代之。不要奖励那些绩效平平或无所作为的员工，否则，员工会不再信任领导，也会将奖励制度当作笑柄。你奖励的对象应该是员工当中的楷模。

任何奖励或表彰制度成功的关键是它所传达的信息。表彰应该向员工传递这样一个信息：“你做的一切很有价值，我们想和你一起为之庆祝。”最有意义的表彰形式是那些能代表员工成就的表彰形式。虽然没有什么神奇公式，但表彰方式越新颖、越个人化，就越好。我们喜欢贝尔大西洋公司的做法：他们用最优秀的员工的名字来为手机信号塔命名。

奖励的颁发

给予表彰和奖励的方式与表彰行为本身同等重要。然而，组织表彰往往被人们看作“工厂化表彰”或“大批量表彰”。不管表彰项目覆盖范围多么广，千万不要让员工感觉表彰和奖励是人人有份的,毫不针对个人的。

要想在如今知识型、高技术型的工作场所提高效率，就要更加重视表彰的个性化和高科技化。这就是为什么那些聪明的公司，会努力将表彰奖励工作做到更加私人化、个性化，而不是仅仅在员工的办公桌上或工资袋中放一封匿名表扬信那么简单。员工们记得奖励方式的时间会比记得奖励本身要长得多。

可测量性

测量理念通常不被人们看好，因为它往往暗示着评估和评价的负面后果。然而，如果使用得当，测量能够激励和刺激员工——就像比赛时的计分制度能够提高观众的兴趣一样。测量制度之所以重要，有以下几点原因：

首先，测量能够促成事情的发生；你测量什么，就会得到什么。我们所有人都倾向于专注那些测量我们本领的事情，不管是考试、比赛，还是对生产力的评估。

其次，离开了测量手段，我们无从得知表彰项目的效果如何。正如一句名言所说：“可测量的事情才是可管理的事情（Only those things that are measured can be managed）”。如果不将表彰的效果量化，组织领导者可能会误以为表彰项目对组织毫无价值，因此一遇到财务困难时，组织往往会先削减对表彰项目的投资。而且，一旦表彰资金减少，或被彻底免除，所导致的员工士气下降和生产效率降低会更加恶化组织的财务困难。在第十三章中，我们会对此做详细介绍。

可修改性

我们在第一次，甚至第二次、第三次的时候很难将某件事情做到最好。在现实生活中，我们往往通过不断地重复和改进才能取得最后的成功。因此，我们建议：在设计组织表彰项目时，要留有改进和微调的余地。这样，有时候你稍作调整，就能将一个好项目变成一个宏伟的项目。

要想实现这一目标，最好的方式之一就是试验。试点项目允许你在组织范围内大规模实行某项方案之前，对该方案进行小规模的试验，并且在低风险情况下测试其他方案。

别指望一口吃成个大胖子。最好将最初的努力集中在组织的某一方面，集中所需的能量和资源来更好地应对不可避免的组织惯性。

显然，在项目成功性较大的领域进行试验不失为一个好主意。在每个组织内部，都会有一些领域比其他领域更易于接受变革——这往往能显示出这些领域组织者的领导能力。你的任务是找到这些易于接受变革的领域，设计出相应的项目和方案。

终结

由于表彰项目会经常需要改动，有时候甚至会被

表彰悲剧

许多组织用竞争手段，而不是合作手段来激励员工，尤其是在销售领域。有一家快餐连锁公司，每月都会对52个分店管理者的业务进行公开排行，不管该管理者上任时间多久、之前有没有相关经验或分店的规模大小。排名前20%的管理者会享受额外的表彰、奖励和假期，而排名后20%的管理者无时无刻不在担心丢掉饭碗。情况变得越来越恶劣，最终导致了不道德行为，因为分部的管埋者要拼命提高自己在销售排行榜上的位置，而这往往是以算计同行、无视消费者安全为代价的。

终止，我们一定要掌握正确的项目终止方法，才能不伤害员工感情，不让他们感觉自己被剥夺了某项珍贵的权利。然而，在大多数情况下，组织表彰项目都是在毫无征兆的情况下被突然停止，这样一来，计划骤然终止所带来的消极影响，彻底抵消了之前计划所带来的积极作用。要解决这一问题，最好的方法就是在宣布项目开始的时候就告知员工项目截止的时间——我们把这称作“时限”。你总可以延长项目的推行时间，但从业务角度来说，如果该项目已达到预期目标或未能收到预期效果，你一定要保留终止项目的权力。给表彰项目设立一个固定期限，这会促使你不断引进新方法，以此来保持项目的新鲜感，吸引员工的兴趣。

可持续性

也许组织表彰最大的挑战就是如何使它长久持续下去。那些在施行期间被突然中断的组织表彰项目，往往会引发员工对该项目的嘲讽，使员工更加相信：组织表彰只是另一个“月度计划”而已，并不是真诚的承诺。员工先是对表彰项目感到兴奋不已，但随着鼓励项目换来换去，员工最后也心灰意冷。

没有一个全面整体的组织表彰策略，为表彰所做的各种努力都不会长久。就像迪恩所解释的那样：“管理，尤其是高层管理，对创建一个自我维持的、组织范围的、高度激励的工作环境负有最大的责任。”组织表彰项目的真正力量——改变组织内部的激励环境——却很少发挥出来。

表彰项目设计的案例分析

现在让我们看一个应用了许多好的设计因素的典型复合案例。在下一章中，我们仍会以此案例为例子来说明组织表彰项目中成功的计划。

零成本创意 31

放一天假

杰夫·怀特是密歇根州底特律市文艺复兴大厦内一家鸡肉快餐店的管理者，他奖励做出突出贡献的团队成员每人一天的假期。其他的鸡肉快餐店管理者会专访那些荣登报纸光荣榜的实习员工，并免费送给他们餐厅优惠券，让他们和家人朋友共享美餐。

一个大型的连锁百货商店面临着客户忠诚度方面的难题。该企业的高层管理人员决定设立一个客户忠诚度目标：在本财务年度结束之前，重复销售率提高20%。为了实现这一目标，他们认为需要将客户投诉率降低50%，部门管理者损耗率降低30%。以上结论是基于一项调查得出的。该调查显示，未解决的客户投诉是导致重复消费流失的主要原因。深入分析显示，顾客反映的大多数问题之所以得不到解决，是因为销售人员只将一些模糊症状反映给管理层，而不是详细地描述顾客的具体问题。管理部门工作人员的频繁更换导致的不稳定性加剧了客户忠诚度问题。令高级管理人员感到遗憾的是，他们发现许多同样的问题在商场里反复出现，而这些问题如果及时被部门管理者发现、汇报和处理，绝大多数可能早就被轻而易举地永远解决了。

一旦有了明确的努力方向，管理人员就可以开始设计解决方案了。初步计划的核心问题是改善销售人员的行为，因为部门管理者损耗可以通过将工资和奖金提高到市场标准来弥补。

基于以前的表彰经验，该集团的高级领导团队深信：一个设计良好的组织表彰项目可以解决上述问题。公司全心全意致力于解决这一难题，该连锁百货公司的未来全靠它了。公司的首席执行官亲自赞助这一计划。高级管理团队还拥有外部顾问提供的支持和资源，可以帮助他们建设一个充满活力的方案。

一旦有了努力的焦点，就有了充分的准备，高级管理团队会集合整个组织的力量，专注于解决销售人员在识别和汇报问题方面的困难。改善方案涉及到每个组织成员，每家商场都会以同样的方式处理问题。允许对计划稍作调整以适应当地需求，但组织整体的方案设计必须保持一致。

高级管理人员认识到：孤立的行动不可能应对当

激励税

问 最近，我公司准备推出一个表彰系统。财务部刚刚告知我们：价值25美元以上的礼品可以征税。这样，看起来容易有益的事情就变得复杂困难多了。对于这一问题，其他公司是怎么处理的呢？

——**蒂芙尼·凯斯，**达拉斯半导体公司，田纳西州达拉斯市

答 一些公司使用虚拟资金的方法，将该奖励给员工的奖金直接转入员工的工资单和工资支票上，减少对25美元以上的礼物的税收。另外一些公司使用普通基金来奖励员工。当然，每个员工只有25美元的奖励。你可以有很多的奖励方式，只要做到创新就好了。

> **表彰悲剧**
>
> 作者当中的一位曾在位于华盛顿州西雅图市的一家公司工作过，主要职责是评估该公司的正式表彰项目。公司的一位管理者告诉他：只有4% 的员工才有资格得到公司的七项表彰奖励。幸好，公司还有一些非正式的表彰项目，惠及了公司的一大部分员工。

前面临的挑战。将问题留给高管，期望高管能对商场管理者施加影响，或是寄希望于个别商场的自主性，都不能解决这个困扰整个组织的问题。他们认识到：要想寻求一个有效的、可持续的解决方案，必须找到一个系统化的方法。

建立顾客忠诚度：计划

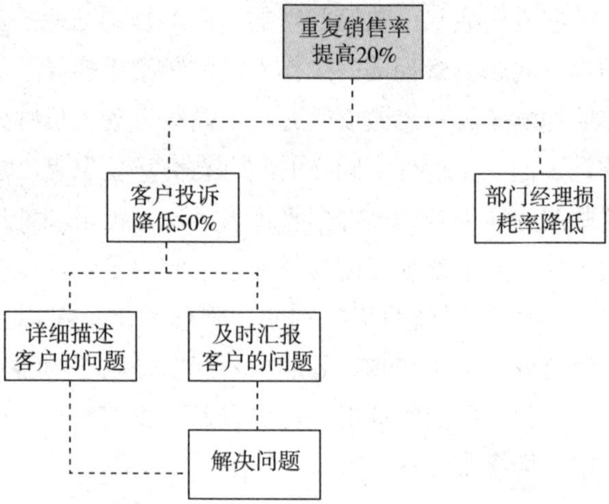

上述内容需要一个多元化的干预机制，包括很多综合的要素：交流、工具、培训和表彰。高级管理团队（在顾问的帮助下）决定了以下几项综合干预：

- 能将期望的行为和结果以一种清晰、一致、恰当的方式传达给销售人员和他们的管理者，并能将改善计划的细节表达清楚的交流方式。
- 对销售人员进行培训，帮助他们认清问题，学会使用新工具。
- 判断正确的行为和结果何时出现的测量机制。
- 能激励员工、加强预期行为、庆祝目标实现的表彰机制。

高级管理团队将他们的计划建立在一个模范表彰项

目的基础上——他们在一次基准研究中发现了这一项目，觉得符合他们的需求，就对该项目稍作调整以适应他们的具体情况。他们决定用记分卡表彰方法，以此来使干预系统化，增加趣味性。

他们明确地定义和传达了表彰标准：每次销售人员发现一个客户反映的问题，并将它汇报给了商场管理者之后，高层管理人员就会在他的计分板上做一个记号。当销售人员的计分板上有 5 个记号时，他就会得到一个价值 20 美元的商场礼品券，券上印有这么一行字："谢谢你帮我们创造了忠诚的客户。"当销售人员计分板上有 20 个记号时，他就会得到"忠诚熊奖"——一个泰迪熊玩具，并可以选择当地五家餐馆中任意一家的价值 50 美元的双人餐礼品券。

商场管理者亲自为员工颁发奖品，员工对管理者的颁奖方式进行评估。对于参加该计划的商场管理者来说，他们如果解决了下属汇报的问题，就会得到现金奖励，会有一个项目协调人来处理一些日常的后勤问题。

高级管理人员传达了项目安排、分发了记录问题的工具、发明了记分卡，并对员工和管理者进行培训之后，表彰项目正式启动。没过多久，项目就收到了明显的成效。

没有任何奖励像这个项目那样大大鼓舞了销售人员。不仅顾客忠诚度在两个月内明显提高，就是不在该项目范围内的销售人员在其他方面的表现也有了进步，比如说：对顾客的服务行为；薪资的提高以及解决客户问题获得的现金奖励使得部门管理者损耗率低于同行业标准。项目的目标达到了，三个月以后，每个商场都举行了大型庆祝活动来纪念这一里程碑式的成功。后来项目虽然结束了，它的有益影响还持续不断。由于从根源上解决了问题，员工也学到了一套新的行为准则，顾客忠诚所带来的利益在持续增长。

32 零成本创意

大猩猩的陪伴

位于田纳西州沃斯堡的坦迪公司，用一只三点五英尺高的大猩猩玩偶来表示对员工进取和创新精神的表彰。如果有员工提出了一个值得赞赏的创意，这只大猩猩就会被放在他的身边，直到其他人提出新的创意它才会被挪到新的位置上。每季度想出最多创意的员工会得到另外一份奖赏。

这是一个强有力的干预案例，它设计巧妙，推行方法富有创造性和想象力。在该案例中，你会发现很多保障组织表彰项目成功的要素，对该项目起了直接或间接的作用。

要点快递

- 为了创建有意义的目标，你必须用可测量的术语来描述目标。
- 有效的目标包含三个基本组成部分：（1）行动声明；（2）可以理解的目标群体；（3）明确的时间安排。
- 许多因素可以提高你的组织表彰项目成功的可能性，包括：焦点、清晰度、赞助、一致性、整体性、参与度、可视性、可测量性、可修改性等。

第十章

计划成功的组织表彰

那些没有计划的人，正在计划着失败。

——乔治·赫薇儿，商业作家

什么是计划？答案很简单。计划就是当前为将来的发展所做出的时间投资。你花费在有效计划上的每一个小时，都可以帮助你在计划执行时节省好多个小时，也能帮你省去许多麻烦。虽然有时候我们很想即兴发挥（“即兴发挥”的冲动是人之常情），但你一定要将计划铭记于心：前期计划可以防止令人遗憾的欠佳绩效（Prior Planning Prevents Pitifully Poor Performance）！

通过计划，我们可以将想法变为现实。计划在我们的现实状况和理想状态之间架起一座桥梁。在明确目标和设计方案之后，计划是迈向成功的表彰方案的第二步。

计划不一定非要涉及一系列冗长烦琐单调的工作。

零成本创意 33

闪耀光芒

在加利福尼亚州圣地亚哥的一个海洋世界，团队领导者会将“聚光灯卡”(spotlight cards) 交给他们认为绩效优秀的员工。团队领导者先在卡片上记下该员工的绩效以及自己的感想，然后至少让另外两位团队领导或高管在卡片上签字，最后才把卡片交给员工。另外，他们还会将卡片的复印件张贴在员工布告栏上。

事实上，根本就无须把计划看作一种工作，正如一位前公司首席执行官兼著名规划专家理查德·斯洛玛所说的：“计划并不是一项工作或一件大事。计划首先是一种态度，一种思维框架……（这意味着）少说废话，直奔主题。”计划实际上是个人和组织筹备更有效的行为的一种思维过程。书面计划只是计划的一种，不能等同为计划。

好的组织表彰方案规划的六要素

如果说计划是一种“思维框架”，那么“构建”思维框架时应该考虑些什么呢？我们认为，任何有效的组织表彰方案规划都应该考虑到以下六点要素：

①行动计划：这是计划的核心——使你的设计方案进入可操作的必要步骤。

②时间表：实施你的行动计划的时间安排。

③方案的资源配置：成功试行方案所需要的人力和非人力资源。

④财务预算：方案的预计成本。

⑤潜在的失败因素和预防措施：那些如果不解决，就会导致方案失败或达不到预期效果的因素，以及那些用来避免或减轻失败因素的负面影响的预防措施。

⑥估量策略：用来确定方案推行的效果如何，是否有效地达到了预期目标。

实践中的六个计划要素

让我们回到上一章末尾讨论的百货商店的案例，看一看管理者是如何在他们解决客户忠诚度问题的方案中应用这六个要素的。

你可能还记得，管理者从操作上将客户忠诚度问题定义为重复销售方面的问题。当前的重复销售额为 1 亿 2500 万美元，而目标重复销售额为 1 亿 7500 万美元，差距为 5000 万美元，或者说是当前重复销售总额的 40%。公司决定，要想取得这一目标，必须将顾客投诉率降低 60%，部门管理者损耗率降低 30%。

行动计划

准备行动计划最好的方法就是确定活动的主要类别，然后确定每个类别下面的活动。

制定一套行动方案通常需要一定程度的系统的头脑风暴（我们怎么做才能使得设计方案可行？）。它还是一种典型的迭代过程——要将一个材料重复阅读无数遍，直到找出必要的活动。

还需要记住的是，行动计划通常不是线性规划。大多数行动计划涉及的活动都不是相互从属的关系，有些活动是必须同时出现的。以下用一个小图表来帮助你想象和理解这一概念。

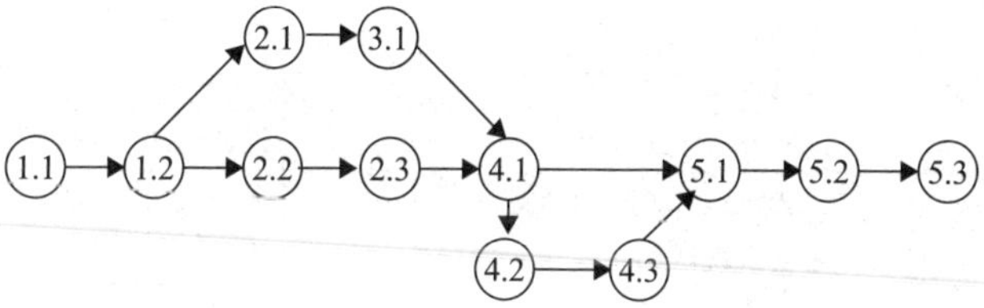

以下是该连锁百货商店行动计划的雏形：

步骤编号	主要活动	责任人
1.0	行政审批和预算	
1.1	将计划提交给执行委员会	设计团队
1.2	修改（必要时）	设计团队
1.3	计划最终定稿	设计团队
1.4	获得预算批准	詹姆斯·约翰逊
1.5	获得申请的财务编码	詹姆斯·约翰逊
2.0	工具和材料准备	
2.1	计划宣布的时间安排	劳瑞·路易斯

推出表彰方案

问　你对于分阶段推出正式表彰方案是如何看的呢？

——茱莉亚·斯图博丽

答　我很喜欢这个想法：先小范围实施方案，然后基于认识和经验慢慢扩大范围，这比一下子推出一个长达五年的方案好得多（当然这只是打个比方）！还有，请一定记住要实行多方面的奖励——而不单单是金钱方面的奖励。

士气低落

问 我在一个发展服务部门工作，为有发育障碍的人提供日常和居民服务。我们正寻求一种奖励方法，奖励那些在岗位上工作了许多年、做出突出贡献的员工。他们需要鼓励，来完成日复一日的工作。当然了，我们机构的财务资金有限，并且我们奋斗在服务大众的第一线。如果您能提供任何帮助，我们将不胜感激。

——**苏珊·邦特妮，**加拿大安大略

答 要及时表彰突出表现，不要等到几年以后！优秀的员工在任何工作环境下都会轻而易举地突显出来，他们比稳重、可靠的员工抢眼得多。然而，表彰那些日复一日、默默无闻地在幕后工作的员工同样不可忽视。和团队成员一起，想出一些表彰方案，然后挨个尝试，找出最能鼓舞员工的方案。我认为，最好的办法是找到一些成本很低、甚至不用花钱的方法，但这些方法要新鲜有趣。问问员工，他们有没有什么需要来保障更好地完成工作——然后尽最大努力满足员工的这些需要。

步骤编号	主要活动	责任人
2.2	设计奖励物品	吉儿·梅西
2.3	订购奖励物品	约翰·詹金斯
2.4	筹备培训计划	大卫·欧文斯
2.5	开发培训项目	培训部门
2.6	设计记分卡	设计团队
2.7	开发呈现认知的辅助工具	丽莎·兰伯特
2.8	开发记录问题的工具	大卫·欧文斯
2.9	筹备动员大会	设计团队
2.10	准备动员大会所需材料	大卫·欧文斯
2.11	准备估量工具	比尔·卡尔弗特
3.0		沟通和培训
3.1	召开动员大会	高级管理团队
3.2	管理者培训	大卫·欧文斯
3.3	员工培训	大卫·欧文斯
4.0	执行方案	
4.1	执行记分卡和表彰制度	高级管理团队
5.0	估量方案	
5.1	收集采访 / 调查数据	比尔·卡尔弗特
5.2	监督估量程序	比尔·卡尔弗特
5.3	采取改进措施（必要时）	比尔·卡尔弗特
6.0	改进方案（基于方案估量的反馈）	
6.1	微调方案（按需要）	设计团队
7.0	为庆祝方案成功做准备	
7.1	筹备庆祝活动	吉儿·梅西
7.2	订购庆祝所需物品	约翰·詹金斯
7.3	开展庆祝活动	高级管理团队
8.0	评估和汇报	
8.1	分析估量数据	比尔·卡尔弗特
8.2	听取项目参与者的汇报	比尔·卡尔弗特
8.3	记录吸取的经验和“最佳范例”	比尔·卡尔弗特
8.4	输入数据库	劳瑞·路易斯
8.5	终止项目	高级管理团队

请注意，活动类别由整数标出（1.0,2.0,3.0 等等），并且后面没有标明负责人或负责团队，因为这不是具体的活动。活动类别下面是具体活动，并按顺序排列（1.1,1.2,1.3 等等）。所有活动都应该有人来负责，确保该活动的顺利完成。

有效的行动计划包含两个核心问题：

①所明确的活动是否能组成一个成功的方案？

②有没有足够的问责制度来保障活动的顺利完成？

一旦你确信行动计划完整无缺，规划进程的下一步就是制定时间表。

时间安排

行动计划为需要做的事情提供了一个基本框架，但它很少涉及做这些事情的具体时间，这就需要时间表来解决了。时间表是涉及到项目的另一方面——尤其是时间框架和时间限制。

活动往往是相互关联的。在制定时间计划时，最重要的是要考虑到某项活动何时结束，因为某些活动的开始时间往往取决于其他活动的结束时间。如果想成功地执行某项计划，关键的里程碑式的活动一定要在某个确定的时间点完成，并且对于重要的时间安排，一定要有明确的问责制度。

时间表必须包含重要的任务——不一定要将所有的任务都记下——以及这些任务完成的具体时间。以下是百货商店表彰计划的部分时间表：

时间表（部分）

重要任务	具体时间
计划批准	2月20日
获得预算	2月22日
开始准备工具和材料	2月23日
工具和材料准备复审检查点	3月5日
完成工具和材料筹备	3月20日
召开动员大会	4月2日
动员大会结束	4月5日
开始培训	4月7日

如果你的方法恰当，计划其实是一件很可怕的事情，因为你真正在谈论的是变化。这比单纯地说一句：“明年情况会更好的，顺其自然吧”要困难得多。

——格拉曼·布里吉斯，

财务部副部长，查尔斯河数据系统

重要任务	具体时间
培训结束	4 月 14 日
开始记分卡和表彰计划	4 月 15 日
开始同进程估量计划	4 月 15 日
开始筹备庆祝活动	5 月 20 日
庆祝活动筹备结束	6 月 5 日
举行庆祝活动	6 月 16 日
方案参与者开始汇报工作	6 月 17 日
记录学到的知识和“最佳范例”	6 月 22 日
将方案信息输入数据库	6 月 29 日

请注意，重要的任务一定要标明具体执行日期，这样可以建立至关重要的问责制，保障任务的圆满完成。而且，如果一个关键任务不能完成，其他的关键任务——那些与该任务的完成时间紧密相连的事情——也不得不做出时间调整。

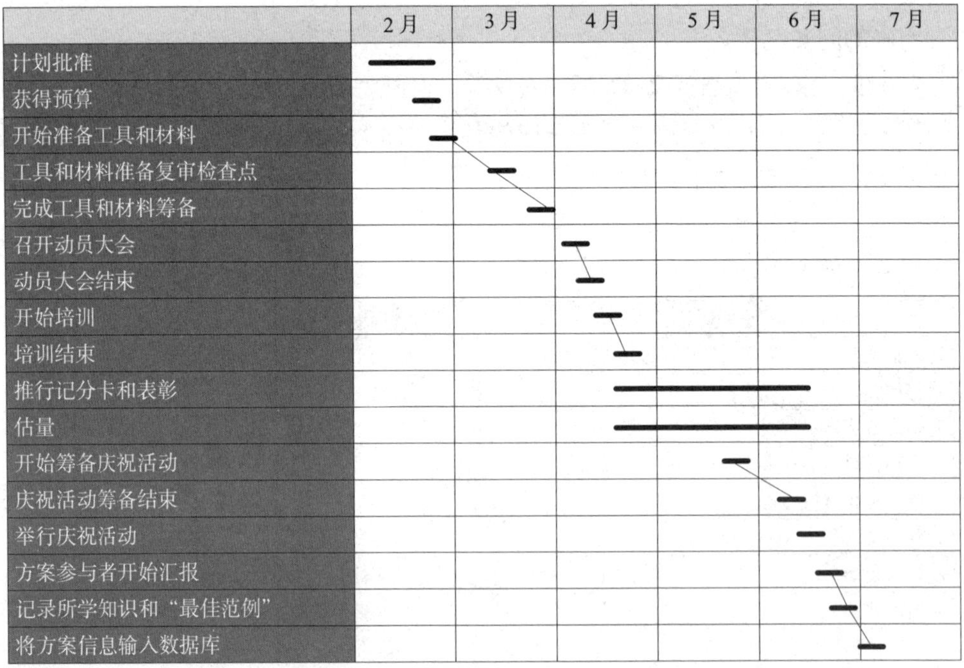

以上是一个补充图表，说明的不是时间表中的具体时间节点，而是每项活动的时间跨度。

方案的资源需求

在组织表彰方案的计划中，一个很重要的步骤是明确方案成功所需要的资源。

有些资源是几乎每个组织表彰方案都会需要的——人力、工具、培训、原料、奖励物品。几乎所有的资源都对时间有着严格要求。它们必须在需要之前提前设计、订购或获取。若获取这些资源的时间有些滞后，会导致整个方案的推迟。

对资源的需求可以从行动计划和时间表上得知。就像在上一章中所说的那样，在方案的预期目标和所需资源中必须找到一个平衡点。此外，方案的计划越宏伟，就需要投入越多的资源来实现这些宏伟目标。

人力资源要求

人员	在项目中扮演的角色
威廉姆·威尔森 首席执行官	项目执行发起人
罗伯特·埃文斯 零售业务副总裁	高级管理团队成员
塞缪尔·夏普 销售规划副总裁	高级管理团队成员
诺曼·马修斯 采购部副总裁	高级管理团队成员
李·格林 信息系统副总裁	高级管理团队成员
詹姆斯·约翰逊 财务分析师	设计团队成员
劳瑞·路易斯 行政助理	设计团队成员
吉尔·梅西 制图部管理者	设计团队成员
约翰·詹金斯 制图部助理	设计团队成员
大卫·欧文斯 培训管理者	设计团队成员
丽莎·兰伯特 培训师	设计团队成员
比尔·卡尔弗特 信息系统助理	设计团队成员
玛丽·麦克唐纳 外部顾问	项目顾问

把“人力资源”从“其他资源”中分离出来是明智之举，因为我们对人力资源要特殊对待。在目前的案

改变追踪

问 在推行奖励和表彰方案之前，是不是一定要有一个系统的数据收集程序？

——玛格丽特·弗雷德里克， 佛罗里达教育部，佛罗里达塔拉哈西

答 如果你想展示一下已经取得的或计划取得的进步，估量程序是必不可少的。作为基线，从一种你所在的组织喜闻乐见的表现入手，围绕着它建立一个表彰方案。在每次的员工大会上，（根据团队投票）将最突出的进步情况汇报给大家。然后给予员工某种形式的奖励，比方说，流动奖杯、一下午的假期或是礼品券。你可以将这个简单的方法扩大开来。

例中，百货商店的顾客忠诚度改善计划中的人力资源分配在第145页的图表中可以看到。

其他必要的资源

资源	购买还是研发	截止日期
销售助理记分卡	研发	3月20日
问题汇报表	研发	3月20日
商店礼品券	研发	3月20日
餐馆礼品券	购买	3月20日
“忠诚熊”	购买	3月20日
动员大会材料	研发	3月20日
培训材料——管理者	研发	3月20日
培训材料——员工	研发	3月20日
估量工具	研发	3月20日
庆祝活动的奖品	研发	6月5日
庆祝活动的茶点	购买	6月5日

本页的图表列出了其他的所需资源，包括它们是需要从外部购买还是内部自主研发，以及筹备该资源的截止时间。并不是所有的这些资源都成本昂贵，但它们全部对项目的成功起着关键作用。

预算

下一步是为预算做准备。所谓预算，就是资助项目的方方面面所需要的大体金额。没有财务预算，你不会得到资金批准，人们也不会积极主动地思考，更不会考虑经济因素。预算估计要尽可能越精确越好，但要记住，预算永远只是个估计值，做不到百分之百精确。

当然，一旦有了实际花销，预计估算应该和实际

当我们创建了一个良好的工作环境，找到了保持工作和生活平衡的好方法，我们会吸引和留住最好的人员——这就是我们的竞争优势。

——路易斯·普拉特，惠普公司前首席执行官

花销相比较，看看该项目是超出预算、正好符合预算，还是——奇迹中的奇迹——低于预算。这通常能使你在项目性能问题上采取及时行动，而不是到最后才发现一切都已为时已晚。在目前的案例中，预计估算所包含的物品已在下表列出。不包括内部人员消费。正如你所看到的那样，实际花销刚好没超出预算，因为当某些方面的花费超出预算时，其他方面的花费，例如咨询费，可能要相应减少。这是好的项目管理的一部分。预算估计不一定是个难事，就像鲍勃•纳尔逊和彼得•伊科诺在《新手学管理》（*Managing for Dummies*）一书中所说：“有经验的预算者明白，一旦你弄清了做生意的花费——以及这些花费的去处，预算估计其实是一件很简单的事情。”

项目预算

条目	预计花销	实际花销
销售助理记分卡	$500	$500
问题解决表	$240	$300
商店礼品券	$3,500	$3,250
餐馆礼品券	$5,000	$5,000
“忠诚熊”	$3,400	$3,400
动员大会材料	$200	$600
培训材料——管理者	$150	$200
培训材料——员工	$100	$150
估量工具	$120	$175
庆祝活动和奖品	$1,200	$1,400
庆祝活动的茶点	$850	$850
顾问	$5,000	$4,000
其他 / 意外开支	$500	$200
总额	$20,760	$20,025

34 零成本创意

名字的神奇效果

只要有可能，就让员工在他们的工作成果上署上自己的名字。美国家居连锁店家得宝（Home Depot）在广告牌上署上员工的名字，例如，“这个走廊是杰瑞・奥尔森维修的”。

在美国俄亥俄州芬德利市的固铂轮胎工作的员工可以将他们的名字印在自己生产的轮胎内侧，这样他们所做出的贡献就会被人们铭记。

潜在的失败因素和预防措施

大多数人都知道墨菲法则："任何可能出错的事终将出错。"由此提出一个推论：在任何项目中，最可能导致问题的就是被忽视的因素、被人们忘记或小看的关键要素。

避免埋伏的最好方法是，密切关注你的组织内部"前后关联"的诸多因素，因为它们可能妨碍或破坏最好的初衷。然后计划如何避免这些因素，或者如果不可避免，应该如何应对它们。

潜在的失败因素和预防措施

因素	可能性	预防措施
持续不断的支持	10%	不用采取措施
计划没被批准	10%	
预算资金没被批准	10%	
不能按计划完成重要任务	50%	找出重要任务，确保为此做出了充分计划
没有按时研发或订购资源	30%	给所有的资源留下足够的提前期；定购时间越早越好
关键的项目人员不能担任派给他们的任务	20%	为每一个职位选择一位候选人
顾客的问题太难解决	40%	专注于那些可以解决的问题；不要让难以解决的问题延误了项目进程
销售助理对表彰做出的反映没有预料的那么好	30%	确保推行社会表彰。先在一个焦点小组内测试表彰的性能
收到成效的时间比预期时间要晚	40%	建立合理的预期；确保利息相关者明白，项目要见效，可能花的时间比预期时间长

因素	可能性	预防措施
管理者对项目失去热情	40%	让部门管理者一直参与在项目当中；高级主管必须经常与他们保持联系
部门管理者损耗增加	20%	在项目进程中，如果需要的话，高级主管必须随时准备好接替部门管理者的职责

在上述图表中，我们列举了当前案例中可能遇到的主要失败因素以及建议的预防措施。

你会注意到，每一个失败因素都标出了发生的概率。对于发生概率高于或等于20%的失败因素，我们提供了预防措施。而对于发生概率低于20%的失败因素，我们认为不大可能发生，因此就没有提供预防措施。

规避潜在失败因素的最好办法就是——尤其是当首次尝试风险过高时——推出试点项目。正如我们在前几章所讲的那样，试点项目就是先小范围施行方案，找出可能遇到的问题后，再大规模推行方案。

试点项目在大型的、宏伟的项目中尤为重要——在小型项目中一般用不到。在决策过程中，需要考虑的另一点是，试点项目往往会增加项目成本，延迟全面推行项目的时间。当然，试点项目通常会大大提高项目大规模推行时成功的概率，因此，试验的成本也被抵消了。

有的时候，尽管所有的设计和推行人员用心良苦，某个项目可能也不会达到预期的效果。虽然在很多人看来，有这个想法都是不应该的，但这个时候不得不提前结束项目。在第十五章，我们将会讨论为项目提前终结做好准备，以及计划重新振兴项目的重要性。

如何估量奖励和表彰的有效性

估量是如此重要，而又容易被忽视的、项目计划

表彰悲剧

一个大型的药物公司在每年的周年庆典上都会给世界各地的员工发放手表。尽管有些员工很喜欢这份礼物，有些员工却丝毫兴奋不起来。一位员工这样说："我已经有好几块手表了。我真正想要的是一个升级软件，但这不在公司的预算范围之内。我在想能不能将这个表典当出去，买一个我需要的升级软件。"

表彰悲剧

一家公司在每个员工生日那天，都会送给他一张生日贺卡和两张电影票。他们没有考虑到的是，有些员工住在其他州，那里没有电影票上标明的演出院线。那么，这家公司是怎么做的呢？它给每位在其他州居住的员工开出1.12美元的支票，正好够买两张电影票！

的一部分，因此，我们要对它进行特殊考虑。我们将回到百货商店的案例，探讨一下它是如何开发估量措施的。

由于人们把更多的注意力放在了表彰项目上，估量这些活动和项目的有效性变得越来越势在必行。我们往往把估量工作看作完成任务之后要做的事情，但事实并非如此，在不同阶段进行适当的估量工作是从奖励和表彰项目中获得更大收益的关键。

估量工作的四个层次

1959年，唐纳德•柯克帕特里克提出了一个估量培训的四层次模型，直到现在，该模型还是行业的黄金标准。通过将该模型应用于奖励和表彰项目，我们（和你们）就有了一个可行的途径来衡量这些表彰项目和活动的价值。

- 第一个层次——反应。估量工作的这一层次描述了员工对表彰项目和项目的反应或满意程度。第一层次包含了这一类的问题：员工对你的表彰项目作何反应？你的员工对公司的表彰项目是否感到兴奋？他们是否认为这些表彰项目有价值？表彰的材料和工具是否使用起来方便容易？在你的表彰项目或活动中，员工最喜爱的是哪一部分？他们是否提出过任何建议来改进表彰项目？请记住，调查和采访可以帮助你了解奖励和表彰对员工的态度和观念的影响。
- 第二个层次——知识。估量工作的这一层次涉及到与表彰项目相关的技术，以及奖励和表彰项目的副产品——知识。正如我们在本书中一直强调的那样，表彰能力并不是我们与生俱来的，而是必须通过后天学习才能掌握的一种本领和态度。第二层次包含了这一类问题：个人和团队做出表彰的方式是否巧妙？管理者在表彰别人时是否表现自信？在你的组织内部，有多少关于表彰本领的培训？我们从这个奖励或表彰项目中学到了什么？测验、表现评估、观察和汇报是了解我们学到的技术、知识和经验的最佳途径。

- 第三个层次——应用。这一层次主要和组织内部奖励和表彰的实际应用有关。采取了什么措施？奖励和表彰是否发挥了积极作用？第三层次的问题可能包括：员工相互表彰的行为有多频繁？有多少员工得到了管理者、同伴或顾客的书面表扬？回答第三层次的问题的最好办法就是通过奖励和表彰项目的记录以及质量调查。
- 第四个层次——结果。估量工作的这一层次主要是评价奖励和表彰对业务成果的影响。考虑到第四层次的特殊重要性，我们将对它展开更细致的讨论。

关注结果

第四个层次（或者说业务成果的估量）对于衡量奖励和表彰的有效性最为重要。如果表彰计划得不到想要的效果，人们对它感觉再良好，或是推行起来再得心应手，也是徒劳。即使有时候一个项目的目的仅仅是提高员工士气，也可以通过间接估量方式（或建立间接估量方式）来检测除了鼓舞士气以外，项目起到的其他作用。

以下是在第四个层次你可以考虑的问题：

- 销售刺激方案对提高销售额起到了多大作用？
- 员工建议制度对改善业务产生了什么影响？
- 考勤制度对减少缺勤率起到了多大作用？
- 客服奖励制度是否提高了客户保留率？
- 团队奖励是否增强了部门内部和部门之间的合作？
- 安全表彰项目是否增加了安全行为，减少了工伤事故？

35 零成本创意

分享财务业绩

在过去的两年内，位于北卡罗来纳州南部城市加斯托尼亚的卡罗来纳安全协会利润增长了30%。他们认为，和员工分享财务业绩、给员工自由、让他们做出改变、提高收入底线的做法是利润增加的诀窍。据调查，员工对工作的满意度日益提高，并且自发组建了脱机的问题解决团队。

泰瑞・奥尼尔是田纳西州东部城市橡树岭的一家鸡肉快餐店的老板，他将账簿给员工看，让他们明白自己的表现是如何影响快餐店的收入的。此外，他还让员工绩效和每月的奖金挂钩。

建立清晰明了的标准

问 我们不想让自己的项目变成一场比较谁更受欢迎的竞赛，我们应该怎么办？

——盖瑞·弗拉克斯曼，

加利福尼亚州长滩市

答 将标准表达清楚，让提名负责人对推荐表彰的行为做出明确具体的阐释。如果提名议案中措辞模糊，将议案还给提名负责人，让他补充一些详细信息，或者直接和他面谈，问问他为什么觉得被提名者值得嘉奖。

■ 质量奖励项目是否提高了产品质量？

通常，估量结果被称作组织的底线结果（例如：利润、销售额等），但这种从金钱层面衡量一切的做法是危险的，因为它忽视了许多非财务的组织效率估量的复杂性（卡普兰和诺顿的“平衡记分卡”理念就是对这种“数字化”、量化心态的驳斥，目前正在变革管理阶层对组织评判的认识和看法）。

除了传统的底线结果，还有无数被称作“组织效率”指标的中间结果。这些数以百计、甚至数以千计的操作措施存在于每个组织内部，包括：生产效率、库存水平、造成时间损失的事故、订单条目的准确性、放弃的呼叫、产品缺陷、设备利用率、循环周期，等等。这些指标也是第四层次的估量标准。其实便捷的是，组织效率指标已经存在，不需要任何额外投资就能投入使用。

估量活动的四个层次可以在个人、团队和组织层面上使用。下图显示了每一层面的恰当的估量问题。

层次	个人	团队	级织
第一层次：反应	员工对我给他的表彰作何反应？	团队对表彰是如何反应的？	员工对组织表彰项目是如何反应的？
第二层次：知识	我的表彰技巧是什么？	团队的表彰技巧是什么？	我们从组织表彰项目中学到了什么？
第三层次：应用	我做出了多大的表彰？	团队得到了多大的表彰？	有多少员工正在参与组织表彰项目？
第四层次：结果	表彰对员工的绩效有何影响？	表彰对团队的绩效有何影响？	表彰项目对组织的绩效有何影响？

以终为始

好的估量机制的附加利益就是，表彰项目和项目对组织绩效和战略结果起到的推动作用越大，就越能证明为此项目付出的努力和资金合情合理，这一点在估量工作的第四层次表现尤为明显。我们都想拥有对员工有价值、使用方便、在工作中应用性强的表彰计划——这可以通过有意义的方式改善组织的绩效。为了实现这一目标，你必须采取与评估策略相反的手段，以终为始。首先，弄清楚你的员工的需要和喜好。然后，明确你期望达到的结果，以此来确保通过计划能实现这些结果。从受众出发，从期待得到的结果和绩效出发，可以加强目前和长远以来表彰和结果之间的关联。

大多数人都忽视了估量工作的四个阶层的重要意义。但是，请记住：你所估量的正是你可能得到的东西。你在哪个层次花费的精力越多，就越有可能在那个层次得到预想的结果。显然，如果四个层次都兼顾的话，你会得到最全面的信息和结果，但是，只有在你感觉需要从其他层次得到反馈的时候，我们才建议你对这些层次进行估量。

成功人士喜欢被评估……否则，他们不能向自己证明，自己取得了成就。

——罗伯特 .N. 诺伊斯，

英特尔公司共同创始人

估量工作的三个阶段

估量工作除了包含四个层次，还分为三个阶段：

项目前估量，也叫“基准”估量，使你能够对比表彰前和表彰后的反应、知识、应用或结果。如果你事先不估量，事后就不知道是否有进步。

项目中估量出现在一个奖励或表彰项目或方案的施行过程中。该阶段非常重要，因为此时你可以回答这一类的问题：哪方面在项目中发挥着积极作用？哪方面的绩效不如预想中的好？我们应该怎么做才能改善这些方面？

星巴克：善待员工

事实上，星巴克创建了美国高品质咖啡的市场。自从波士顿“倾茶事件”以来，美国人就成了咖啡的忠实粉丝。然而，令人吃惊的是，在1989年——也就是星巴克在美国上下引起轰动之前——整个美国只有两百家咖啡店。如今，美国的咖啡店数量超过了8000家——其中星巴克就占了1600多家。星巴克的快速成长在很大程度上要直接归功于美国人对高品质、重烘焙的咖啡和咖啡饮料的痴狂，而这些正是星巴克为了成为世界上最著名、最受欢迎的咖啡生产商而致力的产品，这还远远没有结束。目前，消费者已经可以享受星巴克品牌扩张后的其他产品，包括在杂货店销售的袋装咖啡（搭配最畅销的星巴克顶级咖啡冰激凌）、昂贵的陶瓷咖啡杯、一系列的星巴克爵士音乐光盘，也许不久以后，会有更多的新产品。

然而，显而易见的是，星巴克的成功不仅在于咖啡，还在于人。虽然星巴克的首席执行官霍华德·舒尔茨现在春风得意、神气十足，但情况并非一直都是如此的。舒尔茨在纽约布鲁克林区的一套由政府资助的廉租房里长大，父亲是一位蓝领工人，在一家生产尿布的工厂做卡车司机。因为工厂不给这类工人购买职工赔偿保险或健康保险，父亲在一次工伤中失去了半条腿，如此一来，使得霍华德·舒尔茨本就贫困的家庭更是雪上加霜，那一年，舒尔茨才七岁。因此，当舒尔茨收购星巴克的时候，他就下定决心要让自己的公司与众不同——要和公司的所有员工一起分享成功，而不是仅仅让管理阶层的一小拨人品尝到成功的喜悦。正像舒尔茨所说的那样：“不管你做的是什么生意，如果你对自己的员工不好，就别指望员工生产出来的产品或提供的服务有多好。”

在以低工资、低福利，甚至零福利而臭名昭著的咖啡产业中，星巴克脱颖而出。高于联邦政府要求的工资底线的薪酬仅仅是个开始。每一位每周工作二十个小时以上的星巴克员工都有资格获得一份丰盛的福利套餐，其中的75%由星巴克公司承担。对于大多数员工来说，这意味着他们每月只需要平均支付32美元，就能享受丰盛的福利套餐。

那么，星巴克的福利套餐都包含哪些方面呢？医疗保险、牙齿和视力保健、心理健康和药物依赖保险、带薪假期、病假、一个退休储蓄计划、短时残疾和长期残疾保险、人寿保险——甚至还包括每周一磅的免费咖啡。这还不算完。员工可以享受七折的产品优惠价，并且以一组由工资、公司利润和股票价格组成的公式为基础，员工还可以低价购买星巴克企业的股票期权。

所有权是关键

也许股票期权对员工的影响最大，决定了他们对待顾客和对待彼此的态度。加利福尼亚州奥克兰市全美员工持股中心（National Center for Employee Ownership）的主管科里•罗斯这样说道："这真的是一个关键的好处。所有权深深根植于这个公司的文化。很多美国公司的失败之处就在于，他们没有意识到，让公司的每个人都拥有自尊、自信和感恩的共同目标具有重要的意义和价值。"

采取了员工持股制度之后，星巴克的年员工流动率降到了50%左右，而在美国经济的零售业和服务业，员工流动率通常高达400%到500%。

那么，星巴克公司是如何负担得起如此巨大的福利方案的呢？要知道，这些福利方案会使得公司每年在每位员工的身上花费预计2200多美元，而星巴克总共拥有25000名员工。在舒尔茨看来，"人员损耗的成本要高于给员工提供福利、让他们努力工作的成本。生产力和低员工流动率的成本效益更高。"

员工培训计划也起到了重要作用，它能够造就更高效的员工，教员工掌握事业成功所必需的技术。新员工要接受25个小时的课堂培训，培训内容包括客户服务、煮咖啡的方法、零售技巧，以及如何煮出美味的特浓咖啡。管理培训生要接受8到12周的课堂培训，培训内容包括招聘技巧、项目管理，以及如何进行绩效评估。

毋庸置疑，星巴克的员工比几乎任何一家食品零售机构的员工更训练有素。此外，他们很明显喜欢成为公司的一分子。在温哥华市的一位星巴克轮班主管说道："我觉得我们非常重要，人们来这儿喝咖啡，但他们一而再再而三地回来是因为他们喜欢柜台后面的服务人员。我能叫出顾客的名字，记得他们喜欢的口味，知道他们周末和假期都做什么。我和来我商店的每位顾客都是朋友。正是我们的人性化服务吸引着顾客一次又一次地回来。"

一位在曼哈顿的星巴克员工补充道："我感觉这家公司是真正关心我、照顾我。"

36 零成本创意

停工

在纽约罗彻斯特柯达企业的图像循环部门，当操作员达到了每个循环类型的每周计划之后，他们就停止工作，集中精力处理其他事情。员工利用空余时间思考如何改善生产经营和其他团队项目，他们已经取得了相当大的成就，建立了深厚的同事情谊。

项目后估量是在表彰项目或方案结束以后才执行的，它通常被拿来和基准估量相对比。

估量措施

现在，你应该懂得了开发一个全面的估量机制的重要性。让我们再次回到百货商店顾客忠诚度的案例中，看一看规划大纲中的第六个要素：估量措施。

在项目结束后，运用小组面试来审查参与者，确定“最佳范例”和所学经验。

估量

方法	等级	阶段	描述
项目实施检查列表	等级三：应用	项目中	检查列表用来保障项目按照计划被执行。
业绩指标	等级四：结果	项目前，项目中，项目后	追踪增加的客户忠诚度（用重复销售率来衡量）。这贯穿项目的整个执行过程（项目中），直到项目终止。将进步与项目前的估量值（基线）相对比。
销售助理记分卡	等级三：应用	项目中	估量工具是用来追踪销售助理和部门管理者明确顾客问题的行为和能力；这种工具引发表彰项目。
销售助理采访	等级一：反应	项目中	项目执行期间的采访能够监测员工对项目的认真程度和满意程度。
项目观测	等级三：应用	项目中	进行系统的项目执行观测。

方法	等级	阶段	描述
项目参与者焦点小组	等级一：反应		
	等级二：知识	项目后	在项目结束后，运用小组面试来审查参与者；确定“最佳范例”和所学经验。

不管你相信不相信，掌握组织表彰项目的六个基本要素看上去困难做起来容易。事实上，在组织里成功完成几个项目以后，它可能会变成你的第二天性。

要点快递

- 计划是将理想变为现实的最佳途径。请记住计划的 6 P 原则：前期计划可以防止令人遗憾的欠佳绩效（Prior Planning Prevents Pitifully Poor Performance）。
- 成功的组织表彰项目计划包含六个基本要素：（1）行动方案；（2）时间表；（3）资源需求；（4）预算；（5）潜在失败因素和预防措施；（6）估量措施。
- 在一个新的组织表彰项目中规避潜在的失败因素的最佳方式之一就是在大规模执行项目之前，先推行试点项目。
- 虽然估量工作是唯一能够监测组织表彰项目的进步的工具，它往往被人们忽视。
- 估量工作包含四个层次：反应、知识、应用和结果。结果最为重要，但其他三个层次可以帮助你实现预期结果。
- 不要只估量财务底线结果，还要追踪组织效率指标。
- 使用项目前、项目中和项目后估量策略可以帮你把握表彰项目的全景——把执行前、执行过程中和执行后的情况看清楚，让你对项目进行管理，实现效果最大化。

第十一章

实现公司表彰

如果想要成就世界一流的公司，前期的准备工作就是要挖掘每个员工的创造力和智慧。

——**哈罗德·A·波林，**福特汽车公司前任主席

关于公司表彰，有一件重要的事要牢记于心，即，你必须要为你所在的公司带来显著的变化。正如你所了解的那样，即便变化会带来积极的作用，人们还是会经常抵触变化。即便是处于最佳的条件下，一个新计划的实施也需要一个公司集中力量，开展计划推行。然而，一旦计划开始运行，它就能建立起强大的冲力，长时间持续发展。

引进一个关于实现公司表彰的新项目会带来变化，而这个变化的意义取决于该公司对待变化的整体氛围。即便是在一些公司内，表彰已经成为公司文化的一部分，那也一定会存在一些惰性（例如“谢谢，我们现在的情况挺好的”）和熵化效应（员工对新项目的热情会随着时间的流逝而逐渐减弱，而管理层往往不等刚刚才

实施的计划进一步发展，便继续开始下一个“激励员工计划”）。

避免两者的关键是什么呢？统一、协调和沟通。

统一

如果你去做过脊柱按摩，就会很了解什么是统一。统一就是要确保能够激发表彰的预期行为或者结果在公司内部是“成一直线”的，而且要确保在每一个层次上，为了实现公司既定目标、施行公司策略并取得理想成效，这些预期的行为和结果都是合理正确的。表彰项目并不是空中楼阁，实际上，它们必须要和公司的愿景、策略和目标同步。

统一合理而产生的公司表彰会使员工在情感上围绕在公司的目标和重点事务周围。

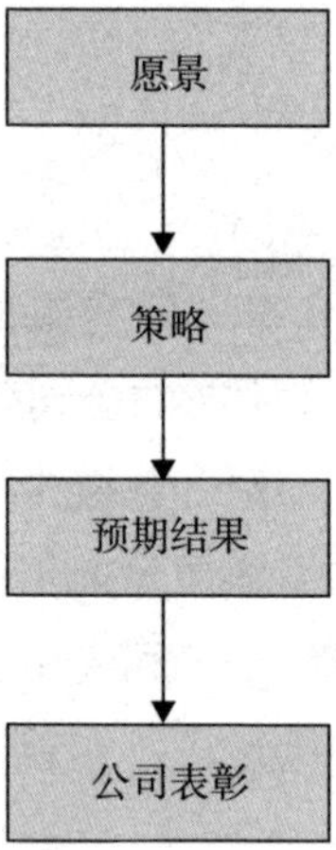

斯特朗资本管理公司是一家位于美国威斯康辛州的共同基金公司。这家公司开发了一个和其业务重心一致的“表彰菜单”。当员工做出特定的行为后，他们就有权利获得相应的奖励和表彰。公司的表彰菜单包括以下几项行为：

出于某种原因，似乎永远都没有足够的表彰。忙碌了一天后，走到员工的面前，说：“你们很棒。我很满意你们今天的工作。”你会惊讶地发现，一个简单的表示会有如此大的效果。

——罗伯特·普雷兹奥西，

理协会主席

- 快速完成任务。
- 为满足顾客要求而付出更多的努力。
- 向顾客推荐附加的产品和服务。
- 实施提高业务构想。
- 跨越部门限制。

统一的重要性如何强调都不为过。所以在任何一个公司内部，很多有可能激发表彰的行为或是结果都可以得到承认，因而，那些合理正确的行为和结果得到确认是至关重要的。如果每一种行为和结果都不加区分、同样表彰，那么表彰的产生就会失去重点，而它的作用也会随之削弱。

协调

在公司的层面上，公司的表彰最好在整个公司里加以协调而不是依靠孤立任意的个人努力。不幸的是，寻求表彰经常被认为是一种零散的活动，是不能真正地得到有效的追踪和管理的。

如果员工的表彰没有协调好，杂乱地分散在一个公司内部,那么这个公司内部就将无可避免地出现疑惑、混乱和资源浪费。在如何建立表彰项目上杂乱无章，就会无法评估表彰该项目的效果，也无法确保该项计划能实现公司的愿景、策略和目标。作为管理顾问的加里•雅各布斯和罗伯特•麦克法兰解释道：“公司真正的力量来源于它能协调和融合员工、业务和制度的能力。”也就是说，任何表彰及表彰项目的所有要素都必须要受到公司的控制。

一个公司如果规模越大、管理越分散，那么协调表彰就越重要。现在很多公司的部门、设备和员工都分散在美国各地或者世界各地。如果想要在这样分散的公司内部从实现表彰上获得集合利益，如果想要避免重复

表彰悲剧

一家保险公司在其季度颁奖大会上挑选出绩效低下的销售人员，并且要他们站在公司其他800名销售人员面前，解释为什么他们无法做出更好的业绩。这种做法让整个公司的士气遭到重创。

彻底训练员工而出现的资源浪费，那么协调就是基本。表彰的统一和协调可以为一个公司带来巨大的影响，因为这两个原则可以使公司里每位员工关注公司最为重要的事务。

统一和协调可以产生显著的协同作用。协同作用的原理表明，整体大于部分之和。正如皮特和苏珊·康宁在他们合著的书《赢在协同效益》中说道，协同作用“就是整体产生其他情况下是不能产生的联合的或者合作性效应。”公司表彰需要的不仅仅是个人表彰无序的集合。汉诺瓦保险公司前总裁比尔·奥勃良，谈起一个“良好的环境……就是在这种环境下，结论、决定和奖励的做出都是根据公司以符合其价值观的方式对其目的和愿景的获得”。

你可以在下文中找到亚利桑那州行政治理部门管理部门的个案，总部协调的存在不会抹杀地方积极性的作用和需要。这种协调的目的不是要进行另一层次上的官僚掌控，而是去创造更多的公司价值，避免不必要的重复浪费。

表彰价值观

一个非常有意思的任务陈述可以激发员工对所做工作和所服务的客户的热情。没有什么东西能比这个更能帮助公司实现协调良好的表彰。这样的任务陈述可以作如下表述：

我们想要利用表彰来让我们的员工感觉为客户服务是一件了不起的事。我们想要让公司里的每一个人感觉，表彰是他们的责任，我们的表彰得到协调，为的就是实现公司的目标。我们想要利用表彰庆祝我们重大的成就，从我们的不足中吸取经验。

任务陈述应该要反映公司表彰文化的核心价值观。以下是一种表达公司核心价值观和原则的方式：

建立清晰明了的标准

问 读到关于履带车的个案研究时，我兴趣盎然。您认为，一项过于集中的项目注定要失败。我的经验是，一个分散的项目之所以不会成功是由于员工们会因为其他人“有更多的乐趣”、“有更好的待遇”、“有更多的经费”等等有不满情绪。你是否能解释一下?

——**考琳·弗里奇，** *加拿大马尼托巴湖的汤普森城，训练和发展公司*

答 “注定会失败”这个说法或许过于绝对，但是我确实相信，激励是一个非常个人的问题。激励最好存在于员工和他们的监督者之间，起到互动、信任、支持和尊重的作用，激励是你每天都应该有的，而不是从偶尔一次的奖励或者假日聚会中获得。当你参加更多种类更丰富的关于增加表彰的活动，那么“表彰不均衡”会逐渐消失。如果员工觉得另一个部门的人员因为做出一些事情而得到了奖励是一件高兴的事情，那就照那样做。很快，员工就会逐渐欣赏这种成功，知道如果他们做出了成绩，他们也会得到表彰。

- ■ 我们将会表彰为达成公司目标而做出重大贡献的行为。
- ■ 我们不止表彰个人成就，也承认集体的成就。
- ■ 只有那些超越常规的行为和成果才能得到表彰；否则表彰的价值将会受到贬低。
- ■ 我们将会庆祝重大的成就。
- ■ 我们将在表彰项目中尽力保持客观性。
- ■ 我们将把表彰作为一个契机，搜集各种成果，分享它们，并从中学习。
- ■ 我们将使表彰变得有趣。

表彰的指导原则和标准

一旦任务写下来，获得表彰的指导原则和标准就可以发展和实施了。明确的期望对于有效的表现是非常重要的。如果期望得以很好地表述，那么它们就不会限制创意，而是提供界限，创意在过程中迸发。界限和规定可以把乐趣和创意从混乱无序中区分出来。

典型的指导原则和标准包括以下这几项内容：

- ■ 应该得到表彰的行为和结果。
- ■ 关于何时利用个人、团队或者公司表彰的指导原则。
- ■ 关于发布具体表彰项目的合适时机的指导原则。
- ■ 表彰和公司其他相关制度（例如薪酬和福利制度）的联系。
- ■ 关于公司表彰的作用描述，例如表彰协调人员（看下面）。
- ■ 表彰项目的要求（例如需要赞助和批准，报告要求和测量期待）。
- ■ 获得资金和其他获得表彰的支持。

37 零成本创意

三日周末

位于圣地亚哥的TRW的职员每天工作9个小时，而每隔一周周末就休息3天。对于这些职员的调查表明，这个工作制度比起医疗福利更让他们感到幸福，对于帮助挽留员工起到了关键的作用。

亚利桑那州行政治理部门的表彰项目

公共部门并不是个提升表彰的主要部门。然而，亚利桑那州行政治理部门（简称 ADOA）却是对这一概括的明显的例外。ADOA 的组织表彰项目 BRAVO（好极了！）专门用来“奖励突出的绩效”。这个综合多面的项目包含了很多奖励措施，几乎可以涵盖员工各个方面的绩效：短期和长期的，个人和小组的，高效和改善。

如果一个组织的表彰项目扩大并且成为组织的一部分，那么顾问小组的成员可以进入到各个不同的运行部门中担任项目协调员。作为 BRAVO 项目的一部分，一个表彰协调员会从每一个部门中选出，和员工进行直接的项目接触。如果有职员想要提名他的同事获得奖励，他们可以通过自己部门的协调员来进行。如果他们对于表彰有任何的问题，他们只要问一下 BRAVO 的协调员就可以了。协调员同时会帮助维护管理 ADOA 的表彰中心，这个中心是用来展现获得奖励的员工的照片，并且在 ADOA 新闻简讯上发表关于奖励和获奖者的文章。在亚利桑那州行政治理部门，对员工的表彰是不会被忽视的，因为 BRAVO 的协调员会确保，在表彰他人的一系列环节中，没有薄弱的一环。

考虑到公共部门的财务限制，像 ADOA 这样的公司不得不用创意来替代金钱上的奖励。ADOA 在开创一个表彰项目时做得非常出色。这个项目全面，不涉及金钱，以合理的方式来表彰正确的事情。BRAVO 项目用来赞赏和加强 ADOA 的核心价值观：即客户服务、不断的改进、团队协作、正直和高品质。除了奖品以外（下面会详细描述），所有得到表彰的人员都会在每年的颁奖大会上公开得到褒奖，在 ADOA 的表彰中心上挂上照片，在 ADOA 的新闻简讯上有一篇关于他们的文章。

BRAVO 项目的奖品包括：

“为你鼓掌”

ADOA 鼓励员工当场对那些行为上体现核心价值观的同事做出表彰。“为你鼓掌”的证明书可以在员工大会上，通过办公室之间的邮件或员工的主管，“一对一”地交付。每个月，10名获得“为你鼓掌”证书的员工会被随机选中，获得BRAVO的表彰小物件。在年底获得最多“为你鼓掌”证书的员工可以获得8小时的假期，为期一年的固定停车位和一块奖章。

对员工的表彰是不会受忽视的，因为BRAVO的协调员会确保，在表彰他人的一系列环节中，没有薄弱的一环。

长久欢呼

ADOA总监会颁发以团队为单位的客户服务奖，这个奖代表了整个部门员工表彰的最高水平。长久欢呼项目包括两个奖：“总监优秀奖”，颁给在ADOA顾客满意度调查表上获得6.5或更高满意度的团队，“总监表彰奖”，颁给在ADOA顾客满意度调查表获得满意度增加1分或更高的团队。奖品包括整个团队获得一个奖章，团队成员每人获得证书。

“为大家鼓掌”

这个奖包括四个范畴：年度上司，年度团队，事业突出和公共服务。

年度主管奖颁给在领导、鼓励、支持同事方面展示优秀才能的部门员工。

年度团队奖颁给在客户服务、工作效率和其他重要领域有显著改进的优秀团队。

事业突出奖颁给对部门在过去一年有突出贡献的员工。

公共服务奖颁给通过志愿服务对公民责任表现出奉献精神的员工。

个人奖项获得者能得到8个小时的假期，为期一年的指定车位和一块奖章。

获得团体奖的团队获得一块团队奖章，每个成员获得证书。获得季度员工和季度团队奖的还能多得“为大家鼓掌”的奖励。

职员每工作5年，还有再次表彰奖，而“鞠躬致谢奖”这样的工龄奖会颁给即将退休的员工。

BRAVO协调员是将整个计划整合在一起的纽带。亚利桑那州行政治理部门的组织表彰项目本身就值得赞一声“好极了！”和“为大家鼓掌”。

表彰悲剧

一家赌场通过特别形象顾问来给鸡尾酒服务生进行形象设计。这似乎是一个不错的福利，但这家公司竟要求员工的形象在一年以内要和改造后拍的照片上的形象一致。他们头发的长度、颜色，他们的妆容的风格，他们的体重都不允许改变。

表彰协调员

任何重视内部表彰的公司都应该有一个表彰协调员。在大部分的公司里，表彰协调员都是员工兼任的，而不会专门聘人来做这项工作。尽管这项工作在很大程度上来说可以由任何一个部门里的员工来做，但是或许由人力资源部门的员工来做最合适。表彰协调员的工作主要是包括以下几项：

- 通过动员来自公司不同部门的做这项工作的志愿者，组织跨部门的小组，推动关于表彰的愿景、任务、价值观、指导方针和标准的进展。
- 协调与交流相关的交流活动。
- 在公司内网上维护一个关于表彰的网页。
- 建立一个关于表彰的知识库或者数据库，记录最佳绩效和获得的教训。
- 实施表彰清单上的一般言行。
- 保留一份关于表彰的内外部资源记录。
- 针对如何使加强表彰的计划的积极效果最大化，给出建议。
- 明确表彰项目和规模经济之间的协同作用。
- 明确表彰的信息，锁定激发表彰言行的来源。

交流

除了统一和协调，还需要有效的沟通交流来使公司内部的表彰发挥作用。

沟通——赢得管理层的支持

管理层的支持是公司内部任何变动的基础。当然，能得到来自最高层的赞同，例如主席、总裁或者董事长最好，而赢得来自其他管理层的支持显得更容易一些。

影响力通常都是自上而下施加更好。然而，无论是最先来自哪一管理层的支持，要长时间进行一个关于表彰的计划，需要更多的管理支持。

管理者们通常将公司内部的表彰项目看作是“侵入者”，最好的情况下，就是把它看作是一种干扰，最坏的情况下，就是把它看作是一种需要用巨大的力量坚决抵制的东西。为了赢得管理层的支持，你需要有能力去表明，公司内部的表彰有别于个人或团队的表彰，而且表彰的获得对于公司远大目标的实现是大有裨益的。要想做到这一点，就必须通过和高层管理人员的有意识的会面。在这些会议中，我们推荐：

- 强调利益获得。向管理者们展示，利用公司的表彰将如何对公司产生效益并且会让他们自己看上去也是面貌积极向上；这将会是一个双赢的局面。换句话说，强调对公司和人与人之间的关系的好处。
- 分享成功。讲述来自同行业的其他公司的“最佳做法”或者公司内部的“最佳做法”。
- 尽量减少风险。对于不利之处要坦承，但是要向管理者表示，你有防范的措施。

领导层的沟通交流

一旦你和管理层同舟共济了，你要援引这些高层人员引领表彰增加的例子，来让他们在增加表彰方面起领导作用。

- 伊士曼化工公司（Eastman Chemical Company）的前任主席托里·里德 (Toy Reed) 几乎不会错过任何一个亲自参加公司表彰大会或庆祝会的机会。
- 肯德基的总裁大卫·诺瓦克（David Novak），将自己很多处理管理事务的宝贵时间用来强调干净、热

表彰员工是管理者应该一直在做的事情——这是人与人之间的一场一直在进行的对话。

——荣恩·任基，《培训》杂志高级编辑

情和职业道德的重要性。他频繁地去肯德基餐厅考察，对员工寄予热切希望，给他们加油鼓劲，表彰他们或大或小的成就，甚至亲自颁发公司的最高奖品——一只橡胶鸡！

- 万豪国际（Marriott International）的总裁，比尔·马里奥特 (Bill Marriott)，亲自参与公司加强对成功酒店企业表彰的活动，而不是将这件差事丢给下属。
- 春田再制公司（Springfield Remanufacturing），位于密苏里州的斯普林菲尔德，其董事长杰克·斯达克 (Jack Stack) 创造了“开卷管理办法”，用来使员工对于公司的利润承担起更大的责任。他亲自领导他所谓的“商界伟大的游戏”。
- 坦能公司（Tennant Company）位于明尼苏达州的明尼阿波里斯市 (Minneapolis)，罗杰·霍尔 (Roger Hale) 是该公司的主席，他会亲自表彰员工所做出的贡献，在员工的新闻简讯《坦能专题》(Tennant Topics) 的主席专栏中，强调表彰的重要性。他甚至还和人合著了一本关于表彰的书。

公司高层明显的支持可以加速一个表彰项目的施行过程，帮助确保它得到长时间的运行。很多高层管理者对于能参与一个旨在提高员工士气改进生产力的计划是很享受的，特别是当他们有机会施加自己的影响力的时候。在你拿出自己的公司表彰项目时，要确保你已经打下了这个基础。

将计划推广到整个公司

由于良好的沟通在公司内部的各个层面都是至关重要的，因此如果公司信息的交流仅仅是在需知信息的基础之上，那该是多么不幸的事。当员工得到完成工作所需要的最少信息时，他们最后总会感到困惑愤懑。在

30 零成本创意

平衡日

户外服装零售商艾迪堡给予员工更为平衡的工作生活，所以该公司的员工可以“call in well”。该公司位于华盛顿雷德蒙德的店甚至创立了一个“平衡日”，让所有员工多放假一天。

公司表彰问题上，交流必须无处不在、长期持续，并且和公司的任务和目标保持一致。

成功的公司表彰项目依赖于交流的三个阶段：

1. 前期沟通：指计划实施前的沟通，包括项目试行期的沟通。

2. 正式沟通：当计划在整个公司内部实施时进行的沟通。

3. 持续沟通：整个计划生命周期内一直进行的沟通。

在每一个阶段，要对以下几点做出决定：

- 沟通的对象：谁需要沟通？
- 信息：沟通什么？
- 来源：谁来沟通？
- 行程：什么时候进行沟通？
- 方法：如何实现沟通？

建议：不同的听众需要不同的方法。例如，和管理层对话时，直接沟通是很有效的，但是和员工的交流就要用间接的方式。研究显示：和员工交流必须通过他们的监督者来进行，而不是由管理高层直接进行。不幸的是，很多公司总会对表彰提议进行商议，而监督者的作用总会在此时受到忽视，最终让那些原先对这个项目的成功抱有很高希望的人失望不已。任何影响公司员工而没有将监督者纳入沟通重要环节的表彰及表彰项目注定会失败。

激励最后的成功

问　当工资低于市场水平的时候，一项激励计划是否会有效？

——卡那里奥，网上论坛参与者

答　激励并不一定非要用钱来带动（并不是说钱不重要）。我见过很多例子，管理者用“更加温柔”的方式激励员工，然后能够盈利，并和那些帮助推动成功的人分享财富。我见过这样的工作环境，职员的工资不高，但是他们因为得到了尊重十分享受工作，所以很快乐。

要点快递

- 请记住：人们总是抗拒变化，即使变化是积极正面的。因此施行一个新的公司表彰项目需要集中力量，以期得统一、协调和交流，在过程中取得成功。
- 管理层的支持对公司表彰项目是否能取得长期成功至关重要。
- 公司管理项目有三个阶段：（1）前期沟通；（2）正式沟通；（3）持续沟通。
- 对所有目标客户有清晰的认识，并在此基础上精心设计沟通过程。

第十二章

薪资谬误，表彰七大层面

驱使人们做事和驱使他们做到最好，两者之间天差地别。

——鲍勃·纳尔逊（Bob Nelson）

公司表彰项目，就像人一样，需要关怀和呵护。但是，管理者和员工经常会转而做在他们“必做清单”上的重要事务，而不会积极地管理这些项目，从而使得它们慢慢消亡。公司表彰项目所面临的持续挑战就是要找到方法，使大家的主动性一直存在，直到项目发挥效用。

公司表彰项目的生命周期

每一个公司表彰项目都有生命周期，和产品的生命周期类似：首先制定计划，然后开展计划，进而进行营销，最终从市场上撤回。生命周期的每一个阶段都需要得到经营管理，不然，影响力消退的速度会比预期的要快。

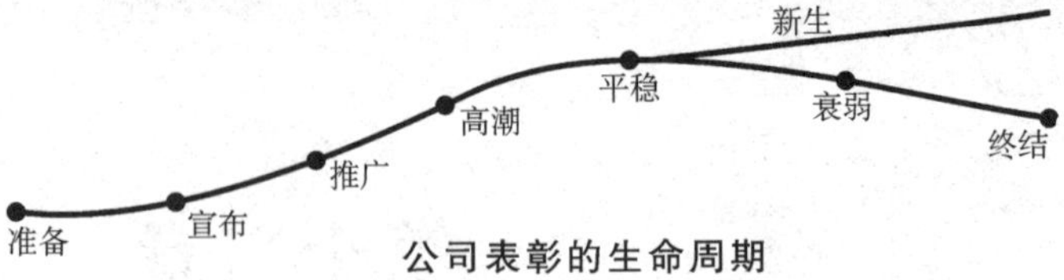

公司表彰的生命周期

开始一个表彰项目，包括公司的意愿的评估、提案的设计、可能的试验性方案以及修改（基于试验性方案）。一旦公司的表彰方案已经准备好并进行大规模实施，就必须要向全公司宣布该方案。然后，推动方案达到高潮。经过一段时间，当方案完全实施，方案就已经达到一个稳定的状态了。这种稳定状态会持续一段时间，然后由于熵化效应的出现，方案效果就会逐渐衰退。最终，当它达到了预先的目标时，方案终结。或者，如果你想要使计划维持的时间更久，那就需要向它注入新的活力。

从推广到高潮

沟通在方案生命周期的推广阶段是至关重要的。正是在这个阶段，你的沟通计划才能真正取得成功。确定你已明确了所有主要项目参与者，并且要确保，针对每一类参与者都有恰当的沟通方式和沟通内容。

对员工们来说，没有什么能比让他们亲眼见证项目付诸实践并亲身感受项目带来的影响那样令人激动，尽管如此，项目在推广阶段也需要获得相对较多的努力和关注。总会有员工问自己（也会问别人）：“他们为什么要做这件事？”、“他们内在的动力是什么？”或者“他们想要我做什么？”在公司任何一个项目实施的早期阶段，我们需要通过沟通消除员工与生俱来的对改变的排斥——从试验项目中分享成功，让管理层做简报，

来自管理者、监督者和同事的持续支持性的沟通，经常没有得到应有的重视。这其实是一个非常重要的激励。

——吉姆·姆尔特洛浦（Jim Moultrop），管理透视集团顾问

发起令人期待的活动，悬挂标牌和海报，诸如此类。

新的公司表彰项目需要给大家留个好印象，这一点至关重要，而这就是项目需要试验的一个强大的理由。在项目试验阶段，很可能会取得一定程度上的成功，而这些开始时的成功如果能够通过电子邮件、时事通讯或者会议得以分享，那么对于激发人们的期望和兴奋感，都是非常有价值的。

一事成则事事成，所以，不要犹豫，你要将取得的每一次成功广泛高调地加以宣传。

稳定阶段

一旦初始阶段常见的惰性被克服了，员工们就会热情高涨。仅靠新鲜感有时就能激发出足够多的兴趣和兴奋感。然而，这种兴奋感不能维持很长时间，除非它能受到一些更为实质性的东西推动——譬如，现实的结果。

到接下来的时期，带来初期的兴奋感的表彰项目让位于一个稳定阶段，在这一平稳时期计划运转良好，足够自我维系，至少可以保持一段时间。在这一点上，会出现一个新的敌人——自满。

大部分公司的表彰项目在开始时，管理者和员工都会感到非常兴奋，对此加以炫耀。一开始，典型情况是高级管理人员都会沉浸在此情绪中，员工们也会感到自己不同一般，另外还有很多的欢呼和庆祝，但是或早或晚，熵化效应都将使激情衰退。

一个项目的终结如果不在计划之内、完全出乎意料，那么对所有人来说都会难以接受，那些对计划付出努力和信任的员工，更是如此。然而，如果一个公司的表彰项目的终结在计划之中，即“时限已到”，那么这在现实中则会产生积极效果。一个表彰计划的生命周期是公司正常发展进程的一部分，新项目代替旧项目的现象再正常不过，而这也是优秀表彰文化的重要组成部分。

39 零成本创意

请给信息

联邦快递公司位于美国田纳西州孟菲斯市，该公司新闻简讯上最受欢迎的专栏是关于公司的竞争情况。

富士斯巴鲁公司位于伊利诺伊州的工厂里，员工要求获得公司计划推出的新车型信息，这会有助于他们成为产品的“宣传大使”。

好撒玛利亚人医院的团队精神

好撒玛利亚人医院位于俄亥俄州的代盾市，组织的表彰是医院为建设高质量、以顾客为核心的医院的重要力量。卓越的组织表彰项目是该医院获得整个俄亥俄州表彰的原因之一。

好撒玛利亚人医院利用 CREW（欢庆表彰员工工作）这样的协调委员会加强员工的参与度、连贯性和团结性。该委员会负责制定计划和实施各种正式或非正式的表彰项目，用来支持好撒玛利亚人医院的核心价值观（尊敬、真诚、同情、优秀）以及 SPIRIT 标准：精神、专业、责任、主动、团队以及信息和沟通。

好撒玛利亚人之星展示 SPIRIT 标准

每年，有 10 名员工因突出达到 SPIRIT 的所有标准而被评为“好撒玛利亚人之星”，这种活动每年举行 6 次。所有员工受邀提名同事参与奖项的评选。获奖者会出席颁奖会，所有员工都会到场，而医院的院长则会亲自颁出奖项。另一个团体，员工合作行动委员会（ECAC）赞助一个员工项目，这个奖会在早午餐颁奖会上由院长亲自颁发。

除了这些项目，还有其他有趣的表彰项目。当员工的工作量特别大的时候，CREW 会分发价值 10 美元的汽油卡，表示感谢。在蓝丝带食品烘烤大赛上，员工们可以展示他们的烘焙技巧，和同事分享成果。员工们也会受邀去打棒球，去度假，作为一种庆祝方式。

核心价值观和绩效标准

和所有伟大的表彰项目一样，好撒玛利亚人医院的计划完全和医院的核心价值观和绩效标准一致。表彰不仅仅是医院的一种福利，而且是医院经营策略的一部分，具备活力并且协调性良好，因而将高层领导和员工团结在一起。

好撒玛利亚人医院对员工的工作生活产生了重大的影响，医院向员工证明，他们所做出的优秀工作是有人注意到的，有人欣赏的。那些感到受人欣赏的员工会一直努力，做好工作。

新生

大部分公司会设立正式的表彰项目，但是从来不会重新评估这些计划的效用以及它们和公司的宗旨和目标的关联性。这是让员工一直努力进行表彰实施的重要一步。如果你认为一个表彰项目应该终结，那就终结它。而其他的计划只是需要注入新的活力。

强生集团会问员工什么样的项目和活动是他们最为珍视的。结果，超过半数的员工并不认为公司多年来一直进行的服务年奖项是一种有意义的表彰。他们想要的表彰是可以惠及他们的家人的，例如接受一篮美味的食物或者全家的电影票。这次经历，强生公司学到了非常重要的一课：要想在表彰上获得成功，就要持续不断地了解员工，而不是以为管理层懂得最多。

使处于下坡的公司表彰项目得以再生，一个很好的办法就是利用激励因素。以下是其中的几个选择：

- 多样性：有时候简单地增加一个新的庆祝活动对项目的再生有神奇的作用。我们建议，公司可以开展“头脑风暴”活动，构想增加多样性的方法，不必改变计划任何一个核心的方面。或许，你可以以月为单位对所有表彰或提名其他员工的人进行额外的表彰，颁发奖品。
- 新的表彰机会：为表彰寻找新的机会。即便在一个方面，值得表彰的地方已经很明确了，也应该能够挖掘更多新的机会做出表彰。如果已经有了个人安全奖，那就设置一个新的范畴，团队安全奖。
- 新的表彰水平：为表彰选择新的激励因素。为了确保员工不会轻视“表彰梯度”，觉得这只是在项目中变相改变规则，那么保证“表彰梯度”的基础层次不要变动。

表彰悲剧

本书的一位作者曾在一家公司工作，工作时见到一块用来褒奖每年最高成就的牌匾，结果发现，最近的一条记录已经是十二年以前的了。

记住：保持表彰项目的新鲜度和持续性，不然就终止这个项目，开发新的项目。

➡更多关于复活和维护表彰及表彰项目的内容参看第十五章。

在 IBM 管理表彰

IBM 公司的表彰基础设施多种多样，胜于其他任何一个公司。该公司大约有三万五千名员工，遍布全球，IBM 高度重视对员工的奖励和表彰。IBM 不满足于现状，经常调整奖励和表彰项目，以适应不断变化的需要。我们目前为止研究的表彰项目中，IBM 的表彰项目是和该公司自己的策略和文化最为契合的。他们正努力在全公司范围内开创一个真正意义上的表彰氛围。

尽管表彰突出表现的员工在 IBM 公司内部并不是新鲜的事情，该公司在世界范围内没有一个连贯统一、一成不变的表彰项目。IBM 设计新表彰项目，是为了将一种欣赏和表彰的文化深深根植在公司的各个层次。该项目起初在亚洲分公司实施，随后推广到美国、拉丁美洲和加拿大等地。

该公司全球表彰项目叫作“新蓝调：专注成功”。这是一个综合体系，它将对速度、承诺、专注、对公司的热情、团队合作和知识分享等不同行为以及结果有所侧重的各个表彰项目融合在一起。这些行为不仅仅是由管理机构挑选出来的。所有这些“有奖行为”都是和 IBM 公司重点战略一致。即便是这些表彰项目的名字都是在强调这些关键的行为以及期待的结果。

IBM 针对 78 个国家 33000 名员工所做的一份“全球员工调查”结果使得一个更为合理的表彰项目出台了。新的奖励项目旨在跨越传统的薪酬方式，例如工资和奖金，然后确保员工了解他们在管理者、同事和整个公司眼中的价值。

现在关注的重点不止在行为也在结果。凯·里德（Kay Reed）是参与“新蓝调计划”的人力资源项目管理者，她解释道：“卢·郭士纳（Lou Gerstner）指出一些行为对全球的业务至关重要，我们就是想要加强和奖励这些行为。”

“新蓝调”以设立了六个不同的奖项而与众不同。其中的五个奖项使得管理人员能表彰个人以及小组；剩下的一个奖项允许员工们表彰一个他们的同事。根据里德所说，这是新计划的关键因素。

以下是对这六个奖项的快速浏览，这六个奖项都取得了显著成果。

■ “谢谢！”能使一名员工自发地表彰一个为他提供特殊帮助的同事，奖励这个同事 25 美元。
■ “好极了！”使个人或是团队的行为得到表彰，或者是他们不同一般、超出期待的工作表现受到的表彰，奖金达 2500 美元。
■ “技术表彰”包括三种表彰：发明成果、突出创新、杰出技术成就，总共奖金为 25000 美元。
■ “技术优势”表彰和他人分享知识、经验以及重要见解的个人，奖金为 2500 美元。
■ “现在执行！”表彰那些真正做出突出贡献的个人，奖金达 1 万美元。
■ “一个团队！”表彰由一个正式的或非正式的小组做出的突出工作，每个小组奖励 1 万美元。
■ “IBM 获胜！”包括的奖品和比赛有特定的目标和评判标准，使得 IBM 管理层有选择性地督促个人或小组的工作表现，并对其中对公司产生重大影响的个人或小组进行表彰，奖金达到 1 万美元。

全球表彰及表彰项目专注于速度、对公司的热情、组织和知识分享以及结果。即便是这些表彰及表彰项目的名字都是在强调这些关键的行为以及期待中的结果。

除了以上金钱奖励，IBM 还有一套非金钱的表彰方式。

■ IBM 感谢卡。使得员工能够向那些跨部门帮助他人的同事表示感激。
■ 行政人员和管理人员受到鼓励送给员工便条，以表彰他们在某个项目中取得的成就。
■ 各个行政人员也要根据他们各自的个性提出表彰想法，例如“天晴时的欢乐”庆祝活动，抑或是香槟酒、鲜花、温泉沐浴、高尔夫球。
■ 行政人员会为那些完成销售目标的员工亲自洗车。

为全球 3 万多名员工打造和维系一个表彰项目绝不是一个小事，但是 IBM 正在做这件事，并用资金将这些承诺落实。

领导的第一要务就是辨明现实，最后一个任务就是说“谢谢”。介于两者之间，领导做的就是仆人的工作。

——马克思·德·普瑞，米勒家具公司总裁

- 加强评估过程：充分利用强大的评估策略和反馈机制。提供新的评估方式对表彰项目有重要的再生作用。例如，一个公司会在整个公司内部张贴巨大的积分板，让员工关注其复苏的表彰项目；另一家公司在大厅里挂了一个巨大的表彰“使用温度计”，记录员工参与公司表彰项目的人数。

终结

有时候，一个表彰项目的终结是无可避免的，而这或许是一个人们想要的结果。计划中的终结避免了一个过时项目逐步衰落的问题，这个问题会极大地打击员工们的积极性，更不要说会浪费稀缺的资源。当你终结一个项目的时候，确保这是以一种积极的方式进行的。毕竟，终结一个不起作用的计划是一件需要去做的正确事情。

另一个你可以采取的积极的行动就是鼓励大家总结经验。如果当一个公司的表彰项目终结了，无论出于何种原因，总结经验教训都是很重要的。捕捉并交流从中学到的经验教训和“最佳做法”会使公司里每一个人学到东西。我们很遗憾地看到，很少有公司能总结并分享表彰项目的知识，特别是当总结和分享是不断提高表彰项目效率的最佳方法之一。

项目结束后，另一个有价值的活动就是详细记录积极的证明资料，包括那些原先对项目极度冷嘲热讽的员工后来的正面评价。找一个员工在参与项目的其他员工之间走动一圈，甚至可以用录像机记录一些证明资料，为公司新的表彰项目提供资料。

确保你不会错过倾听对项目不满之人的心声，这会带来好处。另外还要通过匿名填写的问卷调查来获得员工的反馈。很多员工害怕说出自己的想法，除非他们感到这样做是安全的。调查是了解人们真实想法的最好方法之一，如果你想再尝试一个项目或者是日后修改这个项目，这些调查还能留作记录。

其他管理工具

我们之中的大部分人很熟悉这样一句老话：“魔鬼藏在细节中。”意思是失败的缘由经常埋藏在极有可能成为伟大创意的细节中。正如我们已经表明的，任何一个公司的表彰项目通常都有很多的细节。我们已经提到将公司表彰项目作为公司重大的变化的重要性。我们也相信，认真管理这个计划，就像你会认真管理其他任何一个重要的提案一样，这是非常重要的。在一个表彰项目的生命周期内管理它时，使用项目管理的基本工具是很重要的：

- 行动计划。监督行动计划取得的成果和进展成为保持计划发展良好的重要控制机制。你可以将你的行动计划和方案转变成一个使用标准的项目管理软件的详细的项目计划（例如微软项目管理软件），来帮助管理项目。
- 例外报告。例外报告详细记录了偏离计划的事情，包括行动计划（例如，未完成的任务）、项目计划（错过的重大日期）和预算（预算超额）。例外报告在项目评估会议上经常被讨论。
- 评估会议。评估会议经常定期举行，讨论项目的进展。该会议的目的就是去识别运转良好的（“最佳做法”）和效果不够好的（习得的教训）。评估会议对于项目的改善和PDRI过程（见第65~68页）是非常重要的。
- 状态报告。状态报告通常是简单的文件，记录项目进展、成果、重大里程碑，以及遇到的问题。这份文件是在评估会议之前或是之后拿出的。状态报告

使“WOW卡”奏效

问 奥兰多天鹅和海豚保护区内的“WOW卡”作为一种表彰项目是如何奏效的？一个人力资源部门的人员或者一个新闻简讯的编辑如何了解是谁收到了“WOW卡”，然后公开它或者将它保存到个人档案里？而且，一个项目需要维持多长时间？我们如何了解一个项目已经完成了它的使命？

——凯瑟琳·斯特兰博斯，
阿尔法集团，利沃尼亚城

答 很多类似项目的计划中，手写的表扬都是通过一个表彰委员会上交的，该委员会保留一份副本，用于将来的发布或者出版。有时候会用到记事簿，记事簿的副本会发给个人的管理者或者是人力资源。在海豚保护区，“WOW船长”（戴着披肩和一个自行车帽）亲自颁发奖品。

针对你的另一个问题，大部分的表彰项目应该每12到15星期评估一次。如果人们对这个计划仍然津津乐道，还愿意继续使用，那它就还有用。

应该要让所有利益相关者明了。

■ 审核。每三个月或半年（如果这个计划简单，就需要更频繁）为一个项目做一个审核是一个好主意。对项目的审核可以从内部完成或是由外部的顾问来做。

公司表彰可以让每个参与者都感到非常快乐，但是要想使计划给公司带来明显的利益，就需要严肃对待管理工作。我们已经为你提供了所有完成表彰工作所需要的工具，现在该是你将它带入公司的时候了。

要点快递

■ 每一个表彰项目都会经历一个生命周期，从准备和宣布、推广、高潮、稳定，到新生或是终结。

■ 当一个表彰项目衰退时（每一个计划都会如此），可以注入新的活力或者直接将它终止。

第四部分

表彰的问题与挑战

第十三章

向管理高层兜售表彰

我们意识到，我们拥有的最大财富就是我们的员工，而利润的增长将会来自对这笔财富的欣赏。

——拉里·科林（Larry Colin），科林服务系统主席

或早或晚，你都不得不将表彰的好处告诉管理高层。这次，你的解说可能需要项目开始前行，或者需要在继续募集或加大投入的时候进行。对于所有计划来说，来自高层的支持和信任是最基本的。有了他们的积极支持，表彰方案就会有新的紧迫感，鼓励每个层次的员工参与到方案中来。没有他们的支持，表彰项目和活动就会被认为是可有可无，或者被简单地看成是一种潮流，项目最终会出现错误或者失败。

在这一章中，我们将会讨论向高层讲解推销强大有用的表彰的最佳策略和机密。

由于高层的偏好和中心任务变化范围很大，所以向他们兜售表彰方案的最佳方式也要变化。一些管理人员或许年龄较大较为保守，抱有的管

理理念更为“传统守旧”。他们感觉员工不需要因为他们的工作而受到表彰，因为他们已经拿到工资了。这样的管理者或许更为喜欢老式的津贴和传统的公司表彰方式，或许会对偶尔为之而且富有创意的全新表彰方案感到不舒服。

其他的管理者或许已经体验过了表彰项目的成功，所以他们对于探索表彰员工的新的不同的可能性更为开放乐观。然而，一般来说，不论谁是老板，或早或晚都会遭遇阻力。当你确实遇到阻力的时候，运用下面的策略来影响高级管理者，使他们承认员工表彰计划的重要性和承认员工对促进这种计划的重要作用，会对你很有帮助。

发现你的同盟

最能接受表彰项目的是高层管理者。因此，将项目兜售给合适的领导，或你发现认为能成为表彰项目的“创造者”和“早期接受人”的主要的高层管理者，这些人能享受开拓新事业的过程，然后你需要和他们结成联盟。同时，试图找到一些支持项目或计划的高层管理者，而表彰可以成为这些项目或是计划自然的组成部分。例如，人力资源部门副总监或许已经对改善员工留任或推动员工“健康项目”感兴趣；向他或她展示，表彰如何可以成为这些项目的必要的组成部分。如果是其他的情况，向合适的管理者展示，表彰和其他受欢迎的改善项目之间的联系。只要表彰和他们心目中理想的绩效或目标相关，那么领导层中一定会有人看到表彰的益处。

提供选择

每个人都喜欢拥有多种选择和替补方案。你要为关键的人提供他们参与项目的选择。你要简要描述他们在表彰项目中或许能扮演的角色。然后得到他们愿意承

表彰悲剧

一个忙碌的管理层，无数次情况下，只要一听到他的一名员工感到自己不被人欣赏，就会风风火火冲出办公室，大声向整个部门宣布：“从现在开始，我想要每个人假装自己正在做好工作，除非我告诉你们没有。”

担其中一个或多个角色的承诺。以下的一些方法能帮助你邀请高层管理者参与到表彰项目中：

- 举办一个表彰发起会议。
- 颁发绩效优异的个人或团体表彰奖。
- 在公司会议上介绍表彰委员会成员。
- 向其他管理者指出其他表彰的机会。

评估管理者能做的事

你得根据高层能够和有愿意做的事构建一个特别计划，让他们能对自己的承诺负责。例如，本书的一位作者和一个公司的主席共事。这位主席不知出于什么原因，承认他不喜欢公开表扬下属。如果你告诉这样的人他必须亲自表扬员工，将会产生反效果，是不会成功的。在这个例子中，他得到了更为可行的方法。这位主席最终和来自不同部门的一小部分员工吃了几顿午餐。每一餐中，他都能够对员工的了解更为深入，而员工也有机会提问，对他进行了解。

用他们的方式来跟他们对话

或许影响高层的最佳方法就是展示，公司增加表彰将会对财务带来重要的影响。有一群思维古板的管理高层，他们认为给员工工资就是最好的奖励，可以使他们付出最大的努力。如果你面对的是这样的人，那么，这种方法就特别适用。指出其他公司在表彰项目推动达成预期的绩效目标后将会获得经济利益，为表彰列出充分的理由。

- 美国石油公司的一份计划，通过各种表彰项目和比赛，两年内为公司节省了 1880 万美元。
- 美国运通下属旅游服务部门在过去 11 年中的净收入

博钦律师事务所：不要着急，快乐一些（多产高效）

1912 年 5 月 1 日，联邦法官乔治·唐华斯（George Donworth）和美国律师埃尔默·托德（Elmer Todd）离开公职，建立他们自己的合伙律师事务所——唐华斯和托德事务所。这家律师事务所从西雅图人行道上的一次握手开始，经过多年的发展成为了美国博钦律师事务所，拥有 450 名律师，为从波音公司到百时美施贵宝（Bristol-Myers Squibb）各家成功的公司服务。

作为回应，博钦律师事务所的财务主管和首席财务官韦恩•罗宾森（Wayne Robinson）关注领导力的“图书俱乐部”。这个读书团体每个月选定一个章节进行讨论，试图将作者的理念运用到现实的工作环境中。该团体读的书目包括《1001 种奖励员工的方法》。卡拉•斯特劳德，是博钦律师事务所的项目管理者，读了此书之后，开始了一系列的活动，不仅提高了财务部门的员工士气，而且提高了员工的工作效率。斯特劳德说：“我们确定，我们做的都不够表达对员工的谢意，我们需要专注这个方面。关于这个方面，在我们开的第一个会议上，我们想到了一个建设快乐委员会的创意，我想到书上是把这种委员会叫作士气委员会。我和另一个处理工资单的管理人四处活动，私下邀员工参与其中。你看，这是个秘密的委员会。起初，我们只是告诉了他们一个我们要做什么的大致想法，然后问他们是不是要参加。一些非常热情的人会立刻加入，但是没有人知道所有的五名成员。事实上，到现在都没有人知道。”

员工从来不知道他们能从这个快乐委员会中期待什么，或者什么时候能有期待。这个委员会第一次正式的活动就是在万圣节彩蛋中放入糖果用呆伯特（卡通人物，身居斗室的生意圈里的平庸之辈）卡通画纸来包装，在卡通画纸上，艺术家斯科特•亚当斯提到了“快乐委员会”。快乐委员会其他的创意活动包括：

■ 在公司大楼的 48 层露天平台外（当时恰好正在建造中），在瓢泼大雨中，举行夏末的烤肉会。

- 在地球日，每个员工都会收到一株植物、一袋土，还有化肥，谁能把植物养得最好，谁就能获奖。（一个预料之外的好处：都在互相问对方的植物。一名员工说：“我都不知道，我之前是不是有跟这些人说过话。这类活动真的推倒了人与人之间的障碍。”）
- 在普吉特海湾（位于美国太平洋西北区）的一艘游船上举办的口袋式午餐旅行。每个员工都必须带上由他们的一个同事签署的许可协议，允许他们参加这次旅行。
- 在退伍军人节庆祝会上，该部门的5名老员工受到了和他们共事35年的同事的褒奖，获得他们的家常午餐，还有红色、白色和蓝色的气球和一个蛋糕。

> “去年年底，人们有点厌倦了，他们开始问我：‘你们还有什么主意呢？’我决定雇一个小丑。”

然而，为了使得奖励项目卓有成效，仅仅是偶尔想到一个创意是不够的。奖励和表彰项目必须要得以维持；员工得知道公司足够关心他们的福利，把他们放在优先的位置。斯特劳德说：“这很有趣，这就像是一个花园，你必须要去照料它。如果你停下某件事情一段时间，不是他们觉得自己受到了足够多的表扬，而是他们注意到了计划时间过长了。去年年底，人们有点厌倦了，他们开始问我：‘你们将会做什么呢？’我决定雇一个小丑。每小时只要75美元，很值得。看到49个成年人在做动物气球很有意思。这是我们1999年的一次创举。”

快乐委员会一直都很有效率。

不仅仅是员工的士气高涨，而且工作效率也提高了。例如，从1994年到1998年，应付款记账人员的工作量增加了36%，而全职的记账人员从10个减少到9个，显示工作效率提高了52%。

所有的快乐——以及改善了的工作环境——也被其他部门的员工注意到了。斯特劳德说：“我看到他们慢慢地开始做些什么，形成自己的创意。他们有一个负责人，负责想主意，自己试着开展。这需要时间，但是其他一些部门的人已经注意到了我们的变化。业务部的一个同事跟我说，你的下属似乎非常地快乐。”

增长了500个百分点，部分要归功于像“突出员工”海报这样的表彰项目。

- 利用“销售卖点表彰计划”，美国航空公司能够节约5000万美元，这些钱能够购买一架新的飞机，而节约的建议来自员工的智慧。

将表彰作为提高生产力、改善绩效、增加盈利的一种方式，你就会有更大的可能，说服高层，表彰员工不仅仅是感觉好做好人的活动。

如果你想要高层亲自参与到对公司表彰的支持中来，你需要让这些项目看上去不错。例如，你想要让总裁写封信支持一个新的表彰项目或者一个即将举行的表彰活动，你就自己写封信，向他或她简化这个任务。如果你想要让公司的总裁出席晚宴上一个正式颁奖礼，你需要搜索一些关于获奖者个人的故事来说服总裁，在活动前将每个获奖者的名字读给总裁听。你或许需要安排总裁和获奖者在颁奖礼过后见面互相交流，不管这个交流是多么简短。最后，告诉总裁这个聚会对于获奖者来说有多么大的积极影响，以此作为整个活动的终结。

分享研究和数据

很多高层本质上都是分析型的，所有你能收集到的调查研究和问卷作为证据都能影响他们。研究和数据将表彰和对公司来说很重要的目标和目的联系起来，使得你的提议立刻有了信用度。运用本书第一章到第三章呈现的任何一个或是所有的研究调查形式即可。

分享行业“最佳做法”

你所分享的信息应该也包括行业的“最佳做法”，特别是公司竞争对手用来表彰和奖励员工的做法。你所分享的信息也应包括这个行业的“最佳做法”，尤其是

兜售业主

问 8个月以来，我一直都在编辑关于使员工保持消息灵通和得到激励的信息。我已经能够说服我的上司，该是解决员工关心的事的时候了，但是我仍然需要说服上司。我恐怕我们的公司因为低落的士气，正在丢失绩效最好的员工。我应该怎么处理这个问题?

——无名氏

答 你需要用上司和管理高层处事的方式来面对他们，而不是你自己的处事方式。也就是说，向他们展示表彰将会如何积极地影响任何目标，包括经济目标，这对他们来说是很重要的。告诉上司，公司的竞争对手正在做什么。在一个部门或是分公司开展一个试点计划，通过对现有工作措施的前测试和后测试捕捉到表彰项目对于员工士气和公司生产力的影响。

这个机构的竞争者们是怎样表彰和奖励员工的。如果你能举出其他成功的公司是怎样创新地管理和激励员工创造实际价值的，就算是最固执的管理者也会认真听取的。“最佳做法”、调研及一些研究结果，可以在互联网上找到，也可以从如人力资源管理协会、劳工部、埃克德学院人力资源研究所或萨拉托加研究生等人力资源组织中获得。

塑造个人魅力

如果以上的方法不能让高层管理者认识到表彰员工的价值的话，可以尝试利用个人魅力。有时，管理者们必须在“信仰上有所跳跃”；你必须对他们反复强调表彰的重要性，只有将“人”放在第一位，一个组织才有可能名声远播。不管怎样，如果一个公司真正把“人”当作该组织最重要的资源（正如很多公司使命宣言和公司文化中所说的那样），那么对于一个公司来说，如何正确地对待这些“人”就是首要大事。至少，你需要通过一个试点项目来促成一项计划以检验你的理念。

创造一个试点项目

你可以通过在公司发起一个试点项目，发展出自己的数据库来努力构建自己的表彰激励机制，以取得成功。这会有一个优势即具有高度的相关性，因为它是在员工内部实施的，参照本公司的绩效目标，符合本公司文化，竞争压力同等，且由同一批管理者推行。你也可以通过仔细甄选积极主动的参与者以及密切监督项目运行过程来提高出现有利成果的可能性，从而影响一个试点项目的成功率。

影响力和分享成功讯息

启动一个项目，这个项目不需要投入太多资金而

40 零成本创意

看看公司另一半人的生活

总部设在宾夕法尼亚州费城的 SCA 卫生产品公司对展现出成功领导力的高级管理者有一种新颖的奖励办法。他们的北美区人力资源总监乔治·马普森说，获荣誉的管理者可以赢得去公司在肯塔基州鲍林格林的制造厂参观的机会，他们可以在那儿与一线生产工人共度一天。如果有工厂工人生产效率高或提出任何节省开支的建议的话，他们会被奖励去参观公司在美国或加拿大的任意一间销售办公室。那些参与过这种交流项目的人回来后工作都更加“充满干劲”。

只需利用表彰，这样既新颖又无需成本。譬如个人书面感谢信、公开的赞扬、鼓舞士气的会议以及宣讲会。收集坊间的成功故事，通过在公司刊物、会议，或者在公告栏上不断描叙你搜集到的成功事例，这样就能从这些成功事例中学习到更多东西。然而更好的是，为自己的员工安排一些可以任由他们“吹嘘”自己丰功伟绩的谈话， 这些谈话高层管理者也要出席。你会惊奇于自己在开始毫无准备的情况下还能做这么多。在这个过程中你将获得动力，继续努力表彰员工，尤其是当你想表彰的员工也参与其中时。

让高层管理者示范表彰

当高层管理者履行认可时，他们给公司里所有的管理者设定了一种行为规范，“如果我能抽出时间这样做，公司里就没有谁有理由不做了。”《华盛顿邮报》的出版者手写便条给记者。凤凰纺织公司的首席执行官每个月都会陪公司各部门代表共进早餐，以感谢他们的付出，并且看看公司如何能更好地满足员工的需求。

下面是一些成功的典范，看看公司高级管理者是如何利用与员工的坦诚交流作为表彰员工的一种重要方式的：

“好的领导者让人们觉得事事以他们为中心，而非处于边缘地带。 每个人都会觉得自己为公司的成功出了一份力。 当这一切发生时， 人们觉得自信了，且工作也变得有意义了。”

——管理学教授沃伦·本尼斯

- 位于美国明尼苏达州明尼阿波里斯市的麦凯信封公司（Mackay Envelope）的总裁斯科特•米切尔每年都与其员工进行“一对一”的持续20分钟的讨论，一起探讨员工的想法。每年米切尔都会花170个小时来完成这项任务，他觉得这是一种有价值的投资。
- 遍布北美的家得宝家居连锁店每周在所有北美地区的连锁店里利用卫星直播的方式播放《与伯尼和亚瑟共进早餐》节目，而伯尼和亚瑟就是这家公司的总裁与主席。每名员工都可以从公司的最高领导层那里了解到每周公司的动态和重大事件。这里再次强调了科技的价值，它使得所有员工，不分工作地点，都能拥有参与感以及融入性。

- 玫琳凯的创始人玫琳凯女士承诺在新员工被录用的30天内会见他们每一个人。她甚至曾经拒绝了去白宫的邀请，理由是接受邀请与数月前她承诺过的参加新员工入店培训活动冲突。玫琳凯的人生观是："尊重你的员工。如果你能尊重他们并为他们服务，他们也会尊重你并为你服务的。"
- 总部在德克萨斯州达拉斯市的西南航空公司的首席执行官和合伙创办人赫伯•克勒赫承诺并愿意在乘飞机时亲自帮乘务员向旅客派发饮料。
- 英特尔主席安迪•格鲁夫每年在英特尔公司的不同办事处举行约六场公开论坛。无论格鲁夫先生何时在他的办公隔间里（英特尔所有员工都在隔间里办公），欢迎所有员工过来坐坐，和他聊聊。格鲁夫先生说："管理就是有条理的常识，我们不断地以各种方式进行各种层次的交流。大家都可以向周围人请教。"

褒奖并表彰员工的高层管理者

高层管理者和员工一样，也有被表彰的需求。如果你积极促进高层领导者参与到表彰项目中，你就会增加他们以后更多参与其中的可能性。

- 当取得里程碑式的进展时，请高层领导者们宣布公司表彰活动的成功。
- 员工或者表彰委员会写感谢信给高层管理者。
- 创建一个颁给高层管理者的荣誉奖，并由员工提名及选举产生。

41 零成本创意

员工的"任务清单"

科罗拉多州丹佛市的美国西部电信公司一名以工作为本的高层管理者指出，他通过将员工的姓名列在任务清单里来提醒自己要表彰他们的工作。当他已经表彰了某名员工的某方面工作表现时，例如在一项工程中取得了里程碑式的进展或者提供了优秀的客户服务，就会划去一个又一个姓名。他说他就是这样"将自己工作中处理人事上的一面转换成易管理且每周都可以集中完成的各个任务"的。

首席执行官圣诞老人

马蒂·埃德尔森对多数人只有一个不满的地方。这位72岁的老人说："他们不懂商业，特别不懂商业中的人力方面。"但是，他懂。

人力方面是康涅狄格州格林尼治市出版领军企业"会议室"（Boardroom）发展的动力。"会议室"的核心出版物《财务利润》或《经济人物》（Bottom Line/ Personal）拥有两百万读者，是所有出版物里发行量最大的时事通讯读物。90名员工每年创造1亿多美元的销售额，其生产率是大多数财富500强企业生产率的5倍左右。

> **他会钻进玛丽的衣橱（Mary's Closet）（里面全是玩具和拼图游戏）里，让这个迟到的员工带一些回家。**

埃德尔森从他的员工中得到了很多，同时他也厚待他的员工。例如，在"点子计划"（I-Power program）中，员工每周需要就公司的发展问题提出两个想法；作为回报，提出建议的员工在公司盈利（通常多于100万美元）中将获得一定的份额。

"点子计划"有一些特别规定。如果员工不提供一些建议，就不能分享盈利。"我发现这个人提供了想法，那个人也提供了，但有个人没有提供点子。但如果他们三人都分得同样的利润。这会不公平。"

埃德尔森处理非金钱表彰的方式是一样的。他亲自去认识他的员工。如果他发现有谁从家里过来上班迟到了，他会钻进"玛丽的衣橱"（Mary's Closet）（里面全是玩具和拼图游戏），让这个迟到的员工带一些玩具或者拼图游戏回家。他给每一位同事过生日，甚至帮助一些员工筹集新家的首付款。

埃德尔森也因搜集同事好恶的信息而出名，当他们进公司工作的周年纪念日临近时他所搜集的信息就发挥作用了。他说："我觉得这本不错的篮球书籍我的一个同事一定喜欢，他的工作周年纪念日快到了，这会是份好礼。"

"会议室"的员工会用忠诚来回报公司。大概已经有七年时间了，到处都是网络狂热，"会议室"的营业周转率一度几乎为零。

埃德尔森自中风发作后，就处于半退休状态了。他不确定公司没有他的领导能否站稳脚跟，直到有一天他生病住院，才知道自己可以休息了，而他的员工却知道在他不在情况下应如何。"我知道我已经建立起一个可以呵护员工的公司了。"

现代守护天使

现今时代，网络公司已经辉煌不再，每个人都在网上办公，摩登米尔斯纺织公司（Maiden Mills）的同事可以安稳地坐在那儿而知晓一些人在寻求的最大利益。

——总部在马萨诸塞州的纺织品制造公司劳伦斯（Lawrence）的75岁的首席执行官阿伦·佛尔斯坦（Aaron Feuerstein）

1995年一场灾难性的大火毁了他拥有的4个工厂里的3个，他同三千多名员工站在一起，照常发工资给他们，同时摩登米尔斯公司也在重建。佛尔斯坦的事迹成了全国的新闻：他被彼得·詹宁斯评为本周人物，被汤姆·布罗考评为90年代的圣人。

他被彼得·詹宁斯评为本周人物，被汤姆·布罗考评为90年代的圣人。

这在美国企业史上可能是最以人为本的例子之一了。但是佛尔斯坦觉得这只是他该做的。“我认为作为个人我不应该拥有那些名人的光环。”

在当时很多企业领袖质疑佛尔斯坦的决定。他们认为他应该把工厂迁址或者关闭工厂。很多人觉得照常发工资给员工简直是疯了。佛尔斯坦不这么认为，他一次又一次用行动向人们解释了员工才是公司最大的资产。

佛尔斯坦不仅心系员工，他还认为自己不仅对员工负有责任，对整个社区也有责任。他认为如果当时解雇员工的话，对马萨诸塞州的劳伦斯公司来说也是致命的打击。

于是他给员工支付了3个月的薪水和圣诞节奖金，并向他们保证会让他们重返岗位。第二年夏天，85%的员工都返回工厂工作了。对于400名待业在家的员工，佛尔斯坦仍然提供医疗补贴，同时协助他们找工作。

佛尔斯坦对非金钱表彰方式并不陌生。在火灾发生很早以前，他将自己和公司的成功归结为员工的努力；他也为员工做了很多，从发放免费的汽水饮料到酷暑夏季的延长休息时间，再到帮一名员工付心脏搭桥手术的手术费。

摩登米尔斯公司的员工和社区成员都用自己的方式回报佛尔斯坦。据一项报道显示，摩登米尔斯的员工和客户的忠诚度都高于95%，当谈到对佛尔斯坦的评价时，那就好得不行。

要想成功设计并举办越来越多的表彰活动或者一项新的表彰活动，不仅需要信念、坚持，而且也需要有策略地说服高层领导者。不要浪费时间抱怨你的公司不支持或者没有令人满意的表彰程序；而应该拿出具体的数据，告诉高层管理者为什么现在需要这一表彰活动。

要点快递

- 获得高层管理者的支持是成功举办表彰项目的关键一步，特别是对于一个跨公司各部门且需要资金支持的表彰项目。
- 与关键的高层管理者就新表彰项目达成一致看法，特别是其中支持新的公司计划的改革者和早期执行表彰项目者。
- 影响高层管理者的最好的方法之一就是你提出的表彰方案能向他们展示现实的经济效益，或者能向他们展示表彰方案在其他业务上的成果。
- 确保要褒奖那些表彰员工的管理者，这会强化管理者表彰员工的行动，同时也会增加管理者对表彰项目的进一步支持的可能性。

第十四章

解决表彰中的问题

我们一直面临着巨大的机遇，而这些机遇又蕴含在不可解决的问题中。

——**李·拉科克**，克莱斯勒集团前首席执行官

本意再好，表彰活动也会出错。表彰活动出错对公司造成的问题远比没举办表彰活动带来的问题要多。表彰错了人、事，奖赏也就变得没有意义，甚至会侮辱获得奖赏的人，表彰活动完全可以被忽略。结果呢，员工士气大减，业务水平下降，客户服务出现问题，盈利减少。

以下是一些个人、团队和公司层面上最常见的表彰错误。

个人表彰错误

很多情况下当面感谢是最重要的表彰方式。为什么？因为个人表彰是很私人的，所以对于员工来说很有意义。在任何时候都可以进行个人表彰，你

42 零成本创意

自己决定

在施乐，客户服务中心让员工自己决定工作计划。员工自行决定工作计划，公司里的员工士气更高，客户服务更好，员工缺勤率减少了30%。

无须填写表格向委员会申请，也不用得到高层管理者的支持。

以下是最常见的个人表彰错误：

错失了表彰时机。个人表彰最常见的问题是忽略或没有注意到表彰的时机。可能是因为管理者忙于自己的工作而没有注意到员工在工作中的良好表现，或者可能是认为员工不需要被表彰，也可能是认为员工需要正面回报，如每年一次的业务总结会或者年终时收到奖金。本书作者之一最近与一位非常成功的管理者共事过，那位管理者厌恶自己只有在公司整个部门员工皆知时才会得到上层表彰。他指出公众场合下的表彰有点敷衍且呆板，对于老板表彰自己工作的简单的一句“谢谢”，他并不满足。对于工作表现良好的员工错失表彰时机尤其是个问题。因为你会觉得表现良好的员工很优秀，以前你也夸过他们。

不及时的表彰。表彰晚了同表彰错失时机一样糟糕。你表彰员工推迟得越久，表彰的效果越小。过了一定的时候，迟到的表彰只会向员工显示你不关心他们以及他们的业绩。

不真诚或者机械的表彰。有效的表彰特点之一就是真诚。机械的或者表面性的表彰只会适得其反。当你机械地表彰员工时，就会显得有点摆布别人，例如：“格雷， 昨天你帮了忙，这是给你的电影票——你今晚还能再加班吗？”对待员工工作上的表彰需要真诚，同样，一名员工如果得知管理者并没有看到自己做出的光鲜的成绩也会失望的。

对个人的公开表彰。尽管通常大多数人都重视公开表彰，也有一部分人不习惯于公开表彰。对于那些不喜欢接受公开表彰的人来说，公开表彰反倒会让他们消沉，甚至让他们向消极的状态发展。例如，一名绅士将在公司晚宴上被授予出勤率最高的奖项，他很有可能得上台说几句，是他太紧张，害怕上台，这时他有可能会在宴会当天称病不出席宴会。一个内向的“月度最佳员工”绝不会使用被分配的靠近公司大楼的停车区，因此，他的一些同事会移去指定他使用的停车区标志，而将标志放在员工停车区中间，他的车的前方。

批评员工应该私下进行，这样才更奏效（也更加尊重员工）。一家电脑公司的创始人如果发现员工拖延工作进度，他会倾向于在人前斥责员工。这样的侮辱会让其他员工在工作进度赶不上或者项目出问题时，试图逃避，或者急忙上交不完善的工作成果。

含有批评的表彰。管理者通常在表达感谢时随即附上批评。例如：“贝蒂，你的报告写得很好，但我发现有不少排印错误。”这种表彰方式就破坏了表彰的积极作用。所以下次只要针对员工工作中好的成绩提出建设性的意见就可以了。

给出无益的表彰。管理者通常出于好意来表彰员工的工作，却常常没有激励甚至侮辱了员工。一名女士告诉我们，作为奖励，她的老板载她去看场棒球比赛。当她就比赛问了一个问题，她的老板回答说：“你谁啊，这么笨？”听完这句话她最初的兴奋劲全都没了。之后她一句话也没说，冷冷地看完球赛，并说那是她“人生中最糟糕的一天”。

团队表彰错误

表彰团队特别难的地方就是很难区分谁在团队里真的出过力，谁偷懒了。如果你给一个绩效欠佳的人和绩效最好的人同样的奖励，那么你完全就在冒险，因为那样做会让奖励活动在团队成员眼中没有价值。如果你没能奖励团队中绩效好的成员，你就应该注意了！

个人表彰中的很多错误在团队表彰中也会出现，但是有些错误只有团队表彰里才会有。这些包括：

接收者的看法

问 我们为儿童医院里的很多人服务，但这似乎还不够。例如，员工在一周内是否被管理者表彰的员工问卷调查上，得分很低。想要提高这些评分，我们能做些什么？

——无名氏，费城公共卫生儿童医院

答 仅仅因为你为所有员工做事并不意味着你就让每一位员工都感到受到表彰了。很多员工不觉得公司的感谢方式（比如福利或者庆祝活动）有什么特别的，因为每个人都获得过。要让每一名员工都受到表彰，你必须与每一位员工联络，并找出能够让这个员工觉得自己被重视的东西或者活动。比如：真诚，及时赞扬员工工作表现好，这些都是很重要的，而且对每个人几乎都很重要。

零成本创意 43

粉色代码：妙用表彰

亚利桑那州斯科茨代尔市斯可特德尔纪念医院发生过医生当着别人的面甚至是病人的面批评医院员工这样的问题。为了缓和这个问题，医院制定了一种用对讲机时会使用的特别代码。当有人公开批评别人时，你会听到对讲机里说“粉色代码，7号岗位（Station 7）”，然后一些人员会赶到那个地方去盯着那个“作恶者”看，医院里这样的问题很快就解决了。

每个成员待遇相同。这一策略也叫“软心糖豆激励”，这一策略无法区分哪些是实干者和哪些仅仅是在这个富有成效的团队中“打酱油”的人。猜猜谁最了解团队成员中不作为的人？当然是团队成员自己了。当你给团队所有成员一样的奖励时，可能有的成员的工作水平和其他成员的工作水平差距很大，这个时候在成员中绩效最好的人眼里，你就有可能失去了威信，特别是那些你最不能疏远的人才。但是更糟糕的情况可能是，你给那些绩效良好的员工分配了更多的任务，而允许绩效欠佳的员工拖延完成任务的最后期限。

忽略了某个人。有时表彰了一个团队，却忽略了表彰团队中的个人，这要么是因为疏忽，要么是因为团队中成员一直不停地更换。有时候整个团队的劳动果实都只为管理者所有，这会让整个团队变得消极。每个为团队协作做出努力的人无论他们属于公司的哪个部门，你都应该确保他们得到表彰。

不让团队帮助决定奖品。通常团队没有权利决定自己被感谢的方式。结果，感谢活动完全没有达到目的。例如，一家化工厂的团队领导想感谢一下整个项目团队的工作，给团队成员买了T恤。团队成员的反应是：“我们为公司节省了那么多钱，我们得到的就是这件T恤吗？”这家公司很聪明，后来，他们在这件事情上总结了教训，他们问这个团队的成员：“那什么更能激励你们？”通过让团队成员参与选择奖品，表彰项目最终会更好地达到目的也更能激励他们。

公司表彰错误

由于公司的规模和复杂程度，公司表彰的努力容易白费。鉴于此，很多公司避免在公司表彰项目上太过创新，而坚持使用较为稳妥的计划，例如“多年效力公司奖”和“月度最佳雇员奖”（遗憾的是它们不太能激励员工）。以下是公司表彰中常出现的问题：

匆忙表彰。很多公司表彰都源于不周密的计划。一些注重实干的公司往往在规划时采用“准备–开火–目标”的策略。但是在个人和团队表彰中都同样很奏效的系统规划，对于公司表彰来说也是绝对必要的。不少急于举办表彰活动的公司都忽略了有效的表彰项目中一个或者两个重要组成部分，只能看着表彰项目弄巧成拙。

无益的奖赏。我们看到了很多例子，表彰、激励活动或者竞赛中颁发奖项引发的问题可能比解决了的问题要多。比如说去墨西哥旅游，对工作绩效良好的人来说，乍一看这似乎是很棒的奖励，但是对于很多员工来讲只会引起这样的疑问：“如果我获得了奖赏，我可以带上家人一起去吗？”“如果我的小孩不能跟我一起过去，我们不在时能找到照看孩子的人吗？”“我需要为这次旅行置办新衣和行李吗？”此时公司的好意想法就变得事与愿违了。不询问员工看重的是什么就奖赏他们，必然会增加你不能激励员工的可能性。

一种办法不能激励大家。人们犯的另一个基本错误是给每一位员工同样的表彰或者奖励，这是出于一种错误的“公平”考虑。给不同表现的人同样的待遇就是一种不公平。例如，年轻些的员工通常希望在工作中全心投入。公司应该给他们一定的自由发展空间，使他们能有追求自己的想法和学习新技能的机会，用有趣的工作来挑战他们，或者让他们全权应对某个场面。例如，在本书一位作者举行的最近一场讲习会上一位年轻人对作者说，当他的公司让他全权接洽一名重要客户时，他觉得自己得到了最大的激励。公司是派他去做满足客户需求的事。而另一位管理比自己年轻员工的人会尽量调整一下常规工作，让事情变得更能激起大家的兴趣。当他想开小组会议时，他发现大家在户外野餐桌上会比在办公室里开会更活跃一些。

对于任何公司的问题，首先要问问“最好的解决办法是什么？”，然后问问“要怎么做？”。
——**彼得·德鲁克**，现代管理学大师

必胜客：给表彰项目注入活力

哪家公司每年使用的牛奶占了美国牛奶产量的 2.5%（32 亿磅多）？哪家公司每年使用了 7 亿磅意大利辣香肠（按这个量如果把每一片香肠都连在一起，绕地球 2 圈后还可以延伸至月球）？俄罗斯前总统鲍里斯·叶利钦和他的同僚们在几年前叫了哪家公司送外卖到俄罗斯的国会大厦？

答案是世界上最大的比萨饼公司必胜客。必胜客于 1958 年成立于堪萨斯州威奇托市，最后被百事可乐公司购买，1997 年必胜客所属百事餐饮集团从百事集团分离出来单独上市，与肯德基、塔科钟都是百胜全球餐饮公司成员。必胜客在全球有超过 12100 家餐厅，年营业额超过 50 亿美元，占了美国比萨市场份额的 22%。

现今必胜客的市场前景一片大好，但是几年前可并非如此。在百事可乐公司把该公司转变成百胜全球餐饮集团之后，公司收益不稳定，而且一些包括达美乐比萨、小凯撒和棒约翰比萨等主要的竞争对手开始抢占其市场份额。当时的员工流动率也高，每年会有 1/3 的餐厅管理者辞职。

出路又是什么呢？百胜全球餐饮集团聘请了 6 英尺 3 英寸高的迈克·劳林斯——前足球队中后卫球员，他在波士顿大学学习了艺术、传媒和哲学——作为必胜客的董事长。劳林斯说：“这个公司需要一些认真的企业文化，这里的员工很有才华，品牌价值也很好，但就是需要来自公司内部的自信、统一和精气神。”

一切始于规划

劳林斯开创了三步计划来振兴必胜客的运营：

1. 改善公司产品。
2. 重新设计必胜客餐厅。
3. 激发必胜客餐厅员工的活力。

在 1997 年公司投资了 5000 万美元，给餐厅盖了新屋顶，邀请了几百名代理加盟必胜客，并制定了一项计划，在 5 年内投资 5 亿多美元来升级公司剩下的餐厅。通过这些举措劳林斯快速完成了前两步。

但是劳林斯花了很多时间来完成第三个目标——激发必胜客餐厅员工的活力。他说：“这些员工都很有竞争力，都‘坏’透了。要让他们更有竞争力就得为他们创造争取胜利的氛围以及工作中的乐趣，这样他们就喜欢每天过来上班了。”

当劳林斯亲自来到爱德华兹打理的必胜客餐厅给他颁发“大奶酪奖”时，他感到非常意外。

那么像必胜客这样的大型公司是如何激发员工的呢？把人放在第一位，支持员工学习和激发他们的积极性，以及创造一个表彰的文化氛围。必胜客首席运营官阿利温·路易斯说：“我们的目标是开很棒的餐厅。为此，我们需要优秀的人才。我们致力于营造利于员工奉献和有所建树的环境和文化。”当员工有所建树时，公司就成功了。

激活员工的方法

劳林斯很快就找到了激活员工的方法：奖励和表彰员工。

以下是必胜客奖励和表彰员工的一些方式：

- “大奶酪奖”或许是必胜客员工最渴望获得的奖项，这也是公司表彰的最高形式。劳林斯亲自颁发过这个奖项给 300 多名公司里表现最佳的员工和加盟商。这个奖项的奖品是又大又黄的橡胶块楔形奶酪，而且正好可以放在获奖者的头上。每一位光荣的获奖者都可戴上奖品拍照留念。
- “一流业务奖”是颁发给管理者、区域顾问以及市场顾问的，因为他们能让必胜客发展，餐厅经营得很好，组成了很棒的团队，而且也参与规划。奖赏包括团队聚餐，获奖者和其邀请的客人可以拥有庆祝旅行。
- 季度奖金是以管理者的餐厅规模及其营业状况为基础，用很多标准来衡量之后颁给总经理的。

奖赏和表彰对必胜客有影响吗？答案是肯定的，这一点是无可辩驳的！只要问问哈罗德·爱德华兹，他是效力必胜客 25 年的老将，经营了一家必胜客餐厅，在堪萨斯城的市中心附近。当劳林斯亲自来到爱德华兹打理的必胜客餐厅给他颁发“大奶酪奖”时，他感到非常意外。那个奖品他到现在还摆放在自家的壁炉架上，且颇以此为傲。“这表明管理层在乎，如果连他们都不重视业绩，我们还要重视做什么？我的顾客现在都称呼我奶酪先生了。好吧，我接受。”

必胜客首席人力官乔博世说：“那个奖品只是由一些塑料泡沫制成，但是当你看到这些为必胜客效力了 20 多年的公司老员工收到这个奖项时都是眼含热泪的。这是很有影响力的事。”

打破砂锅问到底

问 我们在评定月度最佳员工时遇到了一些问题，人们因为一些小事就推荐别人。

——**苏珊·施密兹**，运输部

答 我不热衷于这类活动。我很少看到一个奏效且对获奖者来说有意义的表彰项目。找那些因小事而申请推荐别人的人谈谈，引导他们更加具体、客观地说出他们同事工作上的行为表现。

缺乏新鲜感和关联性。另一个管理者和公司都会犯的错误就是期望很多正式的表彰计划或者活动能永远奏效。我们发现很多起初奏效的表彰项目，一直沿用到最后变得没有生气，变得枯燥，也无法让每个人都参与其中。在存在已久的表彰项目中这种情况常会发生，例如，“效力公司多年奖”和“月度最佳员工奖”。一位员工说他收到“效力公司十周年奖”时感觉很好，但是当一位新职员告诉他说：“能在这家公司待了十年，你是怎么做到的啊？我今天就准备好辞职了！”他自我感觉就糟透了。他得为自己为什么在公司工作了这么久陈述理由。有时候这种值得荣耀的奖也会变成“忍辱奖”。

或许表彰项目与旨在激励的员工失去了联系，才让表彰不再是一项荣誉，甚至成为公司的笑柄。在另一家公司，员工一点也不认为“效力公司多年奖”是一种对自己的表彰方式。因为每个人最终都会获得这个奖，似乎没什么特别的。这个奖是在很公开的场合下颁发的，它带来的唯一情绪可能是负面的。“你把我名字写错了！”（关于激活枯燥的表彰项目详见第十五章）

即使再好的表彰项目也要不断更新，通常早点更新比迟点好。根据一般的经验，现在一个典型的表彰项目的有效使用时间更接近于16周而非16年。找出哪些表彰项目奏效，哪些不奏效了，然后做出相应的调整。

混淆优先与并列。很多公司在表彰项目和机制上发出了关于优先和并列的混淆且自相矛盾的信息，这着实让人吃惊。如果意识不到这一点，管理层选择的表彰方式显示的一系列信息通常会让员工感到困惑，而非引导员工。例如：“生产最大化！”“质量是第一要务！”“全心全意为顾客服务！”“缩短与顾客接触时间！”“提高长远盈利！”“立即减少成本！”“工作更迅速！”“工作更安全！”“创新！”“别犯错！”

不久，员工会意识到如果什么事都是重点，那就没有重点。员工也意识到管理层自己都不清楚想要的真正是什么。当管理层对员工的绩效期望都不太清晰时，员工会浪费很多人力来弄明白公司到底期望什么样的员工。很多应该一起协作的个人和团体结果彼此不和。

主观的表彰。 很多时候我们会看到基于主观印象的表彰，这是最不准确的。最好，主观表彰不均衡；最坏，主观表彰是错误的，不公平的。通常，本书的作者们在客户公司里时，都会关注客户公司的简报，常会发现一些员工和老板一起拿着奖状的合影。我们会问一位员工那是什么奖。十有八九，这位员工自己也不清楚。“那为什么这些人在照片里呢？” 他们会说：“老板很喜欢他们。”

有些员工得到表彰是基于“光环效应”，他们曾经被评为绩效出众员工，他们就会一直被评为绩效出众员工，被认为不会做错事。另一方面，“晕轮效应”（这样命名是因为找不到更好的词来表达）也通常存在于那些被认为是绩效不出众的人身上。这种情况下，表彰会让员工变得更消极，而没有激励他们。

为了避免这些陷阱，应使用制定仔细的、客观的标准。检查清单可以帮助找出值得表彰的行为和成绩，并排除“光环效应”或者“晕轮效应”。可以使用表彰记录来避免主管人员更倾向于表彰某人而非其他人，表彰记录会写上谁得到了表彰，频率是多少。对于想要提高表彰给予的质量（和数量）的主管人员和管理者来说，这是很宝贵的反馈机制。

理所当然的表彰。 一个常见的问题是，给予表彰是因为有人很期盼这一表彰，这样就营造了一种理所应当的氛围。发甜甜圈给员工既是为了庆祝员工工作绩效好，也是因为某天天气好。不然的话，你第三次再发甜甜圈给员工，员工会只因你的出现就期待你表彰他们的工作。一家公司里，员工会抱怨表彰晚餐是自助餐，而

表彰悲剧

一名员工因完结了一个主要账目，收到了她上司的气球花束。附上的卡片上写道：“祝你找到下一份工作，好运。”她的上司早在几周前就有辞退她的打算，因为这名员工要售完待出售的产品，所以才等到现在辞退她。

克服士气不足

问 我是一家著名的安全产业奖励和开发管理者。这家公司才开始奖励活动，我老板说宣传是没用的。我觉得自己掉进陷阱里了，没有高层管理者支持我，员工士气也很低迷。有什么建议吗？

——**莎朗·拉格斯代尔**，佛罗里达州波卡拉顿市（ADT）

答 改变一个公司的文化需要时间。首先尽量争取更多时间，然后寻求你的老板支持，毕竟没有人能单独完成工作！制定一个激励最小方案，然后找出员工从中更期待什么。你一旦可以提供员工想要的，士气就会上涨，老板就会看到你的计划的价值。

去年的表彰晚餐是享受别人的服务的。当花成千上万元钱买爆米花给所有员工表达发自内心的感谢时，员工可能会抱怨爆米花不新鲜。他们甚至会抱怨厕所里的厕纸没有以前柔软了！

太多时候，表彰变成“景观的一部分”。表彰应该是特别的，而非常规的。如果表彰被期待着，表彰就失去了价值和真实性。津贴（如员工福利）是好的，但不要让表彰也变成其中的一种方式。

太多的表彰和太少的表彰一样糟糕。我们提倡慷慨地使用表彰，但是我们看到一些公司滥用表彰。就效果而言，表彰每个人和没表彰任何人效果是一样的。表彰应被当作一种宝贵的公司资源来使用。记住，表彰是战略性商业资源，而非简单的心理薪酬方式。

表彰“外卖”。表彰项目结束时，员工最后常会觉得自己被剥夺了什么。结果员工的士气和工作水平都下降了。为了避免这个问题，我们推荐“按时间顺序的”公司表彰，制定清楚的表彰项目始末时间。这样的话，员工就知道表彰项目什么时候结束，这样表彰项目结束时也就不会感到失望。另外，一项表彰项目结束时，另一项表彰项目就应该准备好开始。

不恰当的表彰。有时表彰要么太小要么太大。在走廊上告诉某人说他们“很好地”完成了为时两年的项目是不合适的。这如同（真实例子中）审查“月度最佳员工”，而同事们都知道他（后来一年内被解雇了）是靠捏造数据而获得该称号的。

区别表彰和奖赏是很重要的。表彰是对人工作做得好的一种正面积极的支持。而奖赏通常是伴随公司表彰的有形的物品。奖赏通常代替表彰，很多时候也被人们丢弃而不自知。 如何解决呢？就是把注意力集中在高表彰价值——即使表彰会伴随有很高的奖赏。

零和表彰。零和博弈就是为了让某个人赢，别人就必须输。这在竞技运动和比赛上有一定的道理，但是在现今这个需要合作的工作场所里是说不通的。不必有输家。选出最杰出的员工往往会发出关于团队合作的错误信息，即团队合作精神并不重要。

建立公司表彰机制时，每一名员工都应该能赢。这并不意味着员工不能争取奖项，而意味着竞争性的表彰现在极其不利于公司完成目标。在很多表彰竞赛中只有少数是赢家，其余的都是输家。一个典型的例子就是顶尖销售人员赢得了去夏威夷的旅行，业务水平第二的销售员得到一瓶香槟，其他的销售员（以及后勤人员）什么也没有得到。同样，月度最佳员工或者年度最佳员工活动，只有一个人赢得，其他的人都失败了。为什么不能很多员工一起成为“月度最佳员工们”呢？这难道不是公司应该追求的吗？

不及时的表彰。拖延是表彰的敌人。公司表彰面临的一个挑战就是要坚持改进表彰并让表彰项目不要带有太多的繁文缛节，这样员工就能得到及时的表彰。如果每一次表彰都要得到管理层的同意，就会错过很多表彰机会。避免那些需要经过层层的同意才能定下来的表彰项目，并且要一直允许一些形式的表彰，例如不需要更多人员允许的现场奖励或者到访奖励。

沉默的感激对任何人都没什么益处。

——彼格特鲁德·斯坦，作家

表彰错了事

任何层面的表彰，特别是公司表彰，确认你为什么要奖励很重要。如果你的公司没有得到想要的结果，或者没有做到需要完成的，或许你自己都不清楚自己想要什么。一些公司做了很多次如管理学专家史蒂文·克尔所说的“做了表彰 A 的错事，却以为是表彰了 B”。这样的事，真是不可思议啊。克尔在一篇经典文章里给出了很多例子，通常是因无心而造成不愿意看到的结果的。

大家看看我们自身的一些例子：

很多公司表彰任何销售收入而非真实利润。很多销售员因完成了没有利润的交易而得到表彰，获得了丰厚的现金奖赏，这太不可思议了。表彰销售收入期间会出现很大的收入最上限和很小或者不存在的收入最下限。

很多公司表彰内部竞争而非真正的团队合作。如果你发现你的公司里团队合作不足，你很可能需要审视你公司的表彰制度。实际上，大多数业绩评估制度让员工与员工之间、部门与部门之间在内部竞争中为了获得稀少的奖赏形成敌对关系。当迪吉多电脑创办人肯•欧森还是公司首席执行官的时候，坦言自己最大的失败就是没能让工程部管理者们和产品及营销部管理者们好好合作，部分是因为奖励和表彰的标准不一致。

很多公司表彰检测而非实实在在的质量。多年来，公司努力检查出不合格产品以期提高产品质量。没有运输不合格产品的工厂得到表彰，即使在这个过程中产品的废弃和返工花去了数以百万计美元，产品质量也从没有提高。一些软件公司更是走极端，员工只要发现了产品有问题就能获得现金奖赏，这诱导员工在最初时就犯错，然后在产品出厂前（他们曾希望如此）发现并改正问题。

很多公司表彰培训生的态度或者培训时间而不是真正有效的培训。培训的最佳结果是员工把培训时掌握的技能和知识运用到工作中，以及业务水平的提高。然而，多数公司表彰员工接受培训的数量和员工对培训的态度，而不表彰培训结束后员工的收获。员工接受培训的量及其态度对员工学习到的技能是否宝贵，以及这些技能被应用到工作中的程度没有什么影响，它们在公司运营的效率性上影响更少。我们看到很多培训生在回顾培训课程内容时夸夸其谈，但培训中谈到的技能从没用

44 零成本创意

特殊任务

美国电报电话公司有一个叫“资源链”的项目，让拥有不同背景、管理经验、技术或专业技能的员工把自己的能力教给不同部门同事。这极大地提高了员工的忠诚度和满足感。

到工作上。这通常是因为往往使用新技能比使用已有的技能要付出更多的努力，而且新技能的应用从没得到过表彰（因此就没再使用过新技能）。

很多公司表彰资历而非高绩效。举行员工效力公司周年庆祝没什么不对的，但不能不看该员工的业务水平。有些公司不仅包容业务水平中等，连表彰绩效中等的员工、资历老的员工的方式同表彰绩效最出色的员工的方式都一样，这就鼓励了员工绩效平平。这给员工传达了错误的信息。有些公司表彰看似很精明和具有小动作，却不是实实在在的业绩。

很多公司表彰隐瞒问题而非解决问题。一名员工指出你公司的问题时会发生什么事，在很多公司，发现问题的人被视为闹事者。没有人能解决隐藏起来的或者被忽略的问题。你的公司是表彰还是惩罚指出问题的人？记住，问题实际上是进步的机会。

很多公司表彰个人专门技能而非知识共享。你或许会诧异，很多公司在知识管理上投资巨大，而没有最关键的知识管理执行机制，即表彰知识共享而非知识独享的表彰机制。只要个人专门技能高于公司专门技能，情况还是不会有所变化。

很多公司奖励管理而非领导力。根据沃伦•本尼斯和伯特•纳纽斯合著的《领导者：管理的策略》一书，管理者是做事正确的人，领导者是做正确的事的人。太多公司说他们想要有远见的领导人，然而往往只表彰那些按时完成任务，管理预算，并确保大家都跟上进程的管理者，而忽视表彰真正的领导者。

很多公司表彰一致性而非创新。公司能成功需要一定程度的一致性。但是如果没有很多创新，公司就不能真正成功。当员工超越常规的工作要求而采取主动时，创造性行为就产生了。不幸的是，很多公司通常惩罚而非奖赏创新，因为要搞创新起初看起来会很凌乱也不能

悲观主义者从每一个机会中看到困难，乐观主义者从每一个困难中看到机会。

——温斯顿·丘吉尔爵士，政治家

被完全理解，这通常会造成一些问题。

在很多时候大多数员工想要搞创新只会遇到阻力而非表彰，这种阻力类似于后面的这些话，“这不管用的”、“我们以前从没这样做过”或者“那就是不可行”。阻力也来自于声称欢迎不同想法的官僚气息重且累赘的“建议”机制。

很多公司表彰超额完成简单工作的人而没有表彰那些任务艰巨的员工。有多少业绩评估会以“不达标”、“达标”、“超额达标”这三等来评价员工呢？这种评价员工的方式往往会促使员工把目标定低，这样就可以超额完成了。当标准变低时，很多员工都能得益，但是公司却遭受损失了。

很多公司表彰无事故报告而非表彰安全。表彰“少发事故”往往会鼓励员工不报告事故或者伤害。有两种方法能帮助取得极好的安全记录：（1）保持工作场所安全或者表彰参与安全行为的员工；（2）对在不安全的工作场所尤其难免会发生的事故不报告的员工进行表彰。你觉得哪种方法更好？

很多公司表彰飞涨的预算而非成本控制。你有多少次看到管理者因为通过削减明年预算把开支控制在预算以内来而得到“奖赏”？实际上，这是管理节省的最常见后果。管理者认识到，抵抗公司成本削减最好的方法就是把预算定到最大化！另外，全面削减成本会伤害到那些一直紧缩预算的人。而对于那些预算过多、员工过剩的人来说全面削减成本带来的伤害少一点。这种削减成本实际上增加了预算，缓冲了库存和库存余量，也只是竭力避免以后的冲击。

很多公司表彰顾客投诉少而非出色的客户服务。真正优秀的酒店意识到没有客户投诉几乎不可能提高客户服务。实际上，最好的客户服务公司是欢迎客户投诉的。希望客户投诉的另一个原因是：研究证明有效解决

非现金奖赏

问 我现在一家小公司上班，工资没有我期望的那么高，但我一直没离开，因为工作时间灵活，可以不用全职做，家里离上班的地方只用5公里，有带薪假期，提供养老保险，8月份还可以在家陪着孩子。我的老板要求很高，但总会激励表扬我们。

——**莱文·穆尔，**新泽西州通用办公室设计公司

答 我觉得你的评论和我的信念是一致的，钱重要，但对大多数人而言，工作中钱肯定不是唯一的激励方式，甚至也不是最重要的激励方式。

客户投诉问题是提高客户满意度和忠诚度的关键因素之一。

表彰是极好的事，但是表彰了不该表彰的事就有损于公司的竞争力。下面的表格能帮助大家识别哪些是值得表彰的行为。

如果想要……	表彰……	不表彰……
利润	盈利的销售	任何销售收入
团队合作	合作	内部竞争
质量	工艺改进	检测
有效的培训	用在工作中的技能	培训时间
杰出工作绩效	取得的业绩	资历
解决问题	发现并解决问题	隐藏问题
知识共享	公司专门技能	个人专门技能
领导力	领导质量	只有管理
创新	创新理念	一致性
高目标	完成外延性目标	超额完成任务
安全	安全行为	报告事故
成本控制	成本减少	预算以内
客户服务	客户忠诚度	投诉少

成功的人仅仅是那些学着解决问题的人……而不是没有问题的人。

——来源不详

内部的去激励因素

除了常见的错误和表彰错的事或人，也有另一个我们需要考虑的问题：广泛但通常微妙的去激励因素有损表彰项目。其中最常见的一些因素包括：

不清晰的期待。有时候由于设计、规划或者交流得不好，员工不知道能从表彰项目中得到什么。他们不知道自己的任务和职责，也不知道表彰活动会发生什么。当然，解决的办法就是确保一切清晰明白。

不必要的准则。表彰项目有时充满规则和指导方针，员工认为表彰项目有“太多繁文缛节了”。应该把表彰项目规则简单化。

员工可以负责表彰项目

问：我工作的那个行业，员工提出了一系列的能激励他们的东西（免费干洗衣服，租宝马车，给车加油，周末不用加班等等）。老板参与过设立个人及团队的奖项，但现在“没有时间”去实施曾经讨论过的想法。

答：如果老板太忙不能履行自己的承诺，没人能让情况好转。考虑一下让员工自己负责表彰项目，或许可以作为每个员工一周或一月一次的循环职责。把工作与别人分摊，会让别人拥有主人翁意识和责任感，因为他们的想法会被采纳。理想的状态是公司高层也参与进来，但如果他们不参与的话，不要让这一点影响到你表彰工作绩效好的员工。

缺乏后续工作。没有比期待一个好结果而没能得到更让人消沉的了。很多表彰项目都没有兑现自己的承诺，至少没能及时兑现承诺。解决的办法就是只承诺能给予的，并确保表彰项目兑现一切所承诺的。

不断改变。当员工发现“游戏规则”不断改变时，变化就极其让人消极了。当你改变表彰项目时，确保是在完善它们（如增加员工的表彰机会），而不仅仅是改变一些表彰项目的规则以利于公司（如让员工更难达到获得表彰的标准）。例如，如果你真的需要通过“提高表彰门槛”来解决“表彰通货膨胀”问题，问一下员工的想法并解释你为什么做此调整。

不公平。如果员工认为表彰不公平，那么你整个表彰项目的效果就非常不好了。公司表彰极其容易犯这种错误，因为公司里一个部门与另一个部门的表彰标准不同。不要以为员工不比较，他们会比较的。解决的方法就是：在你设计表彰项目时心里要有公平理念，要弄清楚公司不同部门的任何表彰差异。

虚伪。管理者言行不一是最不激励员工的行为了。很多员工参与表彰的积极性都被管理者言行不一所扑灭。没有快速解决虚伪的办法，对策就是让执行者意识到这一陷阱，然后注意员工的反馈，看这个问题是否还存在。如果还存在，把员工的意见提供给那些因疏忽而发出错误信息的人。

奖励欠佳的工作绩效。如果员工发现绩效欠佳的员工得到了表彰，这个表彰项目（以及这个活动的负责人）都失去了可信度。表彰应该一直需要员工自己努力争取。不要表彰那些不该得到表彰的人。以下是确保你没有奖励工作绩效欠佳的员工的一些建议，摘自于费迪南德·福尼斯所著的《为什么员工不做自己分内事，要怎么应对》一书。

- 员工工作绩效不好或工作出问题时，查看一下相应的处罚后果。
- 不要以提供午餐、咖啡或者允许长时间谈论私事的形式来奖励那些工作绩效欠佳的员工。
- 不要亲自改正绩效欠佳者的错误，确保承担错误责任的员工自己改正它。
- 关注那些处理事情方式让你满意且省心的员工。
- 不要把表现欠佳的员工的工作交接给任何人。跟他一起工作，直到他工作绩效改善，或者你取代他。
- 当一名员工很难管理时，实施必要的管理方式以及告知他相应的负面后果。如果他的绩效改善了，马上言语表彰或夸奖（详见第十四章关于去激励的讨论）。
- 如果员工不断抱怨很平常且难免的工作任务，那就忽视之。只有当他工作做得好时才以言语奖励回应。

管理不可见性。通常，高层管理人员起初还活跃于表彰项目中，不久就不见了。这让员工认为这个表彰项目对公司不是真的重要，因此也不值得员工关注和花精力。保持表彰项目正常运行需要管理层不断参与其中。表彰项目中，高级管理人员需要发挥各自的作用（如表彰获奖者这一行为），这样员工才会看到高级管理人员参与了整个活动。

表彰悲剧

在一家公司，管理者叫一些员工打电话叫醒一个经常迟到的员工。该员工觉得自己受到了侵犯，很不满。管理者应该在办公时间正面解决这个问题。

要点快递

- 表彰个人时最常犯的错误包括错过表彰时机、不及时的表彰、不真诚或机械的表彰和公开表彰个人。
- 表彰团队最常犯的错误包括表彰大家的方式一样、少表彰了某人和不允许团队参与决定奖品。
- 大多数公司表彰问题都源于规划不周。
- 如果公司奖励了一种行为而实际希望看到另一种完全不同的行为，表彰往往就失败了。
- 最常见的去激励因素有：不清晰的期待、缺乏后续工作、不断改变、虚伪、奖励工作绩效欠佳的员工和管理不可见性。

第十五章
给表彰项目保鲜

说你没能力照顾员工是没用的，不照顾他们，后果你负担不起。

——**朱利安·里奇，**富音（Richer Sounds）创始人

结婚并不容易；毕竟，得选个对的人，相爱，还得决定伴娘礼服的颜色，选择宴会负责人，但是真正的诀窍是要让婚姻长长久久。对于表彰项目也是一样。我们知道开始表彰项目并保证表彰项目正常进行下去首先会遇到很多阻碍，但是一旦蜜月期过去，再受欢迎并成功的活动都会面临如何保鲜的挑战。

起初的兴奋劲消逝后，一项表彰项目很自然会变得枯燥，这项表彰项目的使用频率会减少，或者它会变得很平常。一旦这种起初的新鲜兴奋劲儿过去了，剩下的通常只是枯燥的行政或官僚元素了（有时获奖者甚至都会觉得这很无聊）。尽管没有奖励和表彰项目能一直沿用，但它们作为企业文化及其成功的关键部分，如果

表彰悲剧

一位行政专员的上司起初支持新的、更灵活有趣的表彰项目。但当这位上司不喜欢这个想法时，他也很快不再支持这一表彰项目了。这位行政专员就把一个还有一半没完成的项目搁置在那儿，而浪费了之前花在这个项目上的很多时间，但员工还满心期待着。结果与这个表彰项目相关的员工觉得这次经历很丢脸，于是他们辞职了。该团队的几名其他人员也在随后辞职了。

能精心维持并不定期注入新的活力，就会提高这些活动的生命力。给一项表彰项目保鲜就意味着要不断并反复提升对员工的表彰重要性的意识，持续地更新表彰的动力，并定期地使用新技能和新工具。下面来看一下让你的表彰项目保鲜并持续奏效的一些策略和技巧吧。

沿用你的表彰项目

如果你有一个奏效的表彰项目，员工士气上来了，客户服务变好了，生产力也提高了，利润也增加了，那么恭喜你！

还要做什么呢？

下一步就是借着这股力量，将表彰与公司其他元素连接起来。通过拓展或增加表彰练习不断为表彰创造动力，直到表彰项目变成公司文化的一部分。

与战略目标相连。最好的活动都是将表彰与实现公司重要目标联系在一起的。理想化地说，这在表彰项目设计前期就要做到，但是任何时候把两者联系起来都不晚。通过找到衡量表彰影响力的方法，以及展示表彰项目对员工思想、工作满意度和业绩上的实际定量差别，来显示朝着公司某一目标努力所取得的进展。

重申赞助承诺。对于表彰而言，赞助比几乎任何一种形式的支持都重要。任何表彰项目如果没有高层的积极赞助肯定会难以推进。如果你的表彰计划由于没有赞助者一直搁浅，那就找一位赞助者吧。如果你需要给表彰项目注入活力，也这样做吧。你或许可以考虑把赞助者带到表彰会议上，或者去另一家表彰项目正开展得如火如荼的公司进行实地考察。

进行详细的管理跟进。不断地让管理者表彰员工，也让员工之间互相表彰。可以通过提供支持、表彰工具和预算来帮助他们。有些公司要求所有的管理者制定计划以实施个人和团队表彰，管理者也需要投入一定的时间。制定计划要考虑的因素有：管理者要求新入职员工（或者是所有的员工）列出的一系列觉得有价值的事物，以及举行小组讨论，找出使表彰工作出色的新方法。

有些公司指派一些员工——或许是来自公司表彰小组的员工——来向管理者们汇报表彰计划的进度、所使用的表彰工具和开展的表彰项目，及寻求管理者的继续支持。如果一位管理者迟迟不回应或者怀疑这位员工的努力，这位员工可以同经验丰富或成功举办表彰项目的人一起汇报。

其他的公司要求管理者与每一位汇报进度的员工针对员工比较重要的问题举行单独会议。员工开始会觉得这样的会议很奇怪，但他们最后会发现这是一次很好的机会，可以得到建议，了解到工作中会出现的问题，讨论可能的职业发展计划。

沟通。公司里的每一次沟通——无论是语音邮件、电子邮件、年底颁奖晚宴上的演讲还是走廊上的一次偶然交流——都是表彰员工的一次机会。一些可能的正式表彰平台包括公司时事通讯上的夸奖和表彰、公司内部网的电子公告栏上的赞许，或者仅仅在会议上分配一些时间表彰员工出色的工作。

例如，施乐公司的管理者告诉本书的一位作者，每次只要他召集 30 名管理者开会总会在会议结束前腾出时间，让管理者们说说自上次会议后都怎么表彰了工作绩效好的员工。这一简单方法激发了表彰兴致的同时，也为管理者们提供了新表彰想法的切实来源，还可以互相学习。在一些公司，会议主持者会在部门会议或者公司大会结束前问：“有要表扬谁吗？”在佛罗里达州维斯塔湖的天鹅和海豚度假酒店，管理者们每个月都会聚在一起讨论表彰员工的新颖且创新的方式。

45 零成本创意

马上开始

在位于肯塔基州路易斯维尔市的至上商务公司（Business First），广告部每天会发送广播语音邮件，其中有激励员工的信息、笑话、励志故事，及任何能够帮助员工享受工作的信息。

零成本创意 46

欢迎新员工

位于加利福尼亚州圣地亚哥市的诺基亚移动电话公司会指派一个“工作伙伴”给每位新入职员工，并且提供一个茶杯和T恤，来欢迎每位新员工第一天上班。

将表彰与人力资源系统联系起来

要想让表彰一直奏效，就必须让其与其他人力资源系统联系起来，其中人力资源系统包括雇用、解聘、熟悉环境和培训、评估以及升职。

招聘和雇用员工。雇用态度端正的新人比更换长期态度不端正的老员工要简单些。雇用新的管理者的标准之一就是要有好的表彰技术。

无论职位大小，迪士尼公司都积极招聘以人为本的员工。其他公司的雇用标准与迪士尼公司的基本价值观相比都显得苍白。同样，西南航空公司的政策是“雇用态度端正的人，培养员工的技能”。

熟悉环境和培训。很多公司的管理培训往往更注重业务规划及运作，而这种业务规划及运作是以管理人力相关的软技术为基础的。事实上，在让新人熟悉环境时，很少有公司强调表彰员工的重要性（详见第 269 页的“表彰培训设计”）。

通过提供具体的表彰培训，公司就能应对来自一些管理者的反对了，因为这些管理者不仅很少表彰员工而且也不知道怎么表彰员工。

迪士尼公司的所有员工都必须参加传统 101（Traditions 101）培训课程，学习公司的价值观——包括善待员工的重要性，在实践中，这些价值观是什么样的。美国联信公司（现为霍尼韦尔公司一部分）的管理者和监督者需要参加 4 小时的表彰培训课程，其中有讨论实际工作情景和角色扮演。加州公务员退休基金公司为管理者和基层员工提供表彰技巧培训，该表彰技巧培训鼓励公司内所有部门及级别都使用表彰。

评估和升职。如果表彰对公司重要，对管理者表彰员工的考核是有必要的，而且把这种待人技巧作为评估升职的一个标准是有意义的。

迪士尼公司的管理者们的业绩评估一部分要看他们管理、发展和鼓励员工的能力。对于不能发现人才的管理者要进行额外培训，南加利福尼亚州的美国汽车协会管理者年终奖的获得三分之一都得看员工对管理者“软技能”的打分排名，这里的“软技能”即可以倾听并帮助员工、支持员工，和有兴趣为员工创造发展机会。

给表彰项目注入活力

再好的表彰项目最终都会变得没有新鲜感，失去效用。表彰项目可能失去了刺激性，提名也减少了，或者没人记得奖励的目的和标准了。也许只需要再次审视表彰活动的缺陷，更新一下表彰项目就行了。有时很容易就能做到这些，如在一定时间内找出提名者的名字，这样也可以表彰提名者。

当然，也需要调整并拓展一下非正式的表彰项目。例如，本书的一位作者曾在华盛顿州西雅图市的一家电子公司工作。这家公司有极好的非正式表彰项目，这个表彰项目沿用了几十年，就是使用 20 世纪 80 年代流行的波格游戏，即与美元硬币一般大小的牛奶瓶瓶盖（亦作收集或交换）。员工工作绩效好时会收到波格游戏作为简单直接的答谢形式。波格游戏可以交换公司商品，像带公司标志的 T 恤及类似的物品。但是这个活动也有不足之处。有些管理者像散糖果一样分发波格游戏，而有些管理者几乎不散发波格游戏。重新采用这个表彰项目，提醒管理者这个活动的目的和用意，给偏离这项活动的管理者一些建议，做这些都能使这项曾经成功的活动持续奏效很多年。

在另一个例子里，位于弗吉尼亚州里士满的弗吉尼亚联邦交通部的表彰项目变得枯燥也不奏效了。人力资源部带头重振以期能增加这个机构有意义的表彰。

表彰活动前的员工调查显示，大多数员工觉得表

重振过时表彰项目

问 我一直在一个委员会工作，颁发奖励给别人。到目前为止有这些奖励形式：每个季度都给绩效突出的团队或个人卡片，其中有“鼓掌”、“赞扬”和“喝彩”三类卡片。委员会会提供公司表彰的奖状和奖金。每个人都可以填写提名表，所以没有等级之分。这项活动 1994 年就有了。随着公司全面重组，没有很多人参与了。要怎么做才能给这个活动注入活力呢？

答 领导一个焦点组，或者找到一种方法搜集人们为什么不再参与这个活动的原因。让最直言不讳的人加入到搜集反馈信息的小组中。这个活动可能需要再举办一次来提醒大家它的存在，也需要重新确定新的奖励方式。你可能会发现做些新颖刺激的事会更好。

综合康复顾问公司的康复奖励

位于佛罗里达州的迈阿密和纽约市的综合康复顾问公司是一家医疗咨询公司。这家公司的管理者意识到人们对其“月度最佳员工”评比活动的兴趣减退了。他们希望重振这个活动，并通过激励而非管理员工来推动变革这个活动。

为了激励员工并消除人们将表彰活动视为人气竞赛的看法，综合康复顾问公司启动了“星级员工”活动，其中的9个星级能力诠释了公司的理念。每位员工都收到一个标有9条星级素质和提名方式的咖啡杯。

员工彼此提名，员工委员会审核提名，并奖励价值20美元或者更多的星级钱。员工可以以1美元换1美元的等额方式购买服务或者优惠。奖赏包括租碟、洗车、休息、餐馆礼品券、课程、按摩、周末游玩、送到办公桌上的精美咖啡，和其他任何委员会允许的东西。每年都有新一批的员工志愿者在委员会里服务。管理者不在委员会工作，也不适合收到相应的星级钱，但是可以提名其他员工。星级钱在每月一次的会议上奖给员工，会议上会大声念出提名名单，这样提名者和被提名的人就得到了表彰。

在年底，提名成功次数最多的提名者会收到小礼品和一些星形篮子装的好吃的东西，被提名次数最多的员工会得到“年度最佳员工奖”。

这一表彰项目已经有4年了，也是建设团队、提高员工士气和让每个人都有机会参与到表彰中的一个很棒的方式。

奖赏包括租碟、洗车、休息、餐馆礼品券、课程、按摩、周末游玩、送到办公桌上的精美咖啡。

彰力度不够。另外，此项调查还发现机构内部不同部门都在管理着各自的表彰项目，但是这些努力都不太见效。

为了改善这一状况，出了一本《表彰指南》旨在提高目前的表彰项目意识，《表彰指南》会同《365种管理好方法》万年历和《1001种奖励员工的方法》一起发给所有的管理者和主管人员。他们还设计了“起立鼓掌”口袋卡片来提醒管理者需要表彰员工的行为与实践。

一项后续员工调查显示，越来越多的员工认同“我工作小组里的员工被表彰了”这一说法。公司里增加了很多关注表彰的焦点组。

出售你的成功

你的表彰建议被采纳，做出调整之后，就是时候在欢乐的庆祝气氛中重新向大家介绍一下表彰项目了。就这一修改后的活动举行一个特别的专题会议，回顾一下以前这个活动成功的地方，把重点放在这个活动取得的成果和员工参与的积极性上。讲解一下活动的一些改变及进步之处，突出讲解一下员工在改进表彰活动中贡献的一切想法。就像你当初第一次展示这个活动一样，突出一下这个活动的革新之处。

波士顿银行重新进行传播和营销活动，以期重新举办表彰活动。这样做公司会面临提名挑战，这一挑战更加鼓励人们采用此表彰活动（在表彰活动开展的前30天内，任何提名者都收到了惊喜礼物）；公司需要在新员工培训项目里增加表彰项目的概述，也更加需要努力获悉员工对公司战略和员工的一些问题的看法。

像营销产品一样营销表彰活动。表彰活动不会被委托给任何人或为谁所有，而相反需要向员工和管理者推销，这样他们就会采用它了。波士顿银行会把每

47 零成本创意

带宠物上班

总部在德克萨斯州达拉斯市的焦点2公司首席执行官肖恩·弗里曼建议员工上班把宠物也带上，以减轻工作压力。因为在这家网络开发公司，有些人一周工作长达90个小时，所以弗里曼允许他们随时把宠物带到办公室里。弗里曼说：“他们把宠物视为自己的子女。如果长时间不见宠物，他们会变得有些脾气暴躁。”

表彰悲剧

一家公司要求管理者每周表彰四名员工，可以预见这会导致成百上千的表面性的不真诚的表彰，而对激励员工没有任何益处。

记住：当你机械地表彰员工时，会被视为不真诚。

月的表彰活动参与度报告寄给管理者，展示在他们圈里谁在使用表彰项目。公司指派了一位专家来辨别任何书写得模糊不清的提名，这样就考虑到了所有的活动提名。

花时间重新评估，修改一下表彰项目是精力上的小投资，但带来的好处颇多。你会发现有不太具备生命力的或逐渐失去效用的表彰活动，你会做出相应的调整，越迅速，你公司整体的表彰文化就越浓厚。随着时间的流逝，你可以加入一些新的元素，拓展成功的表彰活动，或者注重提高活动参与度，来使整个表彰活动更奏效。要知道再好的公司也一直在力求做到精益求精。

结束表彰项目

有时候可能不值得花费太多精力来激活一项表彰项目，那就是时候放手了，或者至少把它放到一边直到以后可以激活它的那一天。你怎样判断什么时候能终止项目呢？有时候看到一个项目不再使用时当然会痛苦。例如，一家公司的表彰项目里面有这样一句口号“你是最棒的”，这个项目在一年内成功举行了很多次，之后就变得枯燥且成为随处可用的挖苦笑话。例如，如果某人过了糟糕的一天，同事会说：“乔，记住，你是最棒的！”

以下是一些员工就一项不再使用的表彰活动发表的看法：

- 在开展表彰活动前几次时，表彰活动时间有限，活动事先分配好的时间都不太够。
- 无论你怎么宣传和鼓励使用某种表彰活动，表彰活动一般都会被忽视。
- 无论奖励的是什么物品，员工都不珍惜获得的奖励。
- 变化的市场环境让你对自己的表彰方式不得不做出很多改变。

时间选择是表彰的关键因素。有时候表彰项目是在公司运营状况良好时开始的，当公司业务情况不好时，表彰项目也在走下坡路。如果你的表彰项目时间选择得不好，你可以考虑终止或者暂停表彰项目直到公司业务状况好转。如果太突然，改变表彰项目就得谨慎小心。如果你想彻底改变表彰项目，那么开始一个新的表彰项目比结束这个表彰项目要更合适。

有时候表彰项目开始时定位太高了。当高级管理者意识到这一点时已经太晚了，他们想要缩小活动规模，这一般不是好的主意，因为员工可能会认为这种行为虚伪——这是之前讨论过的主要去激励因素之一，这就是为什么认真遵守公司表彰准则很重要的原因。

需谨慎对待显示你的表彰项目该结束的迹象。在应该结束表彰项目的时间前，结束还成功但走下坡路的项目要比在应该的时间后结束边缘的起反作用的项目要好。当一项表彰项目走到尽头时，特别是如果你可能有更能激励员工的新的表彰想法或活动时，终止这项表彰项目没有什么不对的。

过得愉快是最好的激励方式。当人们感觉在公司工作很舒服时，他们工作才能更有效率。

——戴夫·隆加伯格，隆加伯格公司首席执行官

要点快递

- 表彰项目起初的兴奋劲消失后，就很少使用表彰项目，表彰项目也就渐渐变得不那么奏效了。
- 要维持表彰项目，把表彰与公司战略目标和价值观联系起来，更新赞助承诺，开展管理跟进工作，把表彰项目与公司使用的交流工具联系起来，这些都很重要。
- 通过再次评估、确认、用新的方式激活，可以为表彰项目注入新的活力。
- 当活动失去其效用而不容易被注入新的活力时，不要害怕终止这项活动。

第五部分

表彰工具

表彰评估和测量工具

在本部分，你将见到本书前面所提到的关于表彰的各种评估和测量工具。这些工具可以用来评估表彰的不同方面，并衡量组织是否已经准备好实施表彰计划。

首要的两项评估工具是：

领导表彰实施情况测量表

员工表彰实施情况测量表

这两项评估工具可以用来测定公司领导和员工目前的表彰行为实施情况。

此外，还有其他的评估工具：

激励机制评估

表彰环境评估

组织文化评估

表彰技巧需求度评估

这些评估工具有助于判断组织内部表彰计划实施的准备情况。

领导表彰实施情况测量表

“领导表彰实施情况测量表”既可以独立使用，也可以与本部分随后将提到的“员工表彰实施情况测量表”结合使用。

行为 / 信念差距 表中对重要性的分级能够帮助你理解你是否真的在实施那些在日常管理中你认为很重要的行为。如果你的行为频率不能与你的重要性分级相一致，那么你可能需要在以后的管理和组织工作中将你的行为与信念结合得更加紧密一些，使其更加一致。

表彰形式的使用情况 下表会让你对各种表彰形式的使用情况有一个大致的了解，如果你发现你只使用了表中所列的极少数表彰形式的话，你或许应该考虑多使用其他形式的表彰行为。

预评估和延迟评估 你可以使用此表来确立当你引入各种表彰行为后，信念和行为在重新测评中应该达到的“基本标准”。

与其他管理者比较 你可以将你的得分和参与填写了这张表格的其他管理者比较，也可以与公司内填写了这张表格的管理者比较。我们鼓励这种良性的对比。

与员工的感知相结合 在你的员工填好了“员工表彰实施情况测量表”后，你将轻而易举地找到哪些表彰行为在员工看来是很重要的。将你的填表情况与员工的填表情况相比较，你也能很快地找出两张表中重要性与行为频率之间不一致的地方。如此你将可以更好地集中精力来多实施一些员工认为很重要的表彰行为。

领导表彰实施情况测量表

这张表测量你在目前的职位上对所属员工实施的非物质表彰行为的种类、频率以及你对这些表彰行为重要性的认识情况。

表彰项目 / 活动	重要性	不重要	不是很重要	比较重要	很重要	极度重要	频率	从不	很少	偶尔	经常	总是
给予员工口头表扬		1	2	3	4	5		1	2	3	4	5
发语音邮件表扬员工		1	2	3	4	5		1	2	3	4	5
送员工“感谢卡”		1	2	3	4	5		1	2	3	4	5
发电子邮件表扬员工		1	2	3	4	5		1	2	3	4	5
在公共场合表扬员工		1	2	3	4	5		1	2	3	4	5
给员工颁发荣誉证书		1	2	3	4	5		1	2	3	4	5
员工收到礼物、鲜花、礼券		1	2	3	4	5		1	2	3	4	5
员工收到诸如食品、电影、洗车服务等的优惠券		1	2	3	4	5		1	2	3	4	5
员工收到文娱节目的入场券		1	2	3	4	5		1	2	3	4	5
经理邀请员工共进晚餐		1	2	3	4	5		1	2	3	4	5
员工收到小额现金奖励		1	2	3	4	5		1	2	3	4	5
公告栏张贴客户的感谢信		1	2	3	4	5		1	2	3	4	5
员工赢取“流动奖杯”		1	2	3	4	5		1	2	3	4	5
员工拥有自己青睐的停车位		1	2	3	4	5		1	2	3	4	5
员工荣获“特殊成就奖”		1	2	3	4	5		1	2	3	4	5
经理给员工的午餐或晚餐买单		1	2	3	4	5		1	2	3	4	5
经理为大家开庆功会		1	2	3	4	5		1	2	3	4	5
经理花时间与员工交流		1	2	3	4	5		1	2	3	4	5

表彰项目 / 活动	重要性	不重要	不是很重要	比较重要	很重要	极度重要	频率	从不	很少	偶尔	经常	总是
不打扰员工下班后的休息时间		1	2	3	4	5		1	2	3	4	5
准许员工弹性工作		1	2	3	4	5		1	2	3	4	5
员工对所指派任务拥有一次选择权		1	2	3	4	5		1	2	3	4	5
给予员工特权或福利		1	2	3	4	5		1	2	3	4	5
增强员工的工作自主性		1	2	3	4	5		1	2	3	4	5
增强员工在工作中的话语权		1	2	3	4	5		1	2	3	4	5
允许员工参加学习培训		1	2	3	4	5		1	2	3	4	5

1. 一般说来，当员工出色完成工作时，你认为赞赏他们是否重要？（选一个）
①极度重要　②很重要　③比较重要　④不是很重要　⑤不重要

2. 一般说来，当员工出色完成工作时，你多长时间才予以表彰？（选一个）
①一日一次　②一周一次　③一月一次　④一年一次　⑤很少

此表可用来电子评分、反馈以及与其他领导或组织进行比较。

重要性得分	
将 1~25 项重要性测评部分所得分数相加，然后将总分除以 25 得到你对表中所列各项表彰行为重要性的平均感知程度。通过对之前参与过此项测评的得分进行统计，此项的平均得分应为 2.62，1. 项目的平均得分为 1.45。	
平均分低于 2.62	表明你比其他管理者更加意识到表彰行为的重要性。
平均分高于 2.62	表明与其他管理者相比，你没有充分意识到表彰行为的重要性。
1. 项的得分低于 1.45	表明你比其他管理者更加意识到表彰行为的重要性。
1. 项的得分高于 1.45	表明与其他管理者相比，你没有充分意识到表彰行为的重要性。

频率项得分	
将 1~25 项频率测评部分所得分数相加，然后将总分除以 25 得到你给予员工各项表彰行为的平均频率水平。通过对之前参与过此项测评的得分进行统计，此项的平均得分为 3.33，2. 项目的平均得分为 2.10。	
平均分低于 3.33	表明你比其他管理者更常给予员工表彰。
平均分高于 3.33	表明你比其他管理者更少给予员工表彰。
2. 项的得分低于 2.10	表明你比其他管理者更常给予员工表彰。
2. 项的得分高于 2.10	表明你比其他管理者更少给予员工表彰。

员工表彰实施情况测量表

这张表测量你在目前的职位上接受到的来自你的直属上司（经理、项目负责人）的非物质表彰行为的种类、频率以及你对这些表彰行为重要性的认识情况。

表彰项目 / 活动	重要性	不重要	不是很重要	比较重要	很重要	极度重要	频率	从不	很少	偶尔	经常	总是
给予下属口头表扬		1	2	3	4	5		1	2	3	4	5
发语音邮件表扬员工		1	2	3	4	5		1	2	3	4	5
送员工“感谢卡”		1	2	3	4	5		1	2	3	4	5
发电子邮件表扬员工		1	2	3	4	5		1	2	3	4	5
在公共场合表扬员工		1	2	3	4	5		1	2	3	4	5
给员工颁发荣誉证书		1	2	3	4	5		1	2	3	4	5
员工收到礼物、鲜花、礼券		1	2	3	4	5		1	2	3	4	5
员工收到诸如食品、电影、洗车服务等的优惠券		1	2	3	4	5		1	2	3	4	5
员工收到文娱节目的入场券		1	2	3	4	5		1	2	3	4	5
经理邀请员工共进晚餐		1	2	3	4	5		1	2	3	4	5
员工收到小额现金奖励		1	2	3	4	5		1	2	3	4	5
公告栏张贴客户的感谢信		1	2	3	4	5		1	2	3	4	5
员工赢取“流动奖杯”		1	2	3	4	5		1	2	3	4	5
员工拥有自己青睐的停车位		1	2	3	4	5		1	2	3	4	5
员工荣获“特殊成就奖”		1	2	3	4	5		1	2	3	4	5
经理给员工的午餐或晚餐买单		1	2	3	4	5		1	2	3	4	5

表彰项目 / 活动	重要性	不重要	不是很重要	比较重要	很重要	极度重要	频率	从不	很少	偶尔	经常	总是
经理为大家开庆功会		1	2	3	4	5		1	2	3	4	5
经理花时间与员工交流		1	2	3	4	5		1	2	3	4	5
不打扰员工下班后的休息时间		1	2	3	4	5		1	2	3	4	5
准许员工弹性工作		1	2	3	4	5		1	2	3	4	5
员工对所指派任务拥有一次选择权		1	2	3	4	5		1	2	3	4	5
给予员工特权或福利		1	2	3	4	5		1	2	3	4	5
增强员工的工作自主性		1	2	3	4	5		1	2	3	4	5
增强员工在工作中的话语权		1	2	3	4	5		1	2	3	4	5
允许员工参加学习培训		1	2	3	4	5		1	2	3	4	5

1. 一般说来，当你出色地完成工作后，你认为经理对你的赞赏和表彰有多重要？（选一个）

①极度重要　②很重要　③比较重要　④不是很重要　⑤不重要

2. 一般说来，当你出色地完成工作后，你多长时间受到经理的赞赏和表彰？（选一个）

①一日一次　②一周一次　③一月一次　④一年一次　⑤很少

此表可用来电子评分、反馈以及与其他领导或组织进行比较。

重要性得分	
将 1~25 项重要性测评部分所得分数相加，然后将总分除以 25 计算你接受到来自上司的各种表彰行为的平均频率。通过对之前参与过此项测评的得分进行统计，此项的平均得分为 2.89，1. 项目的平均得分为 1.88。	
平均分低于 2.89	表明你比其他员工更加意识到表彰行为的重要性。
平均分高于 2.89	表明与其他员工相比，你没有充分意识到表彰行为的重要性。
1. 项的得分低于 1.88	表明你比其他员工更加意识到表彰行为的重要性。
1. 项的得分高于 1.88	表明与其他员工相比，你没有充分意识到表彰行为的重要性。

频率项得分	
将1~25项频率测评部分所得分数相加，然后将总分除以25得到你被上司表彰和赞赏的平均频率水平。 通过对之前参与过此项测评的得分进行统计，此项的平均得分为3.59，2. 项目的平均得分为2.77。	
平均分低于3.59	表明你比其他员工更常被上司表彰。
平均分高于3.59	表明你比其他员工更少被上司表彰。
2. 项的得分低于2.77	表明你比其他员工更常被上司表彰。
2. 项的得分高于2.77	表明你比其他员工更少被上司表彰。

激励机制评估

结合你在工作部门或是整个公司的切身感受来尽可能真实地回答下面的这些题项。

分级：1—完全不对；2—很少这样；3—有时这样；4—经常这样；5—总是这样

题项	分级				
我很期待去上班	1	2	3	4	5
员工的生产效率高	1	2	3	4	5
饱含正能量的工作环境	1	2	3	4	5
员工持有积极乐观的态度	1	2	3	4	5
员工很享受在这里工作	1	2	3	4	5
旷工率低	1	2	3	4	5
拖沓现象少	1	2	3	4	5
客户满意度高	1	2	3	4	5
激励员工发挥创造性以满足国内国外客户的需求	1	2	3	4	5
员工的健康和安全很重要	1	2	3	4	5
我认为自己是公司重要的一分子	1	2	3	4	5
公司鼓励员工快乐工作	1	2	3	4	5
在这里工作的意义远远超出工作本身	1	2	3	4	5
在公司的设施和资源分享方面，员工受到充分的尊重和关怀	1	2	3	4	5

题项	分级				
我很清楚公司的战略及长远规划	1	2	3	4	5
我认为公司很重视我的想法	1	2	3	4	5
高级管理人员非常具有远见	1	2	3	4	5
我全力投入到公司的规划实施进程中	1	2	3	4	5
公司会诚恳地征求员工的意见	1	2	3	4	5
公司及时采纳员工的意见，并付诸行动	1	2	3	4	5
公司鼓励员工有创新意识	1	2	3	4	5
公司鼓励员工提出改进工作的方法	1	2	3	4	5
公司会竭尽全力帮我减少或消除阻碍我成功的障碍	1	2	3	4	5
管理人员不训斥员工，并且鼓励员工从失败中吸取经验	1	2	3	4	5
经理试图从问题中发现学习的机遇	1	2	3	4	5
管理工作不断地在改进	1	2	3	4	5
鼓励员工充分发掘自身技能	1	2	3	4	5
在公司，学习是第一位的	1	2	3	4	5
员工认真投入到公司的培训项目中	1	2	3	4	5
在员工接受培训后，公司还提供后期的辅助，使其学习到的东西能运用到工作中	1	2	3	4	5
我认真投入到那些将影响我职业生涯的培训中去	1	2	3	4	5
高质量完成工作	1	2	3	4	5
员工和管理层的双向交流畅通且频繁	1	2	3	4	5
员工时刻知晓公司的动态	1	2	3	4	5
不对员工隐瞒公司信息	1	2	3	4	5

题项	分级				
我参加的公司会议都是高效率的	1	2	3	4	5
公司间的沟通多元且有效	1	2	3	4	5
经理关心员工的困难和需求	1	2	3	4	5
公司员工团结一致	1	2	3	4	5
部门之间没有冲突	1	2	3	4	5
公司重视每一位员工的价值	1	2	3	4	5
劳工问题能快速解决	1	2	3	4	5
公司能为自己的错误负责任	1	2	3	4	5
员工和管理层之间充分信任	1	2	3	4	5
我相信公司告知我的一切都是真实的	1	2	3	4	5
员工之间拥有强烈的团队合作意识	1	2	3	4	5
针对我的工作表现，公司会给予我客观及时的反馈	1	2	3	4	5
公司能客观评估我的工作表现	1	2	3	4	5
我视工作中受到的表扬为积极的成长经验	1	2	3	4	5
及时关注表现不好的员工存在的问题	1	2	3	4	5
对工作出色的员工不吝赞赏	1	2	3	4	5
员工有受重视的感觉	1	2	3	4	5
奖赏公平	1	2	3	4	5
我认为自己的付出得到了应有的回报	1	2	3	4	5
即使加班我也很高兴	1	2	3	4	5
出色的工作表现受到极大地赞赏	1	2	3	4	5
不管是个人还是集体，都予以恰如其分的奖励	1	2	3	4	5
表现不好的员工不会得到奖励	1	2	3	4	5

题项	分级				
我不曾听说别的员工有抱怨过公司	1	2	3	4	5
如果公司陷入财政危机，员工愿意用自己的钱来帮助公司走出困境	1	2	3	4	5
总分					

得分：	得分 =(总分 /300)*100%
90~100%	公司具有非常好的激励机制
80~89%	公司具有很好的激励机制
70~79%	公司具有平均水平以上的激励机制
60~69%	公司的激励机制达到平均水平
50~59%	公司的激励机制低于平均水平
低于 50%	公司缺乏激励机制

表彰环境评估

组织 / 单位：________________________________

日期：________________________________

请尽可能准确地回答表中所列题项。

分级：1—不准确；2—有时准确；3—完全准确

题项	分级		
至少有一位高级管理人员赞同并积极地对员工进行表彰	1	2	3
对员工进行表彰赞赏的观念在公司内传播	1	2	3
公司内有专门的人负责协调员工表彰活动	1	2	3
公司内的经理们普遍有对员工进行表彰	1	2	3
面对面的表彰行为广泛存在	1	2	3
表彰行为施予技巧高超	1	2	3
表彰活动在公司内随处可见	1	2	3

题项	分级		
公司广泛采用非物质形式的表彰行为	1	2	3
大家普遍认同实施表彰将为公司带来好处	1	2	3
公司过去实施的表彰行为都非常成功	1	2	3
公司实施的表彰项目具有可持续性，能对员工产生重要的积极影响	1	2	3
有针对如何实施表彰的专门培训	1	2	3
表彰行为可予以衡量	1	2	3
表彰行为能带来回报	1	2	3
经理们有充分的资源来实施表彰行为	1	2	3
员工的价值得到充分的认可	1	2	3
经理对那些工作积极性不高的员工及时予以关注	1	2	3
公司“所说”和“所做”高度一致	1	2	3
表彰行为在公司中能顺利进行	1	2	3
公司乐于接受挑战和提升	1	2	3
公司内部沟通顺畅	1	2	3
公司鼓励员工学习新的技能	1	2	3
公司鼓励员工接受新鲜事物	1	2	3
公司并不惩罚那些喜欢冒险的风险型员工	1	2	3
总分			

得分情况	
63~69	理想型表彰环境
55~62	可接受的表彰环境
45~54	表彰环境存在一些问题，需谨慎对待
低于45	缺乏进行表彰行为所需的环境，需极大地改善

组织文化评估

组织：____

日期：____

将因子项乘以分级项计算分数，通过得分表查看结果。

分级：0—完全不；1—低；2—适度；3—高

文化特性	公司状态描述	分级				因子	得分
创新性	创新能力强	0	1	2	3	+1	
合作性	合作性强	0	1	2	3	+1	
沟通性	沟通顺畅	0	1	2	3	+1	
乐观积极	普遍拥有积极乐观的态度	0	1	2	3	+1	
注重品质	品质非常重要	0	1	2	3	+1	
以人为本	管理强调以人为本	0	1	2	3	+2	
战略清晰	大多数员工理解公司的战略规划	0	1	2	3	+1	
传统型	传统很重要	0	1	2	3	-1	
关注客户需求	客户的满意度很重要	0	1	2	3	+1	
独裁型	决定是自上而下的	0	1	2	3	-2	
灵活性	允许员工做出改变	0	1	2	3	+1	
忠诚度	员工高度忠诚	0	1	2	3	+1	
注重学习	学习和提高至关重要	0	1	2	3	+2	
风险承担	谨慎的冒险是受到鼓励的	0	1	2	3	+1	
团结性	员工之间非常团结	0	1	2	3	-2	
总分							

得分表	
36~42	理想型组织文化
30~35	可接受的组织文化
24~29	组织文化存在一些质疑之处，需谨慎操作
低于 24	目前的组织文化不利于表彰行为的开展

表彰技巧需求度评估

姓名：________________________

日期：________________________

分级：0—完全不；1—低；2—适度；3—高

表彰技巧	分级			
对表彰行为重要性的阐释	0	1	2	3
表彰和奖励之间存在区分	0	1	2	3
对成功的表彰行为进行分析	0	1	2	3
识别表彰行为的主要缺陷	0	1	2	3
精准显示表彰的表现形式 / 结果	0	1	2	3
评估表彰环境	0	1	2	3
制定表彰行动计划	0	1	2	3
给予真诚的赞赏	0	1	2	3
给予自发且非正式的表彰	0	1	2	3
给予正式的表彰	0	1	2	3
选择一些恰当的表彰物品	0	1	2	3
从以往的表彰行为中吸取经验	0	1	2	3
策划具有强烈效果的表彰活动	0	1	2	3
对表现出色的团队予以表彰	0	1	2	3
对完成项目的临时团队予以表彰	0	1	2	3
将表彰价值最大化	0	1	2	3
设定表彰目标	0	1	2	3
测量表彰的效果	0	1	2	3
策划组织内部的表彰项目	0	1	2	3
制定公司的表彰计划	0	1	2	3
执行公司的表彰规划	0	1	2	3
管理规划公司的表彰行为	0	1	2	3
在公司内部倡导开展表彰行为	0	1	2	3
持续的表彰行为	0	1	2	3
不断创新表彰形式	0	1	2	3
总分				

得分表	
65~75	你是一位擅长表彰的高手
55~64	你有很强的能力去实施好表彰行为
45~54	你拥有表彰行为所需的基本技巧
低于 45	你应该好好加强你的表彰技巧

表彰计划清单

在本部分，你将会看到从本书每一章中截取内容制作出的各种清单，这些清单可以用来指导你个人、团队以及组织的表彰活动和项目实施，同时通过这些清单，你也可以快速温习一下本书各章所论及的重点。

你可以在表彰活动实施前期、实施过程中或是活动结束后来使用这些清单，这样既可以在计划阶段对你的实施重点进行双重检验，又可以预见可能出现的问题，还可以评估活动的效果。

章 1 清单　奖励和表彰改革

- 许多人认为赞赏他人是一种常识，并且错误地认为他们所在的组织已经给予了员工相当多的奖励和赞赏。
- 导致表彰重要性激增的五个重要趋势：
  - 传统激励机制下降。
  - 非传统激励方法增多。
  - 使用多样的补偿方法。
  - 员工自主性增强。
  - 变化和不确定性增加。
- 工作表现和相应的表彰之间的联系应该加强。
- 有效的表彰会有一个最基本的影响。
- 针对员工的激励机制正在急剧地发生变化：
  - 从“一种方法可以普遍适用任何人”到采用多元化的方法和项目。
  - 从以公司为导向转为以经理为导向。
  - 从正式乏味的项目到有趣、非正式且自发的项目。
  - 从极少的选择到持续变动的多样选择。

- 从不常使用到灵活频繁使用。
- 公司氛围从被动接受到主动执行。
- 多样性的使用从仅限于出色员工推及至全体员工。

■ 表彰行为是一种投入低收益高的战略方法，对士气的提高、员工工作表现的提高、公司的招聘工作以及内部员工的稳定性都十分有利。

■ 一些非常确定及肯定的观念：

- 表彰行为确实有效。
- 多使用表彰行为将会使公司中的每个人都受益。
- 学习如何有效地实施表彰行为一点都不难。

章 2 清单　薪金误区以及表彰的七个关键点

■ 在“当员工出色地完成了一项工作后，该如何奖励他们”的问题上，经理和员工有着截然不同的看法。当被问及所属员工希望从工作中获得什么时，大部分经理会列出一串长长的单子，上面写着诸如“涨工资、分红、升职”之类的字眼，而当你再去问问员工们，他们真正想从工作中获取什么的时候，你将会得到跟经理们所给答案完全不一样的观点。

■ 尽管大多数人是冲着钱而来工作的，但工作的意义不仅限于钱。

■ 支付给员工的薪水其实是一种补偿。

■ 表彰和赞赏并不是一种补偿，它是除工资之外，你对员工工作表示肯定的另一种方式，以此激励员工更加努力地工作。

■ 每个员工所需的激励方式都不一样。

■ 工资仅是满足基本需求，并不具有真正意义上的激励作用。

■ 表彰的七个关键点：

- 可能性。
- 经常性。
- 及时性。
- 正式性。
- 事先设置。
- 对表彰授予者的意义。
- 对表彰接受者的价值。

■ 当表彰行为遵循以下原则时最有意义：以工作表现为客观依据，选择恰当的方式，及时、频繁、非正式地给予员工表彰，并且这种表彰方式对施受双方来说都具有意义和价值。

- 对员工来说，最大的激励来自直属上司，而非公司，并且是依据工作表现，并非只是工作上的浮夸作风。

章3清单　经理使用与不使用表彰行为的原因

- 当出色地完成了一项工作后，员工期望得到肯定和赞赏。
- 鲍勃·纳尔逊在研究中发现，能够经常性地实施表彰行为的几个重要决定因素是：
  - 表彰行为的实施基于个人责任感。
  - 表彰行为的实施需具一定的技巧和自信。
  - 不断强化表彰行为的使用。
  - 实施表彰者的年龄。
  - 角色范例。
  - 经常实施表彰行为的经理将其视为自身工作的一部分，并且不断提高表彰技巧，对这些技巧的使用也非常有信心，所用技巧在先前实施的诸多表彰行为中不断得到强化。他们一般在50岁以下，身边有一个高频率实施表彰行为的榜样。
- 此外，鲍勃还发现：
  - 时间并不是一个影响表彰行为经常性使用的限制因素。
  - 经理们关注的是：是否公平地施与表彰行为。
  - 工作压力减弱了表彰行为实施的可能性。
  - 资源和经费的限制对于那些经常实施表彰行为的经理们来说并不是大问题。
- 在一个旨在提高表彰行为使用的项目中，如果不实施表彰行为，可能有以下六个借口：
  - 我不知道如何最好地表彰我的员工。
  - 我认为对员工进行表彰和赞赏并不是我工作的重要部分。
  - 我没有时间对员工进行表彰和赞赏。
  - 我害怕表彰时会遗漏某些员工。
  - 员工对我过去实施的表彰行为并不认可。

● 我的公司不支持表彰行为。

■ 当几乎不表彰员工的经理们逐渐开始经常表彰员工时，渐进提高法在此发挥出最好的效果。

章 4 清单　表彰环境

■ 区分任务和环境。

■ 所有的表彰行为都是在一定的环境下进行的。

■ 环境对表彰效果的发挥具有重要影响。

■ 最重要的环境因素莫过于文化。

■ 价值创造文化，文化决定行为。

■ 请牢记公司的整体氛围决定了员工对于表彰赞赏的认知。

■ 激励机制创造积极的环境氛围（如行动、乐趣、多样性、投入、分红、选择性和责任感）。

■ 缺乏激励机制无疑是一种消极的环境（如不清晰的预期目标、不必要的规则、杂乱无序的工作、低效率的会议、持续的变动、不诚实、不公平）。

■ 对“杂音”保持警惕（与组织无关的事情），防止它们减损你的表彰积极性。

■ 通过对环境更好地理解和适应来避免潜在的阻碍表彰行为顺利开展的因素。

■ 为表彰行为的实施创造一个有益的人文环境。

■ 使用环境评估工具。

章 5 清单 表彰循环

■ 表彰并不仅仅是一项独立的技能，它与知识、态度、技能等紧密相关，是知识、态度、技能的综合体现。

■ 正确的知识和态度有助于正确技能的加强，这些技能又将产生正确的行为，而这些行为将产生预期的效果。

■ 所有的学习都蕴藏着风险——失败的风险，感觉自己很愚蠢的风险，感觉自己在浪费时间的风险。

■ 任何一个人都蕴藏着无限的潜力，但每个人的潜力被发掘的水平不一样，有的人比其他人学得更快。因此是“学习的速度”，而不是“学习的容量”将一个人与他人区分开来。

■ 在学习的早期阶段，太容易放弃了。本能的无力感所造成的不可避免的不适感常常导致放弃。

- 每个人都有达到高水平层级的潜力，但并非每个人都能成为专家。
- 在学习的过程中，习惯既可以成为积极的动力，也可以成为消极的阻力。人们可能会一直不实施表彰行为，如果这是他们的习惯；或者他们将一次又一次持续采取同一种表彰行为，直到有外在动力促使其改变。
- 我们很容易陷入某一种固定模式中，这将使得表彰行为显得程式化，但没有人是希望得到的认可是程式化的。
- “害怕犯错”、“看起来很糟糕”，这些想法常常让人怯于尝试新鲜事物。
- 当人们逐渐一步步、从低到高不断提高表彰能力时，我们要知道，学习之路并非一帆风顺。也许看待学习最好的方法是采用 PDRI 循环。P 代表的是计划，即决定要做某件事；D 代表的是行动，即开始做这件事；R 代表的是反思，即评估自己做的效果；I 代表的是提高，即不断修正之前的行动，以期能够做得越来越好。
- 想要做好一件事（包括实施表彰行为）只有一个方法，就是不断地去练习，去反思，在反思中不断提高。
- 当你已经完成首轮 PDRI 循环，你将希望在原有基础上有所变革，并且做得更加有效，你的这些想法将带你进入第二轮 PDRI 循环，这就是我们常讲的不断突破。
- 突破和创新之间是相关的，一个人的突破对另一个人来说也许也是一个巨大的进步。
- 实现突破最好的办法便是向那些“高人”学习，倾听、加入或创建一个互助小组。
- 表彰行为没有达到它该有的使用率，很重要的一个原因便是实施表彰行为的人通常自己也很少受到其上司的表彰。
- 不要忘记赞赏自己！

章 6 清单　开始实施针对个体的表彰

开始了……勇敢去做吧

- 从你能直接影响的范围内开始。
- 相同的事，用不同的方法。
- 询问所属员工，什么最能激励他们努力工作。

- 关注你所能做的，而非你所不能做的。
- 不要总是期望表彰行为要如何完美。

在表彰之前，问问自己

- 我想表彰的是什么？
- 我想表彰的是谁？
- 表彰该于何时进行？
- 表彰该在何地进行？
- 表彰该如何进行？
- 什么将可能出错（我该如何避免它）？
- 我期望得到何种反馈？

在表彰行为实施过程中，问问自己

- 我做得如何？
- 我是否获得了预期的反应？

在表彰实施之后，问问自己

- 我做得如何？
- 我是否是按原来的计划在做？
- 时机是否恰当？
- 我得到预期的反应了吗？

牢记“尽可能原则”

- 尽可能快。
- 尽可能真诚。
- 尽可能具体。
- 尽可能个性化。
- 尽可能积极。
- 尽可能主动。

让表彰变得容易

- 写些便条。
- 保持敏锐。
- 将行动和计划联系起来。
- 让技术为我所用。
- 举行“一对一”会议。

■ 为表彰安排时间。

充分使用下列事项进行表彰：

■ 有趣且重要的工作。

■ 信息 / 沟通 / 回馈。

■ 参与决策的制定。

■ 独立 / 自主 / 灵活。

章 7 清单　开始进行团队表彰

■ 团队表彰是个体表彰的一种延伸。

■ 团队表彰的挑战性在于：表彰的是团队工作，不能凸显个人表现。

- “尽可能原则”同样适用于团队表彰。
- 尽可能快。
- 尽可能真诚。
- 尽可能具体。
- 尽可能个性化。
- 尽可能积极。
- 尽可能主动。

■ 尝试用以下十种方法去表彰团队。

- 在承担了某项特殊任务的团队召开第一次小组会议时，经理应该及时出席，并对团队所有成员的积极参与表示感谢和赞赏。
- 在会议开始前，迎接每位团队成员的到来，在会议结束后恭送每位团队成员的离开，以此表示你对他们的赞赏。
- 团队成员相互之间感谢各自的辛勤付出。
- 为团队设计独有的标志，如印有 logo 的 T 恤或是咖啡杯。
- 为团队成员设立独有的嘉奖，以表示对团队成员的认可。
- 让团队中的一位成员为该团队中的另一成员设立奖项。
- 在群体中培养相互表彰赞赏的责任感。
- 安排中途休息时间，提供便当或是特制早餐、特制午餐等来庆祝中期成果或最终成果。
- 让经理邀请一位职位更高的领导来参加表彰会。
- 在项目结束后，给团队中的每一位成员写感谢信。

■ 一些很棒的有关团队表彰的原则：

- 聚焦于那些能产生最大影响力的方面。
- 将你的目标员工群体囊括进来。
- 举行派对来庆祝和表彰。
- 公开讲述今日的进步所走过的往昔历程。
- 产生众多的赢家。
- 允许奖励方式的灵活性。
- 有必要不断升级更新项目。
- 将正式奖励与非正式奖励结合起来。
- 找到能够不断有新表现的方法。
- 表彰实体团队。
- 使用电子技术来方便表彰行为的远距离进行。
- 为团队建设留出时间。
- 不要让团队成员落后。

章8清单　开始进行组织表彰

■ 组织表彰和个体表彰既有相同点又有不同点。

■ 组织表彰要求有一个完全不同的视角。

■ 组织表彰所产生的积极影响或消极影响都更强烈。

组织表彰的目标

■ 提高工作表现。

■ 示范作用。

■ 表达赞赏。

为组织表彰设点分级

■ 在顶层。

■ 在中间。

■ 在底层。

起作用的五个关键要素

■ 综合计划（远见、战略、预期结果、表彰项目）。

■ 协调计划。

■ 设计良好的计划。

- 不断完善的计划。
- 实施良好的计划。

组织表彰所需技能

- 组织表彰除了需要系统化思考外，所需技能与个体表彰、团队表彰相同

将组织表彰项目付诸行动需要四个阶段：

- 设计。
- 规划。
- 补充完善。
- 付诸实践。

有效开展组织表彰的步骤

- 承诺去做。
- 找到合适的时机。
- 明确表彰意图以及选择标准。
- 确保得到管理层的支持。
- 将表彰行为所产生的价值最大化。
- 考虑到潜在的阻力。
- 制定计划。
- 收集反馈。
- 不断完善项目。
- 监测影响。
- 下次做得更好。

章 9 清单　设计成功的组织表彰方式

- 组织表彰的项目能否取得最终胜利，很大程度上取决于组织项目本身以及项目设计的质量和明晰度。
- 组织表彰设计的起点是目标设定，目标总是能折射出组织目前所处状态中让人不满意的一个或多个方面的问题。
- 提高目标设定有效性的关键在于使目标更加具体——设定的目标应清晰地阐释其意图。
- 一个有效的目标，形式上应具备以下组成部分：行动状态（将达到什么目的）、目标群体（谁来完成这个目标）、时间限制（什么时间或什么时期完成这项目标）。

■ 一旦组织表彰的目标已经清晰地形成，那么接下来就需要按照以下设计原则来设计组织表彰的项目了。
  - 焦点：这项表彰项目是否有清晰的焦点。
  - 明晰：项目的目标是否清晰。
  - 准备状态：组织是否为该项目的实施做好了准备。
  - 支持：是否得到了管理层的支持。
  - 并列：项目和组织的优先事项是否同等重要。
  - 加强提高：项目和组织是否建立在先前的表彰项目基础上。
  - 整合：该项目是否能与其他的组织项目相结合。
  - 系统化：该项目是否融入组织整体系统中。
  - 责任性：是否有清晰地确定协调该项目的负责人。
  - 参与性：是否有机会让员工也参与其中。
  - 可影响范围：表彰行为是否会影响到公司中的大多数员工。
  - 可见性：该项目是否清晰。
  - 知识分享：是否有关于分享该项目信息的相关条款。
  - 意义：员工感受到该项目的意义了吗。
  - 礼品：用于表彰的礼品是否比较个性化。
  - 衡量：是否有充足的标准来衡量该项目，以及对反馈做出回应。
  - 修正：项目很容易得到修正。
  - 封闭性：如果必要的话，项目是否可以完全被颠覆逆转。
  - 持续性：项目是否具有可持续性。

章 10 清单　计划成功的组织表彰

■ 计划是一项对时间的投资，立足于当前，着眼于提高未来的表现。一项有效的计划，投入其中的每一个小时都可以节省执行过程中的许多不必要的时间以及避免许多潜在的挫折。

■ 艾伯特•爱因斯坦（Albert Einstein）：每一件事都应该尽可能简单到极致。

■ 一项组织表彰计划有六个因素：行动计划、日程安排、资源需求、预算、潜在的可导致错误的因素和预防行为、评估测量。

■ 准备一项行动计划最好的方法就是识别活动的主要类型，然后在此基础上识别每一类型下的各种活动。

- 行动计划一般会描绘出一个大致的基本轮廓，告诉我们哪些是需要做的，但它并没有告诉我们什么时候去做，这就是行程表存在的意义，行程表给了我们看待一个项目的不同视角，尤其是以一种相互联系的观点来看待该项目。
- 从行动计划和行程表中可预知物资方面有哪些需求，并且几乎所有的物资方面的需求都是有时间限制的。它们必须在需要之前就已经安排好，物资方面的缺乏或未按期提供常常会导致整个项目进程的延后。
- 预算是对运行项目各方面所需金钱的粗略估计，如果没有做好预算，很难申请到资金，人们也不会“量财而行”。
- 避免遭受“埋伏”的方法莫过于仔细排查存在于组织内部的有可能摧毁或破坏你良好初衷的各种状况，并且计划如何避免它们或想出当你没法避免时你的处理方法。减少潜在致错因素特别是高风险举措最好的方法便是补充一个应急预案。
- 尽管测量评估是监控进程的唯一方法，但它仍然常常被忽视，此外，测量评估通常可以提供关于改进的重要回馈。
- 要点：关于组织表彰，正如生活的其他方面一样，预则立不预则废，如果没有好好计划，是注定要失败的。

章 11 清单　完善组织表彰

- 将组织表彰视为组织内的一种变化。
- 你需要克服惯性（拒绝变化）以及逐渐减弱的积极性（随着时间的推移，对新项目的热情会逐渐消退）。
- 要想克服惯性和逐渐减弱的积极性，法宝便是联合、协调和沟通。
- 确保组织表彰与组织长远规划、战略以及价值观相一致。
    - 良好的协调有助于充分认识到组织表彰所带来的益处。
    - 协调不好将导致冲突、困惑、资源的重复浪费。
- 合作协调将提高协同能力，并且会使组织表彰的整体效果大于单个个体的效果之和。
- 没有什么能如一项能够清晰地显示与组织内部价值相一致的表彰任务那样有助于表彰的协调和合作。
- 依据表彰指南和标准，明确预期目标。

■ 任何认真对待组织表彰活动的组织都应该有一位专门的表彰活动协调员。
■ 沟通有助于组织表彰的完善和改进。
■ 交流表彰所带来的益处。
■ 分享成功。
■ 没有什么沟通效果能比与直接从事表彰活动的组织经理进行沟通更好。
■ 沟通的三个阶段：
● 活动着手前。
● 活动开始时。
● 活动过程中。
■ 在沟通交流方面千万别吝啬。

章 12 清单　具体开展组织表彰

■ 组织表彰是一个有机循环系统。
● 在活动过程中，以下几个阶段对表彰的开展十分重要。
● 阶段一：准备（为活动做好准备）。
● 阶段二：宣传（宣传该活动）。
● 阶段三：发起（发起活动）。
● 阶段四：兴奋（建立起对项目的兴趣）。
● 阶段五：稳定状态（开展活动）。
● 阶段六：消退（不要让积极性消减）。
● 阶段七：重新恢复活动（大多数表彰活动需要重新焕发活力），或：结束（有时候在积极性消失殆尽之前终止活动无疑是最好的）。
■ 熟悉组织表彰的整个循环过程将有助于你参与每一个阶段，并充分利用好每个阶段。
■ 发起组织表彰活动的关键在于有效的沟通。
■ 确保组织表彰活动平稳开展的关键有：
● 活动过程中的沟通。
● 赞赏表彰者。
● 将活动的规模控制好。
■ 重新焕发表彰活力的点子有：
● 增加种类。

- 创造新的表彰机会。
- 设立新的表彰层级。
- 加强得分累加制。

■ 积极地终止组织表彰活动的点子有：

- 总结经验教训：那些没有从过去活动中总结教训的人需要重复一下这些经验。
- 记录积极有益的部分：不要总是关注于消极否定的部分。

■ 不要忘记使用非常有价值的管理工具来开展组织表彰活动（如行动计划、案例报告、总结会）。

章 13 清单　将表彰引入高层管理中

■ 清楚高层的价值观。
■ 用他们的交流方式与之交谈。
■ 增强可靠性。
■ 分享研究成果和整理数据。
■ 分享企业的成功案例。
■ 个人诚恳请求。
■ 提出一个实验项目。
■ 营造成功的氛围。
■ 没有什么比成功更具有说服力。
■ 帮助高层工作顺利开展。
■ 让高层选择自己的参与度。
■ 对于高层的表彰活动表示赞赏。
■ 让高层模拟表彰。
■ 让员工有接触公司高层的机会。
■ 高层小行动导致大影响。
■ 帮助高层制定个人表彰计划。

章 14 清单　解决表彰活动中产生的问题

■ 尽管初衷是好的，但表彰活动可能产生相反的作用。
■ 注意到个人表彰、团体表彰和组织表彰中有可能出现的问题，将可以更有效地避免这些问题，或将问题控制在一定范围内。

- 个人表彰中通常出现的错误有：
    - 错失表彰良机。
    - 表彰不及时。
    - 不够真诚或程式化表彰。
    - 错误地将公共场合的表彰运用于个人表彰。
    - 赞赏中夹杂批评。
    - 没有奖励的表彰。
- 团队表彰中普遍出现的错误：
    - 对待每一个人都是一样的。
    - 遗漏某个人。
    - 不让团队自己决定奖励方式。
- 组织表彰中通常出现的错误：
    - 急于表彰。
    - 不具有奖励性质的奖品。
    - 适用于任何人的单一模式。
    - 缺乏创新性和相关性。
    - 混淆优先的事项和并列的事项。
    - 主观性太强的表彰。
    - 表彰的资格认可。
    - 表彰减少。
    - 不恰当的表彰。
    - 出现零和效应的表彰。
    - 不合时宜的表彰。
    - 奖励不恰当的物品。
    - 固化的激励机制。

章 15 清单 维持并不断创新表彰行为

- 在将项目启动和平稳运行的最初阶段存在许多障碍，“蜜月”一旦结束，即使是最受欢迎最成功的项目也要面临难以将热情维持的挑战。
- 一项表彰活动要想历经时间的考验而长存，必须有如下前提：使用新的技能和工具，持续关注进行对员工的表彰，激励管理者保持对员工进行表彰的动力，如果需要的话应不断更新。

■ 为了使你的表彰项目持续进行，试试以下几条：
  ● 与战略目标相联系。
  ● 获得新的财力支持。
  ● 鼓励具体的管理工作跟上。
  ● 增强沟通。
  ● 将表彰活动归入人力资源系统。

■ 更新表彰活动通过：
  ● 增加管理工作的介入。
  ● 提供新的和更好的表彰形式。
  ● 举办表彰会。
  ● 向他人讲述你的成功。

■ 不要害怕终止一个项目，如果它已经发挥了长久的作用，并且不容易再更新的话。

■ 如果一个项目准备好了结束的话，那就漂亮地结束它吧。

表彰计划工作表

在本部分，你将会找到在6、7、9、10章中描述的用来进行个人、团体、组织表彰活动的计划工作表。正如前面章节中所讲到的，这些空白表格可以用来帮助你逐步地设计和完善高效的表彰活动。如果需要的话，你可以将这些表格复制多份，这样你就可以在不同的情境下或是在不同的表彰活动中来使用这些空白表。

个人表彰计划表

参照章6 开始实施针对个体的表彰

我想表彰的是什么？
我想表彰的是谁？
表彰该于何时进行？
表彰该于何地进行？
表彰如何进行？
什么可能出错？
我期望得到何种反馈？

团队表彰计划表

参看章 7 开始进行团队表彰

我想表彰的是何种团队表现？
我想表彰的是哪个团队？
表彰该于何时进行？
表彰该于何地进行？
表彰如何进行？
什么可能出错？
我期望得到何种反馈？

组织表彰计划表

参看章 8—12 开始进行组织表彰

目前状况
渴望达到的状态
目标

行动计划表

行动计划

日期	主要活动	责任

日程安排表

日程安排

重要事项	日期

资源需求表

所需人力资源

人员	项目角色

资源需求表（续表）

所需其他资源

资源	购生产买	要求日期

预算表

项目预算

项目	预算	实际花费

潜在问题表

潜在致错因素以及防御措施

因素	可能性	防御措施

战略评估表

方法	层级	阶段	描述

经验教训表

从这次的表彰活动中我有何种经验教训?
下次我会做出何种改进?

表彰培训设计

公司逐步认识到如果想让公司的经理、高级管理人员以及项目负责人认真对待对所属员工的表彰，那么他们就必须接受表彰技巧方面的训练，这样的培训能够极大地增强意识、培训具体的技巧、帮助克服有关表彰运用方面的阻碍，并且容易形成一种动力来极大地影响组织，以期创造出一种文化方面的变化。

培训以及后续的项目对于我们在第 5 章中所讨论的表彰循环中的突破性学习同样具有巨大作用。

经理们相互之间应就哪种表彰策略能够起到很好的作用进行讨论学习，此外，对于他们正在考虑实施的新的表彰活动，应该广泛搜集反馈意见。

表彰教学建言

由于人们使用不同的方法学习，达到的水平也各不相同，因此在表彰教学中需要运用多种教学方法，以最大限度地开发学习潜能。下面的一些方法在教授表彰及相关技巧方面非常有价值。

活动和讨论　让个体参与到话题的讨论中来，让他们清楚表彰重要性的有效方法，你可以用这种方式来开始：询问参与者，让他们去回想最近一次他们受到赞赏的时候或是他们曾经给予员工或从上司那儿接受到的表彰，并且给大家描述一下当时的情形。这种讨论和分享给群体建立一种表彰的初步认识，同样，我们也可以召开群体讨论，大家可以分享自己有关表彰方面的经验，或者来一场“头脑风暴”，以低成本碰撞出表彰的创意。

研究和统计　从本书中提到的一些研究中提取成果和数据来强调表彰的重要性，特别是对一些重视数据的参与者来说，尤其需要这样。在企业快讯中，通常会有一些相关的激励研究，这些研究也可以用来支撑你的想法。

故事和案例　比研究更具有说服力的莫过于一个好故事。目前的管理体系不论在传播知识方面还是维系公司价值观方面都证明了故事讲述具有极强的感染力和能量。故事既可以是教练亲身经历的，也可以是从别的员工、经理或先前的培训中听来的。如果这是个幽默的故事，那么就更容易抓住受训者的注意力了，这无疑是一个培训的绝好时机。一个饱满的故事可以用作一个研究案例，增强受训者对主题理解的深度。另一方面要增强故事的关联性，直接使用那些发生在你身边的案例，这样受训者可以将它们与自身联系起来，有着更切身的感受。当表彰已经成为公司文化不可或缺的重要部分时，一段生动形象的案例视频同样可以向大家清楚展示表彰应该如何进行。

行为示范 传授任何技能，特别是需要与人接触的技能，一个理想的方法便是示范与该项技能相关的行为。当教授表彰技巧时，可以当着全班的面给予学员及时、具体、真诚的非正式个人表扬，也可以通过更加正式的成功表彰案例和失败表彰案例的角色扮演来阐明。通过这些方式，让大家知晓在任何情况下，一个有效的表彰应该如何。

在培训项目中一些其他阐明表彰的方法如下：

使用诸如水枪这样的班级流动奖杯来表彰某些行为（佩格·莫瑞，培训师，技能培训高级研讨班）。

用一张褶皱的纸制造一个奖品，让参与者制作一些有意义的奖品（阿美莉亚·艾米塔吉，行为体系协会主席）。

给参与者证书，上面写着参与者想要受到表扬的事项，并且让一位搭档来授予证书（托尼·拉·莫塔，《表彰：高效之路》一书的作者）。

一般来说，尽量让经理们、高级管理员、项目领导甚至全体员工意识到表彰的重要性，并且训练他们的表彰技巧是很重要的，但让他们自身感受表彰的能量更为关键。教室是一个非常好的环境，这个环境可以帮助学员们迈出学习表彰技巧的第一步，并且有助于他们回到工作岗位后使用这些技巧来设计出一个行动计划。

接下来的是作者已经使用过的几个培训计划，这些计划都非常适合目前你们所处的状况。

表彰培训的一般模式

话题	活动	建议
介绍	欢迎 目标 日程 参与者介绍 期望	确保参与者清楚预期目标，当他们自我介绍时，你可以让他们分享一下他（她）个人想要从项目中获得什么。
术语定义 表彰 激励 增强 嘉奖 等等		

话题	活动	建议
表彰的价值	讨论	让参与者分享他们自身对表彰的感受。
物质奖励 VS 非物质表彰		相互交流。
表彰的层级 个人的 团队的 组织的	相互交流	让参与者自愿分享每一个层级的表彰经验。
表彰涉及因素 年龄 经验 技能 / 自信 使用频率 组织中的角色 有效时间 对负面结果的恐惧 其他	相互交流	让参与者提供其他的可以提高表彰效率的影响因素。
组织内的有利环境 经理 组织内的支持 表彰文化 资源 其他	相互交流	让参与者分享更多的增强表彰氛围的影响因素。
组织内的约束因素	讨论	让参与者分享有关障碍表彰进行的约束因子，一旦约束障碍被识别，那么实行表彰就变为可能。
表彰维度 可能性 及时性 经常性 正式性 表彰设定和表彰环境 对表彰提供者的意义 对接受表彰者的价值	相互交流	

话题	活动	建议
表彰循环	相互交流	探讨 PDRI 循环（计划—执行—反思—完善）以及此循环对提高表彰的作用。
开始进行个人表彰	相互交流	强调“开始执行”和“不求完美”的重要性，指出计划过程中存在的一些简单问题。
关于有效表彰的指南	相互交流	聚焦“尽可能原则”。
可选择：角色扮演		
经典案例	相互交流	探讨“最好的十种方法”。
开始进行团队表彰（可选择）	相互交流	同时讨论个人表彰和团队表彰的最佳方法。
开始进行组织表彰（可选择）	相互交流	强调组织表彰需要更细致谨慎的计划。
为表彰设定时间	讨论	集中于“能做的”（机会），而非“不能做的”（障碍）。
表彰承诺	行动计划	让参与者完成表彰行动计划。
概要	讨论	对主要的学习要点开展“头脑风暴”。
评估	完成调查	

一整天表彰活动安排范例

	此表结合了上、下午两个时间段的活动安排，如果需要，可以单独参考使用半天的活动安排。
8:30—8:35	介绍和概览。
8:35—8:45	开场白：能量的重要性。
8:45—8:55	表彰需求增强的影响趋势。
8:55—9:10	活动和分享：你最近一次受到表彰的经历（总结：好的表彰应该是简单的、人性化的）。
9:10—9:20	表彰的好处。 表彰的基本影响。
9:20—9:40	定义。 表彰和奖励。 正式的 / 非正式的 / 着眼于现在。 有形的 / 无形的。 非本质的 / 本质的。
9:40—10:00	经典案例视频播放：西南航空公司。

10:00—10:15	休息。
10:15—10:20	表彰和奖励的相关问题。
10:20—10:50	小组讨论：为什么我们不使用表彰。
10:50—11:00	行为管理的两个原则： 1. 所有的行为应有清晰的目标。 2. 你的表彰会带来相应的收益。 三种结果：积极的、消极的、中立的。
11:00—11:45	活动：询问并获得三种形式的回馈（讨论不同形式的回馈具有不同的价值）。
11:45—12:00	经典案例视频播放：迪士尼海豚旅馆。
12:00—1:15	午餐。
1:15—1:30	问题 & 讨论：找寻激励动机的底线。
1:30—2:00	研究概览："技术人员回馈的顶级激励机制"研究。 结论（1）金钱并不是最有效的激励方式。 （2）最有效的激励是经理依据工作表现直接给予的表彰。
2:00——2:20	团体活动：对你有效的一次非物质表彰经历 （小组讨论和报告，为各小组准备小奖品）
2:20——2:30	休息。
2:30——2:45	将表彰付诸实践。 有效的表彰指南。
2:45——2:55	活动：和搭档进行奖励练习。
2:55——3:00	重览目标清单：按照话题兴趣，将团队分组。
3:00——3:30	团体活动：讨论，并就员工需求展开头脑风暴，汇报讨论结果。
3:30——3:50	用实例开发员工的能量。 有趣且重要的工作。 信息、交流和工作回馈。 参与各项决定，强化主人翁意识。 独立、自主、灵活。 增强学习的机会、成长、责任。
3:50——4:00	视频播放：激励：出色工作的助燃剂（如果时间允许，完整播放视频）。
4:00——4:20	分享提交一项你将会把事情做得与众不同的行动计划。
4:20——4:30	总结，结束。

半天表彰活动安排范例

在最初培训后的2—3周按照此范例练习，有助于问题的解决和动力的增强。

范例A

8:30—8:35	介绍和概览。
8:45—9:00	活动和分享：你最近一次受到表彰的经历。
9:00—9:05	表彰的定义。
9:05—9:25	表彰的类型：正式的 / 非正式的 / 着眼于现在。
9:25—9:35	活动：非正式交流互动的能量。
9:35—9:40	有效表彰的行为指南：尽可能原则性强。
9:45—10:00	经典案例视频播放：迪士尼世界。
10:00—10:20	休息。
10:20—10:35	讨论：什么阻止了我们使用表彰。
10:35—10:55	行为管理的两个原则： 1. 所有的行为应有清晰的目标。 2. 你的表彰会带来相应的收益。
10:55—11:15	研究概览。
11:15—11:35	团队活动：那些有效的表彰活动。（团队讨论，头脑风暴，报告）
11:35—11:50	行动计划和分享。
11:50—12:00	总结，结束。

范例B

8:30—8:40	介绍和目标设定。
8:40—9:10	活动：群体讨论和汇报——什么有效？什么无效？
9:10—9:30	有效表彰和奖励原则回顾。
9:30—9:45	经典案例视频播放：西南航空公司。
9:45—10:00	休息。
10:20—11:00	深层讨论和“头脑风暴”。
11:00—11:25	行动计划和分享。
11:25—11:30	总结，结束。

第六部分

表彰形式

表彰典范榜

下面将介绍十二个全球顶尖的表彰型企业和组织。基于我们在百余家机构的调研、写作和工作经验，我们发现这十二个企业和组织在表彰和奖励的工作方面特别突出。他们将表彰这一概念融入到企业文化中来，形成了长期有效且别具一格的表彰制度和行为。将他们十二个组织着重提出来，是因为他们的行为恰恰体现了本书的主旨。

亚利桑那州政府

在战略角度，该机构在很大程度上为表彰文化的践行起到了示范作用。他们提出“干得好！”的激励项目，号召各社会组织领导者从多角度关注员工的表现。

我们之所以推崇“干得好！”这一项目，是因为它涉及的表彰不仅全面综合，而且兼顾了各个方面，有形式多样的表彰活动和多种鼓励途径。一个明显的体现是，它表彰的主体是团队而非个人，以突出团队之间的协作精神。同时团队荣誉也惠及各个成员。

“干得好！”这一项目在州政府资源有限的情况下，仍取得很大的成功。最大的成功在于创造性地将表彰这一概念惠及团体而非孤立的个人，进而更加激励人心。

雪佛龙公司

雪佛龙的奖励项目基于一套合理的原则，也就是

“雪佛龙方式”。“雪佛龙方式”与我们这本书中所论述的高效激励的原则和实践完全吻合。

雪佛龙的奖励项目也非常系统性。除了全公司范围的“总裁奖”之外，人力资源部门的成员们还向各个部门的同事请教，设立他们各部门的激励项目。雪佛龙就激励政策做出了统一协调，但是又足够规范化地向公司所有的员工提供了可接受的激励措施。在这个原则的指导下，雪佛龙依靠部门或团体的亚文化鼓励激励项目的多样性。

雪佛龙激励的方式给员工提供了工作的动力，同时也给整个组织注入了活力。

西雅图市

对于一座城市的政府部门而言，想拥有一种较高效的激励文化几乎是天方夜谭，但这并不属于西雅图市。在这座城市中，很大一部分人专注而一致的努力已经产生了一种模范员工激励项目被称作“西雅图工程”，这是全市义务中的一项最出色的展示。

“西雅图工程”对组织的激励政策来说是一个典范，利用大范围的激励政策以及通过政府的实践，令员工在工作中保持好的心情：同等的提名权，多样的方式，规范的方法都做出了统一的协调，融合正式和非正式的表彰方法，在表彰中进行教育，努力确保表彰的全面性，让所有区域的员工以及所有的工种都有赢得表彰的机会。

迪士尼公司

没有迪士尼公司，表彰典范榜就是不完整的。很少有公司能把表彰做得比迪士尼公司更好。迪士尼公司就是一个范例，这是一个强大富有活力而且灵活的公司。

迪士尼不把表彰视作一个隔离出来的项目；它与整个战略计划合为一体去指挥、管理，并将员工视为客户服务的一种类型。迪士尼一直坚持寻找新的方式去激励员工，无论是正式还是非正式的。

我们在这本书中提到过多次，最好的组织表彰是和组织的文化以及商业战略融为一体的。迪士尼有一个全球性的激励项目，这支撑着公司的业绩呈现最好的发展态势，包括顾客的满意度、团体卓越性和财务运作的高效——被叫作“优秀伙伴”项目。就如许多伟大的团体激励项目一样，“优秀伙伴”有很多梯度。他们也有许多地区性项目，但是都与迪士尼的核心价值观息息相关。

我们关注迪士尼的另外一个原因是他们的激励措施基于大量高效激励的标杆企业。他们不满足于做得比较好,而是追求更好。为了达到这一目标,他们不惧变化。

联邦快递公司

FedEx®

在美国，联邦快递公司是一家知名度极高的公司，并且晓喻全世界（财富杂志投票显示，联邦快递是排名于美国前一百的公司，也是被全世界所认可的公司）。我们认为它同样归属于表彰的典范。

就像我们所看到的大多数公司一样，联邦快递拥有一系列清晰且不同层次的激励项目和可观的业绩。它同样给予多数不同层次的员工很多机会和适当的表扬。依我们的观点，联邦快递是一家真正“懂得奖励”的公司——他们意识到表彰并不仅仅是一块扔出去的匾或者是大家权利的选择。比如，当重新评定“祖鲁奖”时，管理者会关注于如何更好地书写个性化的信来展现在个人工作的团队中，这比金钱和昂贵的纪念品更有意义。

联邦快递的表彰包含了由监管人员、高层管理者以及消费者亲自挑选的奖品，但所有的奖品和激励措施都加强了其核心价值观——快且值得信赖的邮递和高标准的客户服务。联邦快递甚至有更为人道主义的奖励设立给社区团体。

联邦快递也有一些非正式的奖励。有一个例子确实引起了我们的注意，当员工分类整理包裹的时候，经理每天早上都唱歌给他们听。

最重要的是，联邦快递认可奖励是有价值可言的。

好撒玛利亚人医院

Good Samaritan Hospital
A member of Premier Health Partners

医院是一个令人相当压抑的工作地点。但是在俄亥俄州代盾市的好撒玛利亚人医院，这一点并不成立。在那里，组织表彰是一股创造高质量服务的主要力量，病人在这里也可以得到快乐。组织表彰的效率也是这家医院之所以可以享誉俄亥俄州乃至全国的一个重要原因。

就像所有伟大组织激励项目一样，好撒玛利亚医院的项目有很好的协调性因而充满活力，这不仅限于高层管理部门，员工也有很好地参与其中，这是与组织的核心价值和业绩标准合为一体的。然而，员工参与是好撒玛利亚人医院奖励文化的一个显著特点。当然，好撒玛利亚人已经避免了昂贵的激励支出——事实上，与我们荣誉榜列出的大多数组织相比较，他们是低成本激励的，但是这没有影响其质量。好撒玛利亚人的奖励和表彰员工工作的团队已经给我们留下了深刻的印象，那就是激励项目其背后的推动力。

为什么微笑和突出的业绩在好撒玛利亚人医院比其他的医院更为常见，这要归功于它的激励项目。

IBM公司

IBM

一个人的观点可能有偏颇，但我们都认为IBM是值得登上我们的表彰典范榜的。不可否认，IBM将比其他典范榜成员更注重金钱上的表彰，但他们也有一系列其他形式的表彰方式。

没有哪个公司比 IBM 更重视个人表现，它的表彰计划也反映了这种重视。同样，目前我们所研究过的表彰计划没有一种在策略和文化方面比 IBM 做得更好，IBM 也积极地在公司范围内创造一种认可文化的积极氛围。

“新蓝：聚焦胜利”是一个以表彰计划为目的的完整系统，该计划实际上在每一级之间都设置了从低成本的表彰到最高 2.5 万美金奖励这一范围用于表扬那些在经营上有重要促进作用的人。

IBM 也采用了许多非物质奖励方式：电子邮件感谢信、表达感谢的纪念品、高层拜访、庆功会、竞赛等等。IBM 另外值得称赞的表彰方面就是该公司管理发展计划的承诺。发展并维持一项涉及世界范围内 35 万名员工的表彰计划不是一件容易的事情，但 IBM 一直在做，并持续将钱投入到这个承诺中。

兰德斯 – 恩得公司

LANDS'END

我们选择兰德斯 - 恩得公司——一家总部位于威斯康辛州道奇威尔市的直销商——作为一类普通组织中不普通的范例。就是说，这家公司认为表彰应该作为一种日常行为，而不是那些偶尔在特殊场合才有的事情。那就是为什么在这里你可能看不到像其他公司那样那么多正式的表彰方式，还有为什么像兰德斯 - 恩得这样一家公司不会像其他因有闪耀的表彰计划而人尽皆知的公司一样得到那么多关注了。尽管如此，我们认为这家企业日常的非正式表彰方法是美国最优越的。

呼叫中心是众所周知的压力大而且让人无法容忍的工作场所，这是为什么我们对兰德斯 - 恩得印象如此深刻的原因。呼叫中心全年每天 24 小时营业，该部门是一个压力极大、极忙碌的地方，特别是在节假日期间。兰德斯 - 恩得呼叫中心与其他地方的不同之处尚在研究中，这种不同之处需要与真正的承诺一起来表彰员工不断进步的贡献。

该公司一直不断尝试寻找更好的方式来服务客户和员工，即使创始人加里·科默没有为员工建造 8 万平方英尺的活动中心，他们也知道管理者关心他们并感谢他们所做的努力——在兰德斯 - 恩得只是很普通的现实生活。

博钦律师事务所

Perkins Coie

博钦律师事务所因 2003 年第一次被评为“美国 100 家最适宜工作公司”之一而一举成名。结合本书中讨论的所有要素用超过三年时间建立了公司系统的表彰文化，这可作为我们研究的一个极好范例。从一个有趣且简单快乐的委员会——包含五名有能力发起鼓舞士气的匿名成员——到弹性工作时间，经定期对员工的调查还能提供休假来表扬工作努力的员工。博钦可作为一种模式为我们研究表彰方法怎样在一家公司从建立到推广提供参考。

美国西南航空公司

SOUTHWEST

尽管我们不都是为了早些登上西南航空的班机而早早地到机场得到一个靠前的位置（登机牌号），但在欣赏该公司的表彰方法时大家的看法是一致的。

西南航空企业文化与众不同的特征是对娱乐文化的重视，这种在美国商业社会里无可匹敌的精神和亲切的感觉只要你到售票柜台就能明显感到，即使在经济困难时期这种特征也不会令人意外。西南航空是为数不多的仍在赢利的航空公司之一，它证明了公司的表彰努力确实是有回报的。

像西南航空这种令人印象深刻的企业让我们认识到员工是公司的首要顾客，如果员工自己感觉欠佳，那么他们在与外部顾客互动时也很难让人满意。

没有哪个公司领导人像赫伯•凯莱赫一样亲自创建了一种表彰文化，我们最喜欢的与赫伯•凯莱赫有关的故事就是，当一个名叫埃德·斯图尔特的员工为留在西南航空而拒绝一份更高报酬时，这位首席执行官走进了他的办公室并亲吻了他。

星巴克

很少有企业能够做到对正式员工和兼职人员一视同仁，从兼职津贴到大量的学习、培训成长机会，星巴克为一种新型雇佣契约关系打造了一个舞台，这种新关系里员工被视为合伙人对待。星巴克的员工喜欢为公司工作，他们提供给顾客的服务也反映了这个情况。创始人霍华德•舒尔茨从其亲身经历中所知没有一种保护网络这将是什么样的工作，在他的观念里，培训计划、购股选择权和综合医疗保险的投入比公司员工忠诚度的价值和传递给顾客的那种凝聚感所得到的补偿要多。星巴克所有关于品质的理解不仅在产品上还在它对待人的态度上。

美国人事管理办公室

在我们眼里，一个联邦政府代理处可能不会像一个“服务标兵”那样服务包括私企在内的其他组织，但人事管理办公室不是一个典型的政府代理处。通过向雇佣约 200 万和表彰计划有关人员的联邦机构提供建议收取报酬，同时坚持常规公开监督和立法约束，人事管理办公室已成为在表彰能力（权利）及如何使其他机构创造性地利用其标准方面老练的咨询机构。“人事管理事务所面临的挑战，”人事管理办公室绩效管理的多丽丝·豪塞尔主管说，“是鼓励员工去创新创造而不是仅仅限制他们做法律不允许的事情。”人事管理办公室通过提供清晰的表彰准则、允许且鼓励代理处制定自己的计划来兑现。另外，人事管理办公室鼓励机构间交换想法和成功经验，也鼓励引入非会员来培训代理机构，从其他公司学习最优方案。

仅仅在它其中一家机构的数以百计的表彰计划之中，“幕后英雄奖”是作为史密生研究所五十周年庆的一部分，用于奖励五十名优秀的由同行提名的员工，他们在不断追求卓越承诺的过程中显示出了自己的与众不同。

最佳奖励实践

在这部分，我们将展示大量的最佳奖励实践——这些独特的奖励项目创造了不同凡响的业绩。这些案例来自不同行业和不同领域，我们尽量将他们写得通俗易懂、易于操作，使得你在你的企业中，更容易采取类似的奖励项目创造同样的奖励效果。后面还有大量的表格便于你根据自己的情况应用于你的企业。

接下来，你将会发现：

绩效目标	相关组织
“超越自我”的行为	霍尼韦尔
为降低成本而积极建言	董事会
员工与客户皆大欢喜	宜家家居
降低员工离职率	菲多利食品公司
优越感养成计划	美国运通
雇佣和招聘	兰德斯 - 恩得
工作主动性	计算机世界
服务、协作精神和创造性	加利福尼亚政府雇员退休系统
学习和自我提升	布罗德世界公关公司
士气提升	博钦律师事务所
杰出客户服务	肯 - 布兰查德公司
病人满意度	好撒玛利亚人医院
同伴激励	强生
积极行为	斯特朗资产管理
质量提升	坦能公司
安全性	马丁玛丽埃塔公司
销售、服务和团队协作	杰西潘尼公司
建议和意见	索尼电影
团队精神，工作表现和团队荣誉	希尔顿酒店
价值观	卡特彼勒公司
数年的服务和任期	Datatel

“超越自我”奖励实践

绩效指标	超越自我
项目名称	赢得优势计划
组织方	霍尼韦尔电气中心
行业	科技
目的	霍尼韦尔希望通过此项活动鼓励员工不断超越自我，有更好的表现
奖项设置	100 美元和荣誉证书
奖励标准	参加项目的所有员工
日程安排	活动进行了将近一年，大多数员工都有了明显的进步，获得了相应的奖励
组委会	人力资源部主办，选拔委员会协办
流程	各部门主管先写提名信，选拔委员会从中筛选，汇总后由高层决议
表彰形式	为获奖者举办颁奖仪式并在公司简报上进行宣传
结果	活动取得了很大的成功，员工们逐渐愿意多花时间帮助同事，工作士气得以提高。尽管活动花费不低，但远比不上活动给公司带来的收益

“我为降低成本建言”奖励实践

绩效指标	我为降低成本建言
项目名称	“我”的力量
组织方	商家之思杂志
行业	出版业
目的	为了调动记者的工作热情，提高采访质量，公司向员工们搜集两个他们认为能提高效率的意见
奖项设置	简单意见奖励 2-5 美元； 每月一条 A 类意见，奖励 100 美元； 每月一条 B 类意见，奖励 100 美元； 各种非物质奖励； 对公司整体有建设性意见的，奖励季度红利
奖励标准	所有意见都可以提，并从中进行筛选，A 类意见必须有可操作性，B 类意见为研究后可执行的
日程安排	不限
组委会	活动有一个执行总裁，各部门设一个协调员，另外还有一个人进行信息汇总。组委会成员分工明确，以保证意见的及时反馈
流程	先由各部门主管筛选，将好的提议呈给 CEO，以减轻其工作量
表彰形式	所有提议都会有及时、正面的反馈，所有获奖者都能拿到奖励，他们的意见也将汇总并在公司内部交流
结果	活动后公司采访质量得到大幅提高，节约了数以百万计的成本。活动很成功，CEO 为此还著书与读者分享经验

“皆大欢喜”奖励实践

绩效指标	员工与顾客皆大欢喜
项目名称	感恩促进计划
组织方	宜家家居
行业	零售业
目的	向在大型促销活动中取得不俗业绩的员工致敬
奖项设置	将超额完成的业绩返给促销员
奖励标准	为提高公司的公平性，无论职位高低，所有完成目标的全职员工均可获得等额分红，兼职促销员则按比例分红
日程安排	每年一天
组委会	公司 CEO
流程	所有员工均可参加，奖励标准完全相同
表彰形式	这一天无论对于促销员还是顾客而言都是一个节日。不仅有免费的巧克力和按摩服务，还有大减价和延长保修期。每隔两小时收银时都有一次免单的机会
结果	活动提升了促销员的士气，使其工作时更有激情

“降低员工离职率”奖励实践

绩效指标	降低员工离职率
项目名称	降低员工离职率计划
组织方	菲多利食品公司
行业	食品加工业
目的	降低公司每年的人员脱岗率（当前为 30%）
奖项设置	公司提供一个相对稳定且预见性强的日程表，以方便员工安排自己的家庭活动。同时有紧急情况时可以启用备用的日程表
奖励标准	所有员工
日程安排	长期有效
组委会	该项目由当地一个咨询公司协助完成。先向员工进行调查访问，了解其意向，再制定几份备选的日程表，由员工集体讨论后选出最终的日程安排
流程	志愿者将备用日程表寄给那些经常脱岗的员工，公司上下投票互相监督
表彰形式	对集体选出的日程表进行公示，降低员工的抵触情绪
结果	脱岗率由 30% 降低到 5%，最终维持在 20% 的水平。账面上第一年就节省了 12 万，还有许多潜在的好处

“优越感养成计划”奖励实践

绩效指标	优越感养成计划
项目名称	最优异的员工
组织方	美国运通
行业	旅游业
目的	增强员工的自豪感和优越感
奖项设置	先为获奖者制作真人大小的广告牌并展览数周，之后将他们的主要技能汇总制成海报发给每个员工学习，获奖者也可将海报带回家
奖励标准	评选出“无与伦比的技能”
日程安排	项目已进行了数年
组委会	不详
流程	获奖人数不限，近几年共评出 38 个获奖者，大奖得主由全球政府委员会选出
表彰形式	获奖者可获得一次免费的纽约双人游，4000 美金的支票，带“GP”标志的胸针和证书
结果	活动开展以来的十一年内，公司效益提高了 5 倍，还在以每年 18% 的速率递增。就 28% 的投入而言，这样的回报是相当不错的

“雇佣和招聘”奖励实践

绩效指标	雇佣和招聘
项目名称	鼓励招工计划
组织方	兰德斯 - 恩得
行业	零售业
目的	小地方对新员工的需求很高，尤其是季节工和可替代性差的工种
奖项设置	季节工一经录用就奖励 35 美元； ■ 季节工在假期结束时扣除 1 美元给举荐人，以示公平； ■ 介绍一个全职技工或小时工就可获得 500 美元； ■ 为电脑部举荐一个新员工将获得 1000 美元的奖励； ■ 举荐成功将额外得到绿湾包装工的门票一张
日程安排	不同子程序的工作时间不同，主要取决于新员工的意愿
组委会	人力资源部
流程	如果被推荐的人被录用，推荐人将获得奖励，并且马上得到一次抽奖的机会
表彰形式	奖品将由人力资源代表发放
结果	这个项目将会使得更多胜任工作的人进入公司，并且使得当地的新员工的招聘成本降低

“主动工作”奖励实践

绩效指标	提升工作的主动性
项目名称	进取心奖励计划
组织方	《计算机世界》杂志
行业	出版业
目的	使员工工作更加主动更有创造性
奖励标准	“主动工作”的典型案例： ■ 不只做分内的事情； ■ 帮助需要帮助的人； ■ 撰写清晰准确的标题。
日程安排	长期有效
组委会	由管理者负责
流程	候选人需经过其他员工提名和管理者筛选
表彰形式	管理者公开发放奖金，同时给予获奖者大量的赞美，虽然奖金不是很多，但是效果却很明显
结果	公司称员工的工作积极性大幅度提高，虽然花费很少，但是士气提升很明显

“服务、协作精神和创造性”奖励实践

绩效指标	服务、协作精神和创造性
项目名称	信任计划
组织方	加利福尼亚政府雇员退休系统
行业	州政府部门
目的	组织期待系统系地提升奖励的效果
奖励标准	感谢便签在员工之间互相传递，并且遵循下面五个原则： ■ 主动承担责任，帮助他人完成一个常规的任务或者目标； ■ 积极地或者长期地超越内部客户的需求； ■ 帮助组织的其他成员通过高效决策或者解决问题实现业绩； ■ 在与公司内部客户交往的过程中体现公司的核心价值； ■ 通过团队协作、互相鼓励和积极行为促进业绩的提升和优秀的业绩
日程安排	长期有效
组委会	包含项目协调人和跨职能部门的帮助，以协调奖励行为，同时外部组织进行辅助。关于高效激励技巧的培训针对于所有员工，包含管理者、监管者和专业员工
流程	任何员工能够在任何时间，以任何理由给其他任何人感谢便签，比如别人的支持、服务或者创造性等
表彰形式	感谢便签的当前持有人将安排一次不寻常的活动把便签传递给下一个人。当把便签传递给下一个人时，便签的传递者将同时获得一个个性化的耐用纪念品
结果	这个项目受到了广泛的欢迎，并且极大地提升了非正式奖励的实施

"学习和自我提升"奖励实践

绩效指标	学习和自我提升
项目名称	专业提升计划
组织方	布罗德世界公关公司
行业	公关服务
目的	这个项目是为了提升员工的学习积极性，并且在组织内部创造学习型文化。员工自我提升是推动企业发展的核心动力
奖项设置	这个多层次的奖励项目包含了下列的发展机会： ■机构内部的技能培训包含：人员管理、媒体关系、员工服务、演讲和写作； ■由一名外部顾问指导的创意工作坊；公司甚至雇佣全职的"创意官"使得公司更具创造性； ■"图书卖场"项目为接到录用通知书的新员工提供经济类的畅销书； ■职业教育项目提供了300美元用来支付新员工加入职业协会的会员费，或者订阅职业报刊的订阅费等
奖励标准	提供给所有员工在公司范围内的费用
日程安排	长期有效
组委会	未知
流程	任何员工都有资格
表彰形式	在整个组织范围内，学习都受到鼓励；学习也受到管理者的奖励，因为他们认为这是公司永续经营的基础
结果	这个项目赢得了公关领域的最佳实践奖"军刀奖"，并且使得公司入选了《公关周刊》杂志评选的2000年度最佳公关代理公司，以及《走进公关》杂志的高科技类公关公司第一名

“士气提升”奖励实践

绩效指标	士气提升
项目名称	“幸福促进会”计划
组织方	博钦律师事务所
行业	法律服务
目的	大家有一个共识，那就是员工没有得到足够的奖励，并且士气没有合伙人预期中的高
奖项设置	大量的“幸福事件”
奖励标准	幸福促进会定期制订提升士气的措施，以及员工渴望得到的奖励
日程安排	长期有效；具体的事件不是被计划出来的；最重要的是惊喜
组委会	幸福促进会负责组织实施，该委员会由5名对于组织匿名的志愿者组成
流程	“幸福事件”对任何员工都是开放的
表彰形式	每一个事件都是不一样的，幸福委员会经常会想出不同的点子给博钦律师事务所的员工不同的惊喜，过去的点子有： ■在屋顶举行的公司野餐； ■与邻近的豪华轿车交换服务； ■寻找复活节彩蛋活动； ■地球日植树活动； ■乘坐渡轮前往普吉特湾度假； ■幸福委员会成员提供服务的“幸福聚餐”。
结果	自从这个项目开始实施后，公司员工的士气得到了不可思议的提升。比如，公司员工的士气分值几乎是单独进行物质刺激时的两倍

“杰出客户服务”奖励实践

绩效指标	提供杰出的客户服务
项目名称	“老鹰奖”计划
组织方	肯·布兰查德公司
行业	管理培训和咨询
目的	满足企业的一个重要的战略目标，奖励员工为客户提供“传奇的”服务
奖项设置	一场自发的庆祝活动，在鹰墙上展示获奖人的照片和所提供服务的简短介绍，一个流动的鹰徽纪念品，以及由公司范围内评选的“年度之鹰”的光荣称号
奖励标准	被所有员工关注的杰出的客户服务，比如帮助客户找回丢失的订单，解决计费问题，因为紧急原因重新安排培训计划表等等
日程安排	这个项目已经实施了若干年，并且伴随着若干调整
组委会	鹰计划委员会负责整个项目的实施，这个小团队的成员是经过定期的选举产生的
流程	任何员工都能提名其他做出榜样性的客户服务的员工。这个业绩突出的员工的名字下面同时附有该员工的简短介绍。该委员会的志愿者首选关注被提名者的工作是否是其他人工作中的一个部分。后来，这个项目增加了内部客户服务这项标准，即一个人是否为他的同事提供了杰出的服务
表彰形式	委员会的志愿者成员会给获奖者一个惊喜：获奖者手持鹰徽纪念品参观公司并且拍照，其中的鹰徽在公司中流动。这些照片将在公司大厅的公告板上展示，照片同时还附有被奖励的行为的简介。获奖者可以将鹰徽摆在自己的工位上大概一个星期的时间，直到下一位获奖者产生。鹰型雕像将会出现在公司的会议中，同时获奖者还可以带着奖品和配偶参加公司的年会聚餐
结果	这个项目成功地将客户服务在客户心目中的重要性从第八、九位提升到第一位

“病人满意度”奖励实践

绩效指标	病人满意度
项目名称	“月度好撒玛利亚人”计划
组织方	好撒玛利亚人医院
行业	医疗服务
目的	提升病人满意度调查的结果
奖项设置	证书和奖励仪式
奖励标准	杰出的病人护理和服务
日程安排	每月奖励一次
组委会	医院的大部分奖励项目都是由“庆祝和认可员工工作委员会”（CREW）组织实施的，委员会的 12 名工作人员是从全院不同部门来的
流程	员工的名字必须在病人满意度调查表中特别注明，确保该员工确实做出了特别出色的护理工作
表彰形式	奖励行为将在由医院客户服务部门发起的月度会议上开展
结果	这个项目增加了员工提供优质的病人护理服务的乐趣和动力，同时这个项目在全国范围内提升了 1% 的病人满意度

“同伴激励”奖励实践

绩效指标	同伴激励
项目名称	鼓掌计划
组织方	强生医疗产品事业部
行业	医疗服务
目的	填补同事之间互相奖励的空白，纠正奖励是管理者的事情的偏见
奖项设置	各种类型的表彰方法包括： ■ 鼓掌便签 ■ 带有信件的贺年卡 ■ 小礼品（比如救生包、巧克力、坚果等等） ■ 如果有员工提名其他人获奖，这个人将有机会参加抽奖获得价值 25 美元的礼券
奖励标准	根据这个计划，所有员工是接受这个鼓掌妙计的，这有各种写有奖励和推荐类型的卡片作为选拔准则
日程安排	长期有效
组委会	自行管理运用到了鼓掌奖励计划中。计划不仅维持了自身也确保了在收发室的橱柜里有充足的小礼品。这个计划是较大组织奖励项目的一部分
流程	同伴选举是以推举标准为基础的

积极行动奖励实践

绩效指标	积极的行为
项目名称	稳健的奖励计划
组织方	梅诺莫尼福尔斯资产管理，威斯康星州
行业	银行和金融业
目的	鼓励思考对资产管理公司成功有帮助的行为
奖项设置	荣誉证书，公司标语项目，其他项目。管理者也接受激励工具箱，包括鲍勃·纳尔逊《1001 种零成本奖励员工的方法》、感谢信，以及其他可以促进创造奖项的项目
奖励标准	管理者和监督员提供的激励项目是根据“资产管理菜单”列表中的观察“寻找积极的行为”
日程安排	长期有效
组委会	公司联系服务部门管理这个项目。管理者可以要求在 24 小时内接到激励的项目。同伴的团队（动作迅速的激励团队）可以帮助检查和调整计划，这是联系服务部门最初的发展
流程	选举是以管理者和监督员观察大家的行为从而向积极行为菜单提出建议的。每一个行为菜单主题都有其实用价值。比如积极的行为包括： ■对顾客微笑 ■在整个工作中的应变能力 ■为满足顾客的要求做出额外的努力 ■帮助同事 ■实施一个有助于企业提高的想法 当员工达到一个标准时，他们会从这些价值中向另一个菜单中选择激励菜单
表彰形式	在他们的行为被得到认可时，管理者和监督员会亲自提出奖励项目给员工
结果	这个项目提升了行为目标，提高了业绩和士气，使工作更加有趣。管理者说，他们也同样享受这个过程

“质量提升”奖励实践

绩效指标	质量提升
项目名称	考拉熊T奖励
组织方	坦能公司，明尼苏达州明尼阿波里斯市
行业	制造业
目的	了解有谁在全年里致力于质量的提高，但可能不是限制每年奖励计划
奖项设置	一只小的身穿坦能质量T恤的玩具考拉熊和一个证书
奖励标准	■ 满足顾客需求乃至做出更多的努力 ■ 在工作标准之上以至于超越 ■ 给出一个关于质量的承诺
日程安排	每年每个员工只可以获得一只穿着T恤的考拉熊
组委会	委员会由八名来自不同级别的坦能员工和部门组成来管理这个项目
流程	■ 获得身穿T恤的考拉熊的员工由同事或是管理者选举 ■ 委员会会向所有被提名者发所感谢函 ■ 委员会联系提名者核实了条件后方可获得奖励 ■ 有资格的提名者在上一年已经得到了奖励还会得到一个附加的证书
表彰形式	身穿考拉T恤的委员会成员会宣读，加强个人对坦能公司质量的贡献率价值。接着亲自颁发奖品。长远的计划扩大了期望度，继续使计划复苏
结果	坦能在质量生产方面继续成为产业的领航者。身穿T恤的考拉熊项目二十年来以很低的成本得到了致力于质量提升的公司员工的认可。此项目的前景是非常可观的

“安全生产”奖励实践

绩效指标	安全性
项目名称	安全性活动激励项目
组织方	马丁玛丽埃塔，北卡罗来纳州罗利市
行业	自然资源
目的	减少意外
奖项设置	宣传（时事通讯文章，布告牌）；领取奖品或奖金
奖励标准	参与安全性活动的个人或团体
日程安排	三年；修订了一年半包括安全性行为准则
组委会	全体安全性项目的主管和每个部门人力资源经理
流程	参与安全性活动的得分体系。不同的活动有不同的得分（比如，参加安全会议——1 分；在安全会议上发表意见——10 分）根据投票标准选择（不是竞争）。当他们获得可观的分数时，相应会接受奖励
表彰形式	奖励由人力资源部门公布。入选者会被公布，团队会给予庆祝。会有为得分最高的团队准备的庆祝会。晚餐和蛋糕会庆祝他们的成功
结果	极大提高了安全性，降低了意外频率，在安全性活动中增强了合作性

“销售、服务和团队协作”奖励实践

绩效指标	销售、服务和团队协作
项目名称	高级销售助理比赛
组织方	杰西潘尼公司，德克萨斯州达拉斯市
行业	零售业
目的	为提高每一个商店的高级销售助理销售、服务和团队协作能力
奖项设置	现金奖励和牌匾
奖励标准	■ 最出色客户服务分的提高 ■ 地区最高综合分的提高
日程安排	一年一度
组委会	由公司总部管理
流程	每个地区获得公司历年客户服务最高总分的高级销售助理团队，以及业绩逐年提高的最出色个人将获得该奖
表彰形式	区域经理在规模盛大的颁奖典礼上赠予该奖
结果	该项目显著提高了每一个商店高级销售助理间的销售额、客户服务水平和团队工作能力

“建议和成就表彰”奖励实践

绩效指标	建议和成就
项目名称	“荧屏点亮者”计划
组织方	索尼电影娱乐，加利福尼亚州洛杉矶
行业	娱乐业
目的	为有杰出贡献的员工提供表彰和奖励
奖项设置	100 美元至 25 万美元不等的现金奖励
奖励标准	三种不同奖励计划，每种有自己的标准： ■ 荧屏点亮者建议奖：给可节约成本或产生新收益的员工创意； ■ 荧屏点亮者成就奖：给做出突出贡献的员工（或团队）； ■ 荧屏点亮者关注奖：给突出成果或成就的关注奖
日程安排	此计划运行了数年
组委会	一位全职项目经理在由员工运行的荧屏点亮者委员会的帮助下协调项目运行
流程	■ 荧屏点亮者建议奖提名由在以下四个方面做出贡献的员工或团队提供，他们分别是收益形成 / 成本节约、顾客服务、改善工作环境和个人贡献 ■ 荧屏点亮者成就奖提名由经理们提供，并由荧屏点亮者委员会复审 ■ 荧屏点亮者关注奖提名由得到该员工经理许可的同事提供
表彰形式	■ 荧屏点亮者建议奖：100 美元外加数年的 1% 的节约成本数提出，最高 25 万美金 ■ 荧屏点亮者成就奖：个人 500-1500 美元；团队 1000-3000 美元，简短典礼上赠送的一块特制牌匾和证明 ■ 荧屏点亮者关注奖：100 美元，以及在《电影界》（内网）和《扫视》（简讯）上提名表扬
结果	在头两年，颁发了大量成就奖和关注奖，而建议奖一项就产生了超过 230 万美元的成本节约，并奖励了 9.7 万美元给员工

“合作、表现和自豪感表彰”奖励实践

绩效指标	合作、表现和自豪感
项目名称	希尔顿自豪感培养计划
组织方	希尔顿酒店（260 家酒店遍及全世界）
行业	酒店管理
目的	为建立合作、增加股东收益及通过表扬杰出的员工和出色的团队表现能力来使员工在工作中拥有更多自豪感而设计
奖项设置	公司股票，公开表彰
奖项标准	员工和团队以七种不同表现标准来评价： ■ 收益最大化 ■ 促进客房销售 ■ 控制成本 ■ 顾客满意度 ■ 行业采购人参观结果（或评价） ■ 团队成员调研 ■ 顾客意见卡
日程安排	最初的计划为一个两年期的项目，后来计划被修改，使得项目结束期延长
组委会	未知
流程	根据不同的表现，员工和团队将被评价并放在不同局域：红色（最低）、黄色，或者绿色（最高）
表彰形式	如果某一个酒店满足了全部七个方面的评价标准，进入绿色区域，希尔顿承诺奖励 100 万美元的公司股票给这个获胜的公司的员工
结果	虽然目前希尔顿酒店没有人赢得价值 100 万美元的股票，但是因这个计划，员工们工作更出色了，并且他们在倾尽全力来达到公司目标。该计划也给公司带来了欢乐的工作氛围、较强竞争力和顾客服务关注度的提升。它也产生了鼓励员工和团队提交如何提升公司业绩的创意和点子

“价值观”奖励实践

绩效指标	公司核心价值
项目名称	扫除障碍奖
组织方	卡特彼勒公司（履带式拖拉机部门），伊利诺伊州皮奥瑞亚
行业	制造业
目的	这个项目的创立是由于调查结果表明履带式拖拉机部门在所有部门中排名垫底
奖项设置	此项目有两个级别： ■ 第一级：物美价廉或者免费的奖励，5 美元或者更少（感谢函、经过简速餐厅、咖啡杯、钢笔等等） ■ 第二级：赠一块“扫除障碍奖”小匾
奖励标准	通过对行为的观察确定公司的价值：团队合作、承担的义务、信任、互相尊重、授权、紧迫感、冒险、不断进步以及顾客的满意度。第一级奖励给行为一致的人。第二级奖励给“超常的展现出部门价值”的员工
日程安排	每月一次
组委会	部门的奖励协调者管理此项目
流程	“扫除障碍奖”基于员工提名，最后再由部门的奖励协调者决定
表彰形式	除了赠送牌匾外，“扫除障碍奖”获得者会被写到当地的报纸上还会在每月的公司视频中加以强调
结果	一项基于全员的调查结果表明了公司所产生的显著改变。在实施这个项目之前，履带式拖拉机部门只有 30 到 40 个点，低于公司平均水平；现在它已经引领了美国所有的基础产业

“数年的服务和任期”奖励实践

绩效指标	数年的服务和任期
项目名称	任期激励项目
组织方	Datatel，费尔法克思郡，弗吉尼亚州
行业	信息管理
目的	激励在公司长期任职的员工
奖项设置	■ 一个胸针和 500 美金在 10 和 15 年 ■ 每十年，增加 1000 美金和额外的假期 ■ 第二十年，5000 美金和额外的假期以及工作时配有司机的豪华轿车
奖励标准	多年的服务
日程安排	长期有效
组委会	人力资源管理
流程	人力资源跟进任期
表彰形式	项目最具创新的方面是 20 周年纪念日公司身穿无尾礼服的董事长会挑选豪华轿车司机配给员工。当员工到达办公室，他或她被提供由公司出资的早餐和同事们加以庆祝
结果	员工长存在公司有了异常的突破，这个项目同样也给其他员工发送了消息，忠实的员工是要被给予极大赞誉的

你自己的表彰实践活动

绩效指标	
项目名称	
组织方	
行业	
目的	
奖项设置	
奖励标准	
日程安排	
组委会	
流程	
表彰形式	
结果	

你自己的表彰实践活动

绩效指标	
项目名称	
组织方	
行业	
目的	
奖项设置	
奖励标准	
日程安排	
组委会	
流程	
表彰形式	
结果	

更多零投入、低成本表彰方法

本书，包括前面的空白处给出了 101 种零投入的表彰方法，接下来将继续为大家提供 12 个低成本的方法，全书共收集了 327 种常见的表彰方式。

48. 组织“优秀员工”旅行

《如何成为 CEO》一书的作者这样建议道：“可以组织一批平时表现出色的员工参观你的工作室。事先准备一个小卡片，写下这个员工取得的成绩或突出贡献，一到两行即可。在员工参观的过程中，主管可以按照小卡片的提示，特别地去感谢和表扬每一个人。”

49. 真正的“小题大做”

在新泽西州的一体化市场服务办公室每个月都要组织一次活动，要求主管和雇员全部参加。在会上，通常是主管先介绍本部门取得的业绩、下一步计划和存在的问题，而员工们则可以就自己能想到的去“抱怨”或“指责”主管。有一名主管这样说：“这样的会议非常受欢迎，因为它打破了主管与员工沟通间的障碍。”

50. 人与人之间的接触

密苏里州圣路易市系统监控软件公司的行政经理指出：“我会将员工的一些重大纪念日在日程表上做好标记，然后寄送鲜花或卡片。如员工父母亲的忌日、子女的毕业典礼或生日等，我都会及时地送卡片。这个小小的方法会让员工们感到贴心，而非窥视。毕竟，与我

们一起工作的是有真情实感的人，这样一来工作效率和公司的凝聚力都得以提高。”

51. 成串的感谢

加州圣地亚哥市家用汽车金融服务公司的人事经理泰瑞·霍恩这样说：“我最近特别要感谢我们部门的所有人，没有他们的辛苦奋战，人力部不可能那么快地完成任务。我们这个团队的成员多为女性，只有一个男性职员。他特别注意养生，每天休息的时候都喜欢吃根香蕉。因此我在致谢时送了女士们一人一束花，而男士则送了一串香蕉。大家对此都非常满意。”

52. 会议室变休息室

北达科他州第一国际银托公司的会议室每天下午都会对员工子女开放。在会议室，孩子们既可以推开柜子看大屏幕电视，也可以吃到薄饼等小零食，还可以在等父母下班的同时完成家庭作业。该公司总裁戴尼·沃什这样说：“从员工们日常工作表现就可以看出来，在公司他们感受到了自己的价值和重要性，我们公司已经有四五年都没有一个人离开了。”

53. 谁拿到了橡胶鸭?

温哥华一家教育机构的总裁告诉我们，当他还在从事建筑业的时候，每天要做的就是把一些看似不可能的事情变成现实。一天早上，工头拿来一个黄色的橡胶鸭，并把它放到一个前一天表现很出色的同事的办公桌上。这个传统被延续了下来，每个人都更加努力地工作，希望能得到这个橡胶鸭的奖励。

54. 疯狂迪斯科

卓氏·帕克是专业职员服务公司北加州分公司的区

域经理。每当季度目标完成时，他就会安排大家去迪斯科跳舞放松一下，也算是一种奖励方式。跳舞时他异常投入，会把总部奖励给他的诸如名牌西裤、金链等统统扔到一边。见识了他的第一次表演之后，所有人都期待他下一次的疯狂迪斯科。

55. 傻乎乎的伸展运动

奥克拉荷马州农场保险公司苏泽·阿姆斯特朗说：“我们曾看过一个减压的录像，背景音乐很轻松，但伸展动作看上去傻乎乎的。我曾带了 15 个自由撰稿人去进行一个飞行特技的练习，地点很普通。大家先用了很长时间的电脑，这样一来他们就需要放松。”设计者校验公司的教练帕姆·威兹曼说：“我会要求各部门负责人每天下午抽出 8 分钟的时间来，带着本部门职员在各自的办公桌旁做放松练习。虽然伸展动作看上去傻乎乎的，但很有意思的是大家都能因此而得到放松。工作效率大幅提高的同时，大家都感觉比以前好了。”

56. 破纪录与剃光头

在一次创纪录后的庆功聚会上，科利电子公司的销售总监米歇尔•菲利普曾这样承诺：“如果谁能创造新的纪录，我就会为了他剃光头。”之后每个人都努力地去工作，想要打破纪录。那个月所有人的表现都非常不可思议。在公司的 60 周年庆典上，销售总监带来了他的“发型终结者”，当着 565 名员工的面剃成了光头。他把剪下的第一撮头发交给了创造新纪录的那个代理商保管。公司的主要客户和从世界各地赶来的代理商们都见证了这一时刻。

57. 省下来的就是你的

为了降低营业费用，密苏里州斯普林菲尔德的戴尼卡车公司老总这样办：如果司机能改变里程减少油耗，进而降低成本，那省下来的油钱就归他们个人所有。从此以后，公司的开支降低了25%，而且卡车的油耗也大幅度减少。

58. 做出最佳决策

为了奖励员工，位于密苏里州圣路易市的一家麦当劳餐厅把工作安排表的选择权交给拥有最佳出勤纪录的员工。这项实践提升了员工的出勤率，并且由于该店的大部分员工是学生，也给了他们协调课程表与工作表冲突的机会。

59. 奖励好点子

为了改进员工的工作方法，在位于华盛顿特区的美国能源部的人力资源与管理办公室，曾经举办过针对全体员工的“新创意节”。他们共收集到2134个创意，这些创意中间，68%都被实施了。

60. 奖励“冒失鬼”

总部位于加利福尼亚州拉霍亚市的Ziff Davis出版集团专门设立了一个“冒失鬼奖”，为了奖励那些敢于做一些超出个人工作职责之外的对公司或者他人有帮助的行为和创新性的事情。通过电子邮件，获奖者的名字将被全公司的人知道。

61. 惊喜连连

田纳西州休斯敦市的一家箱桶店的管理者们正在针对他的伙计们实施一个项目，这个项目名叫“一小时的惊喜”。每周，一个店的管理者将挑选一位销售伙计，然后让他从工作岗位上下来休息一个小时，并且对他或者她说："辛苦啦！我非常感激！你可以额外休息一个小时，然后回来接着干。"

62. 感激日

为了一个特别的员工，惠普公司加利福尼亚州圣地亚哥市的一个分支部门专门命名了一个"感激日"在属于某个员工的那一天，这个部门的任何一名员工都有预留的时间跟在这个员工后面，给他或者她送上鲜花，感激他或者她在工作中为自己做了什么事情。

63. 五月节

位于纽约的沃克曼出版公司（Workman Publishing），大家讨论的热点话题是没有足够的时间休假的问题，有人建议应该在夏季设立三个连续休息日的周末。这就是五月节的来历，在每年的 5 月到 9 月，公司的每一名员工都将被允许每个月休一次三连休的周末，这三天可以是除了周末之外的星期一或者星期五的任何一天。现在这种奖励方式成为一种受欢迎的福利。从此以后，公司每年都会举办一次。

64. 分享工作

在位于伊利诺伊州的伍德代尔市的克莱尔连锁服装店，地区的管理者将会针对某个门店在一个周六的最高销售纪录做出奖励，这个店的店长可以有一天的额外假期。地区的管理者将会授予店长一面流动红旗，这面流动红旗将会在本地的不同门店之间流动。

65. 离开办公室

当南加州 AAA 公司的职员被问到公司如何做会变得更好的时候，有很大一部分员工异口同声地回答："最好是让经理经常离开办公室！”

66. 特殊的邀请

摩托罗拉公司铱星手机项目的一个管理者因为工作出色受到了公司管理层的关注。她做了些什么呢？她经常在一小时的午饭时间，邀请包含工程师、MBA、销售员、客服人员在内的人就受到广泛关注的商业问题和解决方案进行头脑风暴。人们喜欢被挑选出来，所以很多问题就迎刃而解了。

67. 中场休息

就像许多冗长的会议以及限额的或者按照流程单工作的搬运工中间有中场休息一样，很多公司都在呼唤15分钟的中场休息时间。在微软，员工在工作间隙扔飞盘已经成为了习惯。

68. 特别的服务

为了奖励那些在同事休假期间付出额外努力的人，阿肯色州立大学唐纳吉学生中心给那些做出“超越了职责范围内工作”的人特别的奖励，因为是他们使得同事在休假的时候办公室的事务还能平稳运行。

69. 分享聚光灯

加利福尼亚州圣地亚哥地区联合学校允许任何平均学分在4.0以上的学生成为毕业典礼学生代表名单上的候选人，该地区的每个学校至少有32名毕业典礼学生代表候选人。接受采访的学生坦言，因为这一点他们更加努力地学习，因为他们知道他们可能因为成为32名候选人中的一名而受到表彰，尽管不能成为顶尖的那一个。

70. 大开眼界

明尼苏达州弗里德利市液压专业公司制定了很多改进措施，促使员工彼此之间分享销售和收益结果。公司称，在没有任何来自管理层的压力的情况下，所有人都团结起来，他们认识到了改进措施对公司盈利的重要性。

71. 从初级联赛学到的一课

在20世纪60和70年代，现任巴尔的摩金莺队的管理者的雷·米勒在作为投手时，他的教练并没有对他有过太多个人的关注，他回忆说："他们对待我的方式深深地伤害了我！"通过这段经历，米勒认识到，无论球员打得好或者不好，关注球员都很重要。为了确保与所有球员的交流，米勒在一张黄色的标准拍纸簿上写下了拟交流对象的名单，米勒说："谈话真的很重要。以卡尔·瑞普金为例，如果他打得非常好，但是由于某些原因你四五天都没有跟他聊天，他会看着你问：'出什么事儿了？'"米勒上了重要的一课，并且认识到反馈和认可能让一个人走得更远。

72. 寻宝游戏

迪克·伊顿是纽约城市郊游俱乐部的老板。他知道如何获得乐趣。他和几位合伙人在纽约运作着几套寻宝游戏，目的是提升团队协作精神和鼓舞士气。美世管理咨询总部位于纽约，也用一套寻宝游戏用于提高到其他城市的团队成员的适应性。他们被安排去访问客户的办公室、大型的酒店、会议中心等，当他们到达以后，一定要带回他们曾经到访的证据。

73. 记住他们的名字

西南航空的赫伯·凯利和有一项特技——清楚地记

得每位员工的名字。有一次空乘珊迪·普尔碰见他并和他聊了两句。珊迪说："六个月之后我在总部大厦的路上再次遇见了总裁先生，他说：'珊迪你好啊，新工作怎么样？'你难以想象当时的我有多惊讶。这让我觉得自己是重要的，是与众不同的。"

74. 分权

加州有家公司，当公关部督查递交辞呈时，主管南希·福克斯并没有在辞呈上签字，而是把自己手里的权力移交给了她。现在公关部的员工有权自己制定工作计划，并决定自己的工作方式。福克斯说："我们组有个同事说，他们现在责任感更强，也更加了解自己所做的工作了。"

75. 带薪休假

作为一个临时帮忙的机构，专业雇员公司最近组织了一次抽奖活动，奖品是一次带薪休假的机会。无论新老员工，只要工作达到合格要求就行。获奖者获得了一次为期两周的带薪休假机会，其他人获得了一周的带薪休假奖励。公司的总裁杰夫·多布斯说："之所以采取这种奖励方式，是因为我们调查发现员工对带薪休假非常感兴趣。"

76. 倾听和学习

苏对我说，几年前她刚当上这个连锁零售店的店长时，她懂得了非常重要的一点就是倾听很重要。刚开始她没有花时间去关心下属，直到几周内两名雇员相继离职。其中一个人鼓足勇气跟她反映说，其实是因为她没有创造一个好的工作氛围。这时候，作为店长的苏才意识到倾听的重要性，并开始抽时间去帮下属解决工作中遇到的难题。现在她是这样认为的:“管理者 95% 的工作内容是关注下属的动向，让他们快乐地工作。实际上，改变自己的行为模式比让别人适应自己容易得多。”

77. 生日祝福电话

加特纳集团是斯坦福地区的一家科技类的咨询和研究公司。这家公司的 CEO 曼尼·费南德会专门抽出时间在员工过生日的那天给他或者她打电话。费南德说：“当我们规模尚小的时候，做到这一点很容易。但是现在我每天都要打不下 12 个电话给我的下属。但是这一点对了解公司的动态非常有帮助，而且员工非常享受这件事。”

78. 来点有意思的小游戏

丽贝卡·罗杰斯在加州的一家医学院供职。她发现了一项有意思的活动，她命名为“公共标题”。她通过复印机将报纸或者杂志上的照片传递给其他人，并邀请他们给照片加上有意思的标题，这样做会让这些照片的复印件看起来更有趣。

79. 带着狗狗来上班

总部位于加利福尼亚州的施乐公司将每年的 6 月 23 日命名为“带着狗狗来上班日”。每年，这家公司都有 50 条宠物狗获得这个奖励。“这项活动在施乐公司已经持续了 30 年，”系统工程师格雷·尼尔说，“500 多名员工从来都没有任何抱怨。”

80. 暗访

麦当劳连锁餐厅的创始人雷·克洛克曾经一度连续造访自己的门店，他把他的孙子领进麦当劳以了解这些店员如何对待儿童。

81. 便装日

在每周的星期五，位于加利福尼亚州圣地亚哥市的爱墨瑞得出版集团允许销售代表穿着便装上班。一名员工反映："因为不必正襟危坐或者担心我的衬衫和裤子是不是搭配，周五几乎是我的销售业绩最好的一天。我希望我们能有更多无拘无束的日子。"美国在线公司现在允许员工每天都可以穿休闲西装，公司的副总裁说："我们已经听说，我们的员工认为穿得越随意的话，效率越高。"

82. 改变的脚步

日本的装备制造企业日立正在废除拘泥于形式的头衔、暗淡的制服以及东京总部的早操。他们的目标是提高个人的工作积极性。据公司的女新闻发言人高濑小姐说，公司的员工都在争取穿polo衫和便裤上班的机会，他们都希望穿得更随便一点，这样能体现出每个人不同的个性，进而激发出他们的创造力，这将带来新的创意，最终推动公司的发展。据高濑小姐说，员工们现在已经不愿意让管理者称呼他们的普通头衔，而更喜欢别人用个性化的称呼。她说："我们想给员工们更多的自由，使得他们能够拥有自己的价值观。"

83. 允许自由选择工作内容

加利福尼亚州旧金山市国际软件咨询公司允许客服代表在某一天自主选择自己的工作项目。结果证明，这大大提升了员工的士气。

84. 空中便签

波兰太平洋能源与电子公司在专门的飞盘日通常用飞盘传递便签。

85. 搞笑休闲

加州公平行动公司的马特·温斯坦这样建议，休息时可以做点搞笑的事，比如看动画片、听搞笑段子等。他觉得在人感觉压力大的时候这个可以让人放松，从工作中走出来，重新补充能量。他认为做些小时候的游戏，诸如大家坐在地上打弹子、扔硬币等，可以在很大程度上使人放松，游戏结束时，他们就能以全新的状态继续专注于手头的工作。

86. 打盹

加州洛尼合伙顾问公司有一间专门的休息室，员工可以在很安静的氛围下打盹。神奇铅笔工作室坐落在佛罗里达州，是一家服务公司，这家公司开辟了一家专门的休息室，里面摆满了各种孩子喜欢的玩具，所有的员工都可以带着自己的孩子在里面免费过上一把瘾，因为公司允许带孩子上班。

87. 为自己挣体检费

乔治·麦克劳德是缅因州巴克斯波特市一家餐厅的老板。他允许自己的员工每个月有一个周日自己运营这家餐厅，并将分走这天经营所得的利润，用于支付他们的体检费用。大部分的员工都能获得足够的钱用来支付自己的体检花销。

88. 更宽松的制度，更高的业绩

在佛罗里达州西棕榈滩的德勤会计师事务所，为了照顾自己的宝宝，女职员安·布兰查德拥有在兼职和全职工作表之间自由选择的权利。安说，她有很多机会。她的老板苏珊•皮特森将宽松的工作氛围看作是理所当然的：“你不可能每隔几年重新开始你的职业生涯。”

89. 卷起你的袖子

亚马逊网站的首席执行官杰夫·贝佐斯每周花 6 天，每天约 12 小时在工作上，为了倾听员工的第一手问题经常与他们一起搬运储备架子。

90. 双重责任

J.P. 摩根大通是一家位于纽约的投资银行。最近在它的华尔街交易大厅内为哺乳期母亲们开放了一间哺乳室，这样在产假过后她们可以更快返回工作岗位。

91. 拼命干是有用的

一位曾在联合航空公司咨询培训服务部任职的经理——现在在亚利桑那州的图森市——经常为忙碌的接待员自发地接办电话职责。这种行为达到了双重目的：既保持了与第一线工作生活的联系，也能直接得知顾客关心的事情。

92. 让他们决定

佛罗里达州杰克逊维市的美国电话电报公司通用卡服务的管理部门允许员工有自己的判断，当他们在电话里跟客户交谈时可以自己决定是否放弃滞纳金或提高信用额度。这不仅让客户更高兴，也提高了工作效率，同时也让员工对工作的控制感和自主感增强。

93. 旅行伴侣

在亚拉巴马州斯科茨伯勒市的帕里特货运公司，老板迈克·帕里特允许司机们将自己的宠物带上路，但在一位司机将蟒蛇绕在脖子上进入公司引起一些办公室人员的恐慌后，这项政策仅限于将猫狗带入休息室中。

94. 取折中办法

在法伊弗公司——现在是约翰·威利父子公司旗下的出版社——员工可因为延长一天的公务出差得到金钱奖励。例如，一张周五的返程机票可能比周日的要便宜 150 美元，因此公司可为这笔节余给予员工 75 美金的奖励。当根本没有时间在正常工作周参与社会活动时，“这一政策成为需与在其他城市的顾客、卖主和合作者联系紧密的员工一个很好的奖励方法。”该公司的前任 CEO 马里昂·梅特勒说。

95. 享受购物折扣

一年中的一个晚上，西尔斯公司的员工可以带上自己的直系亲属用员工折扣卡享受购物狂欢。

96. 挑选权

位于马萨诸塞州新泡特市的软管和管道产品的制造商高科软件将所有的假期、节假日和病假集中到一个单独的账户里。员工可以任何时候以任何个人理由从账户里抽取假日。

97. 分享节约收益

在加利福尼亚州的圣地亚哥，乡村 71 公司的员工如果在前一年提出节约成本或者提高效率的办法将在年终典礼上获得荣誉表彰。员工们的方法为公司节约了近 40 万美元的成本，他们将获得从 25 美元至 5000 美元不等的现金奖励。

98. 开拓者荣耀勋章

宾夕法尼亚州赫尔希的好时食品董事长兼首席执行官理查德·齐默尔曼创立了一个名为“开拓者荣耀勋

章”的特别奖，用于奖励那些找到方法“走出去”的人。齐默尔曼说：“我曾想奖励那些愿意改进系统、实践创业精神以及对自己所信仰的观点始终保持一颗炙热之心的人。”

99. 分享股权，促进积极性

加州圣地亚哥市科学应用国际公司是基于全体员工所有制的重要性这一原则成立的，创立者J·罗伯特·贝斯特知道在呈指数增长的商业世界里即使拥有一点点股份，也能成为一个强有力的激励措施。科学应用国际公司已经较其他公司走得更远，虽然如此，它出让了公司98%的股权给员工。为了保持员工的积极性和高士气，贝斯特说：“这就像是做正确的事情。”

100. 停在这里

WRQ是一家总部位于华盛顿州西雅图市的软件公司，它为乘皮艇上下班的员工提供码头，也提供带蒲团和现场按摩的午睡室，同时还享受弹性工作时间政策（该政策覆盖了94%的员工）。

101. 享受公休

集装箱商店总部位于德克萨斯州达拉斯市。该公司的员工在为公司服务十年后即可享受公休，其中一个理由仅是因它连续几年被列为美国最适宜工作公司的第一名。

12 个低成本奖励方法

1. 降温的方法

“当夏天特别热的月份到来的时候，我会从装满冰块的冰箱里拿出冰来，放到那些工作在没有空调的员工的屋子里，你可以看到他们对此非常满意。”南加利福尼亚国际纸业公司的团队领导者辛西娅·伍德说。

2. 不可思议的鸡蛋方法

新泽西州商务部的管理者琳达·福勒说：“去年的复活节，我买了塑料鸡蛋，并把它们用于抽取糖果、兜里装满零钱（大多时候只是几便士）还有一些迟到和早退的券，还有如和我一起共进午餐的机会（当然我请客）等券。为了能够参加复活节，下属们都不得不提前完成他们一周的工作，然后从包装很好的篮子里抽取了一些鸡蛋。那使得我那个周一的早晨有一点兴奋，并且这个话题谈论了一周！”

3. 野外烧烤有的是

罗伯特是一个工作在加利福尼亚洛杉矶的销售经理，当他的销售员工完成销售目标的第一时间他都会奖励他一次野外烧烤。如果团队完成目标他还会再这样做。17 个月之后，他们共举行了 16 次野外烧烤聚餐，只有一个月是因为地震的原因没有举行。

4. 冬日里的温暖

新泽西 Awards.com 公司工作的激励策略总经理说

道："去年冬天很冷的一天，雪很大并且路已经结冰，我们雇了当地高中的学生帮助员工除去车玻璃上的积雪，并且在他们要下班的时候给他们每个人一瓶热水，当我向窗外望着他们的时候，每个人都感觉到很温暖。"

5. 给他们应得的回报

佛罗里达州开普科勒尔公司的主管玛丽•乔找到了激励员工下班后参加每月的培训计划的方法。对参加培训的员工，他每个月给了 50 美元的抽奖机会，并且年终有机会赢得价值 1000 美元的旅行信用卡。

6. 换个环境

北美的人力资源经理乔治•马普森向我们报告，在宾夕法尼亚州的 SCA 保健产品公司，公司会奖励优秀管理者到位于肯塔基州的生产工厂旅行的假期，在这一天他们将和生产线上的工人共度假期。员工业绩考核由三个人的管理团队组成，这样会使决策不那么官僚和随意。被选中的员工将要获得奖励，当他们高效地完成任务或者提出了减少成本的好的方法时，公司会奖励他们可以去加拿大或者美国的任何一家公司的办公室参观旅行。

7. 一大把奖励

电缆安装企业的经理将会对收到客户表扬信的员工给予一次抽奖奖励。每个赢家可以尽可能地抓取鱼碗中的奖券。这是一件很令人兴奋的事情（平均一把奖券要 30 美元），并使得员工都集中精力在客户服务上面。

8. 抽牌吧

K•伊尔曼是澳大利亚珀斯市电信电话公司的经理。

他分享说："我们与客户接触的主要媒介是电话，这样我们就需要员工克服距离的问题来满足客户的需求。在部门会议上，我让下属从扑克牌中抽出一张牌。抽到从2到9之间的牌，他们将得到与牌面等值的钱。抽到一张10或者花牌，奖励10美元。抽到A的话奖励20美元。这非常有趣，并且提升了大家的工作积极性以创造优质的服务。"

9. 假期奖励

密苏里州立大学的职业服务经理科里·韦德尔分享了他们团队中的七个人获得了休假计划并且还送给他们礼物作为奖励。当员工们获得礼物和拿到旅行包的时候，他们都很兴奋。他们喜欢这种默默的关怀，尤其是一位有着8个孩子的员工。

10.100万美元的"鲜花"

为了感谢忠实的广告客户，《洛杉矶巴诺进取报》的出版人朗达·洛创造了一个"万分感谢"花束。利用一个可以自动生成"钞票"的电脑软件，她设计了一些面值100万美元的"钞票"，并且用四色的打印机打印了它们，把它们包成花瓣的样子。然后她又买了一些便宜的盆栽，把这些自制的"花儿"插进去，上面还写着几行小字"万分感谢你，我的亲爱的客户"。销售代表们又签上了自己的名字，然后作为礼品快递给他们的顶尖客户。这给了他们一个创造惊喜的好机会，大家都非常开心。

11. 惠及家人

"我们做的对所有员工的家人带来重大影响的一件事就是，在对方生日或者周年纪念日的时候，给员工和他们的家属送花和曲奇饼干。”俄亥俄州辛辛那提市锁业公司的总裁和首席问题解决官米歇尔·芬这样说。每一个超过 16 岁的小孩都将获得一份生日贺卡和价值 20 美元的电影票。惠及家属的奖励项目给公司带来了正能量。

12. 香酥鸡奖

在位于肯塔基州路易斯维尔市的 KFC，如何有任何员工比平常多做了一点，都将获得“香酥鸡奖”——一份手写的感谢卡以及价值 100 美元的礼品券。公司的前任总裁和 CEO 大卫·诺瓦克启动了这个项目。一天他飞往获奖者的城市，并且以私人的名义将一个橡胶小鸡从一个皱巴巴的棕色麻袋里取出来送给员工。这张颁奖的照片后来被永久陈列在公司总部。

327个非正式的表彰创意

1. 订阅杂志
2. 给管理者写信
3. 特别席位
4. 办公室的“家庭日”
5. 给予
6. 穿便装上班
7. 高管聚会
8. 一日主管
9. 顶级车位
10. 匾额
11. 在自营店付现
12. 特许证
13. 高级会员
14. 节约协议
15. 配高级车
16. 免费早操
17. 标准的制定者
18. T恤
19. 额外奖励
20. 车童泊车
21. 垂钓
22. 电视出镜
23. 每月计划
24. 休闲时间有小提琴
25. 热气球旅行
26. 假日舞会
27. 高中乐队的小夜曲
28. 特殊头衔
29. 礼物单
30. 每周致谢
31. 项目开工典礼
32. 豪华旅行
33. 家庭之夜
34. 休假一年
35. 配公寓
36. 礼券
37. 咖啡杯
38. 保险杠贴纸
39. 晚餐券
40. 全勤奖
41. 优先深造权
42. 公司赞助的体育队
43. 钥匙链
44. 高尔夫球场
45. 利益补偿计划
46. 一周的里程
47. 主题餐厅的礼服和餐品
48. 一天的主管
49. 州际旅行
50. 额头上的星
51. 鲜花
52. 免费观影券
53. 角落办公的一天
54. 在家工作一周
55. 专家头衔
56. 朋友聚会
57. 带薪周末
58. 钢笔
59. 旅游
60. 最新的畅销书
61. 一束气球
62. 轮岗培训
63. 锅里的现金
64. 总裁专访
65. 免费的培训会
66. 电子公告牌上的头像
67. 拜访客户
68. 爆米花聚会
69. 美容院服务
70. 股票
71. 可置于员工门口的雕像
72. 空中的文字
73. 家政清洁
74. 疯狂购物
75. 改善工作环境
76. 健康俱乐部的会员卡
77. 文艺活动入场券
78. 社交活动入场券
79. 体育活动入场券

80. 周年庆礼品
81. 配偶 / 家庭表彰
82. 公务车
83. 病假（不发病的日子）
84. 巧克力
85. 夹克
86. 计算器
87. 优质服务奖
88. 公司通报奖励
89. 免费咖啡
90. 滑雪
91. 公司总裁的一封信
92. 荣誉证书
93. 握手
94. 填充玩具
95. 长时间起立鼓掌
96. 鼓励一番
97. 小型的产品模型
98. 出席展览会
99. 微笑
100. 外出露营
101. 小范围聚会
102. 个人定制文具用品
103. 情人节礼物
104. 团队合照
105. 录像
106. 诗作
107. 生日卡片
108. 无缺陷奖金
109. 给新人的欢迎信
110. 乘船出游
111. 戒指
112. 别针
113. 带薪假期
114. 公司设备使用权
115. 差旅费
116. 高尔夫球的广告
117. 最喜欢的蛇
118. 寄假日明信片
119. 海滩度假
120. 向高管介绍
121. 某活动的家庭套票
122. 纪念品
123. 成绩优异证书
124. 折叠小刀
125. 领袖奖牌
126. 贴纸
127. 提供办公室服务——整理办公桌、安排会议、订餐
128. 彩票
129. 名人访问
130. 安全靴
131. 咖啡甜点优惠券
132. 背带
133. 专门的就职典礼大厅
134. 小饰物
135. 干洗
136. 即时优惠折扣或现金兑换券
137. 圣代冰淇淋
138. 一个月的手机
139. 杂货店礼券
140. 手表
141. 横幅
142. 橡皮图章
143 公告
144. 我的午餐
145. 烧烤
146. 一周的保姆服务
147. 电视机
148. 一天的免费汽水
149. 运动装备
150. 电影之夜
151. 软件
152. 硬件
153. 经理腾出一个下午的时间自己接电话
155. 磁带
156. 照片钓鱼的折扣
157. 公告牌上总裁的脸部照片
158. 向上的绩效考核
159. 非工作地点的早餐会
160. 把名字打在电子广告牌上（就像在巴斯金•罗宾斯餐厅那样）
161. 节日贺卡
162. 跨部门的认可
163. 补偿性的休假
164. 八小时之外的相处
165. 经理参加的带有认可性的活动
166. 恶作剧的礼物
167. 汽油
168. 夏季奥运会

169. 展示个人的安全记录
170. 唱歌的电报
171. 火车旅行
172. 百乐餐
173. 赠送珠宝
174. 湖边聚餐
175. 与客户共度一天
176. 在赛马会待上一天
177. 允许配偶参加商务旅行
178. 拆信刀
179. 提供免费的活期账户
180. 彩票
181. 静养所
182. 新办公家具
183 鱼竿 / 渔具
184. 一个星期把雪从车上刮掉的服务
185. 参加艺术展览的旅行
186. 雨伞
187. 公司外套
188. 为邻居服务的清扫小组
189. 景观美化
190. 为一个月的信用卡消费买单
191. 高尔夫课程
192. 个人服务的代金券：包含家庭清洁、庭院工作、购物等
193. 与专家共度周末
194. 厨师准备的家庭聚餐
195. 照料一个夏天的草坪
196. 将旅行升级到最高档次
197. 参加一个可以选择的会议
198. 袜子
199. 自我表扬板
200. 屏幕保护图片
201. 制作你自己的豆卷派对
202. 测量认可程度的温度计
203. 流动便签
204. 一个星期的清洁服务
205. 职业技能学院
206. 内部客户派对
207. 小汽车
208. 为员工孩子开派对
209. 支付车险
210. 皮带搭扣
211. 大办公室
212. 6 个月小车出租
213. 头饰带
214. 炸鱼
215. 换油
216. 杯垫
217. 小车座椅
218. 提前一小时下班
219. 毛毯
220. 门环
221. 装苏打 / 啤酒的架子
222. 领带
223. 旅行袋 / 搬运包
224. 主题派对
225. 木质要点标记币
226. 印有苏珊·安索尼的美金
227. 公司烧烤聚餐
228. 夹板广告牌声明
229. 炒锅烹饪派对
230. 保龄球派对
231. 私人拥有的高尔夫球
232. 在当地报刊上刊登员工布告
233. 火鸡
234. 耳机
235. 秘书
236. 印有员工照片的杯子
237. 灭火器
238. 任何商品的包裹支付费
239. 按摩
240. 飞盘
241. 广播公告
242. 晚一小时工作
243. 到卖方的旅行
244. 耳机
245. 植物
246. 业余爱好方面的小礼物
247. 太阳镜
248. 任务选择权
249. 配偶日
250. 帮助手套

251. 雪刷 / 毡毛美洲茶
252. 公司成就视频
253. 在高层管理会上旁听
254. 车补
255. 出国旅行
256. 娱乐委员会的“莴苣款待你”游览
257. 免费体检
258. 一只宠物
259. 护目镜
260. 一天的临时帮助
261. 洗车
262. 灰尘克星
263. 供应台
264. 延长午餐时间
265. 拉斯维加斯之夜
266. 公司荣誉卷册
267. 手电筒 / 闪光灯
268. 巡航
269. 日历
270. 发卡
271.CD 或磁带
272. 运动衫
273. 公司发言人
274. 分配工作
275. 带框架的纪念品
276. 压纸器
277. 猫头鹰型勋章
278. 慈善礼物
279. 晴雨表——天气好坏?
280. 协会会议
281. 电影录影带
282. 冰箱
283. 广告牌公开展示
284. 业务 / 文件夹公开展示
285. 急救药箱
286. 艺术品
287. 舞蹈课程
288. 午后林荫路散步
289. 合乎心意的奖品
290. 公事包 / 文件夹
291. 骑小马
292. 勇气奖励
293. 著述
294. 糖果
295. 个性化商品
296. 会议上代表经理的机会
297. 蹦极
298. 喜剧俱乐部门票
299. 机票
300. 迈克·乔丹的篮球
301. 热水瓶
302. 腰包
303. 奖学金
304. 器具
305. 工具
306. 地图集
307. 参观公司总部 / 大部分
308. 奖牌
309. 磁铁
310. 收藏品
311. 交换工作
312. 晋升机会
313. 公交月票
314. 生日休息
315. 娱乐书籍
316. 蓝丝带
317. 运动水壶
318. 午餐袋
319. 路边应急工具包
320. 雨伞
321. 旅行杯
322. 迪士尼门票
323. 自带午餐聚会
324. 音乐会门票
325. 汽车零件 / 详图
326. 地震应急包
327. 给家人写信

经常被问到的十大问题

在本书的正文的旁边，我们特意编排了这些年来我们收到的一些关于认可和奖励方面的小问题，并且给出了我们的回答。下面是我们最常被问到的十大问题（以及相关的答案）：

问：一旦你奖励一名员工，其他人难道不应该被奖励吗？

答：任何时候，如果你的组织里面有人因为别人获得奖励而感到不安，这就是一个表彰不足的最明显的标志。如果表彰是稀缺的，那么有人得到表彰肯定会引起其他人的嫉妒。一个真正建立了强大的表彰文化的组织不会出现忽略任何员工的现象，他们有大量的正式和非正式的项目和工具。开始这样的奖励项目的时候，应该避免让这样的项目出现一个单独的“赢家”，相反，应该创造机会让每一个人都成为潜在的获奖者和赢家。比如，为那些践行了公司的核心价值观的员工建立荣誉榜，或者对在一段时间内的一套行为进行奖励，而不是“月度优秀员工”这样的只是针对某个员工的奖励。同时，由于最出色的奖励方式都花费甚少（比如手写的奖励语、公开表扬、领导的鼓励等等），所以，没有理由不多多采用一些及时的、真诚的和个性化的奖励方式。

问：对于那些认为应该奖励员工、但是时间不够的管理者，我们应该怎么做？

答：使奖励行为发生是一件重复性的事情，所以不管管理者如何羞涩也务必要让他们建立这种行为并把成功延续下去。和管理者们讨论一下吸引和阻碍员工的不断增长的问题，隐形的开支，生产力和竞争力的下降，告诉他们这些问题的危害性和他们的竞争对手都做了什么。你不可能逼着他们去奖励下属，但是你可以晓之以理，告诉他们为什么要这么做。而且，你要记住，所谓“没有时间”几乎不能成为一个像样的借口。事实上，鲍勃·纳尔逊的调查显示，奖励员工不需要花费多少时间就可以取得显著的效果。

问：一旦奖励某个员工，当他犯错了时我们再罚他会不会有点困难？

答：如果你的奖励是针对某一特定原因的，这个问题就不存在了，尽量避免一些很笼统的话语，如你是最棒的，你做得非常好，诸如此类的鼓励太过宽泛，会误导员工从而不利于改进自身，同时也会产生你提到的惩罚的问题。相反，我们应该针对员工在自己擅长领域某一具体的工作进步进行鼓励，如：“格雷，你让我看到了新的改变，就像我们之前设想的那样，你真的用心去做了，而且完成得很好！”当员工有进步时，我们一定像我们之前设想的那样，你真的用心做了，而且完成得很好！当员工有进步时，我们一定要在第一时间发现并进行鼓励，这样才能保证员工和企业不断地发展、壮大。即便在处罚时，我们也应让被处罚的人感觉到我们是和他们站在一条战线上的，只要有人想要进步，无论结果如何，我们都要在第一时间进行关注。很明显，这样做有利于员工取得进步，从而一步步走向成功。

问：公司做了很多表彰工作，但员工却反映效果不明显，怎么办？

答：很多公司其实不擅长在公司活动中加入表彰的元素，比如公司内部活动虽然能提高士气和凝聚力，但却不能让某个员工感觉自己是特别的，当你在组织针对全体员工的活动时，你其实是在推广公司文化，这导致你的努力无法达到表彰的目的。好的表彰活动应该能让被表彰的个人或团队深切感受到自己特有的贡献，而非公司总体的成就。

问：在管理中，怎样才能让大老板支持一项表彰活动？

答：很多人问到这个问题，其实可以去第13章中寻找答案。答案也因人而异，在你向大老板建议某活动（如设备改进、搞公益活动、雇用新人等）前，笔者建议你多想想到底怎样打动他？活动的数据支持，投入产出比、事件的紧迫性、竞争对手的情况、执行者的个人魅力都会影响大老板最终的决定，所以要从这些方面入手。

问：我们的表彰活动毫无新意，如何解决？

答：没有一项表彰项目能永葆活力，尤其是在实施多年之后，去深入调查一下人们放弃一项表彰活动的原因吧，尤其是研究机构的那些愤青们。有可能是旧的活动不能满足被表彰者内心的需求，需要改进活动方式。你也可能发现，当表彰活动进行到一半时，终止它而改进更有意思的方式才是最好的结局。

问：举办表彰的活动很多但参与度低，怎么办？

答：若是组织了一次聚会，但没人来，这可以称之为聚会吗？究其原因，应该是被邀请者不能从你的邀请中感觉到诚意。相应的，组织的表彰活动应使人乐在其中。想象一下吧，当高管到场后司仪宣布活动开始，宾客们开始享用饮料、点心、披萨，甚至有保龄球可玩，这项活动还会没人参加吗？参与度低还有一种可能，时间、场地选择不恰当。曾经有个医院在下班后组织过一场表彰会，这样一来人们不得不放弃一部分原属于自己的休息时间，自然积极性就不高，员工们会觉得是在加班、压力大，宁愿回家陪家人也不愿被感谢或鼓励。

问：表彰得过多会使员工的期望值升高而变得不易满足吗？

答：员工的期望值是不易琢磨的。只有多与之接触，才能知道他们最看重什么和最想得到何种形式的表彰，你需要不断变换表彰的方法，探索新的鼓励形式，摈弃那些无新意、老掉牙的鼓励方法。如果你坚持每年都有创新，那一定能彻底改变之前单调、乏味的公司表彰环境。多样性是生活的调味品，让你所尝试的新的表彰方式永不落伍，那就是：当员工表现优异的时候，给予他及时的、真诚的、特别的感谢，他一定能感受到。

问：应采取何种方法，才能提高下属参与决策的兴趣？也就是如何让员工更加自动自发地参与决策，让公司变得更好？

答：毫无疑问，好的决策能够吸引那些对落实决策感兴趣的人的参与。但大多数情况下，下属会被要求在参与决策时具有主人翁意识，但是却永远没有机会去实现自己的想法，怎么办呢？你需要做的是，征询他们的意见，让他们坐在一起讨论，下放权力，让他们尽最大可能地把事情做到最好。对大多数人来说，这是激励他们的最好方式，当然，好的结果会使他们更有动力。投桃报李，你给他们机会，他们会变得更有责任感、更有决策力。

问：使表彰变成公司文化的一部分的最好的方法是什么？

答：创建一个激励目标，再将目标按时间分解，逐步完善。好的开始是成功的一半，所以先问问自己：谁需要激励？与大家一起沟通，找出有上进心、想要改变近况的员工。对于那些需要有迫切愿望的人，不妨多给些鼓励，总有一天你能看到这些鼓励使他焕然一新。

要使表彰活动制度化，进而融入公司文化是个漫长艰辛的过程，必须花大量的时间逐步推进，可以先从一些受到表彰的员工试点，去摸索公司自己的表彰文化，培训其实是一种不错的方式，在提高员工技能的同时，也能使所有管理者认识到他们在工作中可优先获得表彰。对于管理而言，如何管理，鼓舞下属无疑是极重要的，有了这点认识，表彰就能更顺利地进行了。

启动奖励项目的其他问题及答案

安全生产甜面圈

问：我工作的这家化工制品公司有 50% 的工人加入了工会。我们每月都会组织一次安全会议，我们会为工人支付加班费，对于那些不轮班而到公司的人，我们给他们提供了甜甜圈和午餐。这个活动我都记不清搞了多久了，也许是二十多年？大家都质疑这种会议的效果，希望找到新的形式改善安全。如何将鼓励运用进会议中，提高会议的效果？请赐教。

答：只要你觉得你的激励效果达到了，那就可以了。我曾经找到一些志愿者讨论过这个问题，怎样的活动能让人乐于参与一个项目，积极奉献各自的智慧。比如让人们分享他们的关于安全生产方面的心得和小故事，或者只要在最近的安全生产会议结束以来没有出现事故的都可以获得甜甜圈。

如果想逃避支付加班费这个想法可能不现实。明智的选择是在轮班的时候而不是全员都在的时候召开安全生产会议。如果这样做的话，我想就没有什么价值损失和沟通不畅的问题了，除非他们没有额外的时间参加会议。我们认为，小型的团队会议可能更有效，尤其是你让高层管理者在每一次轮班的时候出席这样的会议。

火鸡的替代品

问：我最近读了鲍伯写的关于假日火鸡的可行性，我十分认可。我认为每年提供假日火鸡是很乏味的。我的公司从当地杂货商店提供火鸡或肉券。今年我想建议一些更个人、更有意义的事。我有 80 个员工，你有什么好的建议吗？

答：我会推荐你一个活动或项目：比如去年就讨论过的，有管理人员正在提供的火鸡午餐。我知道一个公司分发礼品券，而且有员工当场就去用掉它们，然后回来分享所购买的东西。为什么？因为对于每个人来说，这是一个有趣的、建设团队的经历。

厌恶全勤

问：这让我筋疲力尽，我工作的地方对于全勤没有任何赞赏，哪怕是一句谢谢。在现在的职场，当一个公司不承认全勤时，是很耗费人的精力的。如果你写本叫“1001 种使员工变消极的方法”的书的时候，请把这一条列在首位。

答：在今天的工作环境，随着弹性工作时间和更多兼职员工、合同制员工的增长，尊重全勤的概念或许有些不切实际。尽管如此，也不难做到这些：建立一个荣誉名册，颁发全勤证书，或者举办一次专供全勤人员和高层管理人员共进的午餐都是不错的想法。

区别对待例外的人

问：去年在我们的非销售成本中心，我们开始有了专人管理审计销售电话。我们把例外的电话与奖金挂钩（发现只有特别的服务会提高客户忠诚度）。我们一直致力于定义一个例外的电话。与此同时，管理人员感受到评价例外电话的压力。因为如果不这样，他们的销售员将不会挣得奖励。我们在考虑告诉员工：我们正在制定不确定的预算用于奖励例外电话。一旦我们确定了例外电话的定义，我们将开始对每个例外电话实施奖励。你认为这会有效么？

答：我愿意修改你的方法。不要把钱作为对例外的销售电话的奖励，宁可用其他的令人满意的赞赏形式。用钱（作为奖励）带来的麻烦是它会逐渐被（员工）视为补偿，并且就像你发现的那样，没有管理者想要使员工不尽可能多挣钱。你的管理者们可能更关注使员工保持快乐的短期目标，而正相反，长期目标是系统地加强最重要的个人、团体、组织绩效的行为。

还有个会出现的问题是，一旦员工赢得了几次这种形式的物质奖励，他（她）将会对此抱有期待，导致在没有物质奖励的时候，失去工作动力。记住好的激励方式，特别是正式、宣传的项目，需要有非常明确的标准，不然激励会显得有偏向。如果可能的话，花点时间去寻求相关员工的协助设立例外电话的标准。

截止时间补救

问：我在一家约有 85 人的广告代理公司工作。我们的问题是报告时间。约有 30% 的员工不及时地记录他们的时间，导致我们无法削减截止到目前的成本。这减慢了我们的订单周期，即使是延迟几天也开销很大。当然，报告也不那么精确，因为人们试着立刻赶上进度但又无法记起在特定的一天做了什么事。更坏的消息是：高管们是罪魁祸首。我怎样改变这种状况？

答：当他们建立了这种管理制度并寻找提醒员工、让他们更守时、定期汇报的办法的时候，请呼吁你的高管们言行一致。与此同时，找几个最恶劣的管理人员，问问他们怎样才能及时获得他们的信息。无论他们说什么你都试试看，这样一来他们的许诺会越来越多。然后每周（甚至每天）制定一个他们必须赶上的截止时间。用尽可能简单的汇报形式，无论是线上还是书面的。然后指派一个人跟踪每个人的进度，然后标出按期完成的人名（类似光荣榜）。当每个人的信息及时提交时，采取几种方式庆祝。关键在于当看到你期望出现的好行为时，无论多么微小，都要做出肯定。

姓名牌里有什么

问：我们在三十五个国家有超过 12000 名员工。我在写一个替换我们现行姓名牌的提案，它（姓名牌）与受聘期限有关。你有没有什么好主意用他们做各种类型的

识别？并且，有没有别的方式让我们识别受聘年限？

答：姓名牌可以包含很多状态信息。在迪士尼，他们用银色的“闪亮之星”标签区别那些被同事提名表现卓越的人。姓名牌也可以展示持有人的荣誉，比如星星或别针。许多酒店列出员工的家乡，这是一个和顾客交流的好方式。

首先和你的员工们确认授予荣誉是否重要，除了持有不同的姓名牌还有什么方式他们可以想到用来识别受聘年限。我发现如何识别常常比识别什么更重要。我认为对于大多数员工来说，在入职一周年时被管理者认出是很重要的。任何更正式的，例如证书，应该由管理者亲手递交。把这类东西用作笔或贴了标签的珠宝在现在已经逐渐不流行了；现在的趋势是在员工选择礼品的时候，提供更大的选择空间。

出勤和总量

问：**我听说丰田和有些公司有完整的出勤奖励计划。这种形式的计划有效果么？出勤率有没有上升？我感觉你不想有很多奖励，因为病人回来上班会传染给其他人。那些小孩生病在家的人在不得不缺勤并不可能获得全勤奖时也会感到沮丧。我不想设立一个项目然后发现它不奏效。**

答：由于很多公司的出勤都不理想，所以会有一些无比丰厚的出勤奖励计划。比如五十铃和丰田提供了一份彩票给全勤的员工——他们每年奖励六部全新的汽车。出勤完美的员工持有彩券（一年一张）。我听说一无所获的人感到有点失望。然而，丰田在英国有65%的员工有完美出勤纪录，很多长达连续十年，所以这看起来似乎奏效了。

这样的难题

问：**我们能够做点什么来激励因股票期权成为百万富翁的**

员工？我们怎样使他们有积极性留下来？

答：很多企业普遍存在这样的难题！我要告诉你，你唯一能做的就是使他们参与到帮助公司股票升值中来。问问他们将怎样在团队中起到积极的作用，然后努力让他们获得那样的机会。

产生结果

问：我想获得一些制造 / 生产型企业的员工激励办法。

答：每个工作环境都有细微的差别，但是我发现大多数有效的激励活动适用于工业企业。在北卡罗莱纳蒙丘尔的霍尼韦尔工业光纤内窥镜公司，他们为了把工作做好张贴了一份“教练奖”证书。每个月评选一次，当选的员工每月享有一天带薪休假。同一个车间允许任何员工在早晨的大车间会上表扬另一名员工，他们认为这种方式能够调动员工的积极性。

非生活费用调整

问：对于一个涉及一万多员工从年度生活费用调整和标准为 5% 的加薪制度，你有什么样的建议？

答：请员工参与其中。不要一次承担很多，也不要希望改变会十分完美。停下来看看过程中哪些做得对，哪些做得不对。在改变的过程中认识并庆祝自己的成功和里程碑意义的事件。

问：我想知道有关税务影响，但我也有两个问题

1. 通过正规程序任命和选拔的非免付加班费员工的数量比我们期望的要低得多，因为管理者倾向于将生产员工视作干活的人，同时又希望他们能够负责整个项目，能够轻易地超过期望。我们在非免付加班费的角色中要怎么做才能参与这些？

2. 另外一个问题是我们如何做才能确定其他人知道所奖励的是什么？

——马歇尔·海德斯

答：在你的生产领域，出色工作的指标是什么？出勤率、一致性、持续改进、建议，还是乐于助人？找到量化和确认这些成就的方法。可能需要以公司范围内的奖励来寻找豁免的和非任命豁免的任命。如果委员会中有人先复核所有的任命信，若某一个是模糊或不清楚的，可通过面试该提拔者来判断为什么该候选者是优秀的。另外一个方法是提供详细的指导，或甚至是任命形式的概要，包括一些例子以及词汇或者标准用语的清单。

教学方面的激励

问：你对于在文化气息比较浓厚的校园环境中激励员工有什么建议吗？可能其他的教育者也在寻找相同的答案。

——理查德 A. 西蒙，

纽约旧韦斯特伯里惠特利学校

答：我确实从很多教育者和学校管理者那里听到过，我确定最有效的激励往往是花费很少或者无需花费的，但却能够在多种环境中有效。比如让人们参与对他们有影响的决策，制定共同的目标，允许增长的自主性与灵活性，实施基于管理者与基于员工的系统的奖励，当员工出错时给予支持并鼓励他们从错误中学到东西。教育界的一些特定的奖励可能是公开的表扬、细致的分工、在员工会议上读父母的信、一个“传递”的奖励、在一个社团报纸中引人注目的教师和员工、接近或者进入董事会、提供午餐或者早餐、设立一个你亲自管理的建议箱、给予他们选择参加会议的机会……

转移责任

问：在由于强制性的员工轮岗导致的士气问题上你们有什么可以做的？

答：任何时候，由管理者“强制”要求的事情，往往都是不受欢迎的。积极的方法可能是让员工来推荐然后做出最好的选择。员工的创造性可能会让所有管理者吃惊。如果没有办法改变轮岗的结果，至少试着让员工不要感到轮换到不同岗位是做次要的工作。提供足够的交流、赞扬和认可，以此让他们感到他们的贡献是有价值的。即使是最上层的管理者没能明显地给予轮岗员工支持，最接近他们的监督者也要做到。

快速但有质疑性的修复

问：我们的管理层希望通过将奖励的金额从 50 美元增加到 1000 美元来激发员工对月度项目的兴趣，尽管事实上调查发现“来自于监管者 / 共事者及时、细致、真诚的赞扬”才是我们的员工最期望得到的。我担心给予一份更大的奖励而不是多样的较小的奖励会使事情变得更糟，员工甚至会感到更少的被认可。我想要建立一个新的体系来替代现在的奖励制度。

——匿名

答：我同意你的观点。我猜想是因为管理层不相信调查的结果。听起来像是你的老板想要一个快速的修复，认为额外的奖励会激发出员工的兴趣。当兴趣被激发的时候，不满很有可能也随之而来。给予一个员工丰厚的报酬使他感觉良好的同时，也可能使其他员工感觉自己被低估。除了这样做，你还可以做许多能影响到更多员工的事情。随着预算的增加，你可以设置条件，并识别哪些员工每月能够满足这些条件。获胜者可以和 CEO 共进午餐来探讨问题并获得他（她）的个人感谢，这将激发许多员工的兴趣。为什么你不能在你的员工中选出一个核心的小组，行使所有的职责，来讨论选择和优先、偏好呢？我相信比起盯着简单的、更大的丰厚报酬，你最好将眼光放在无货币成本的评价上，这样你的管理者只需要做好日常的事务工作就行了。

“避免”平均

问：我的公司有五十年教育服务经验，一直致力于创建一种“绩效文化”。一种可能的策略将是一个五级评价系统，我们的高级管理者相信大多数人普遍会在第三级。他们相信第四级或第五级只能给予那些格外出类拔萃的员工。因此，当我们在做年中考核时，对于那些实际并未起过大的作用但被评价很高，而且不喜欢平均的大多数专业员工，我们将给他们第三级。我们该怎样避免产生士气问题并激励员工来投入工作呢？

——匿名

答：很难激励员工以保持一个平均的水平，而且很容易预测不平均将会发生。因为杰出的人是比较少的，你所拥有的员工大多数是普通人，要么降低平均水平，要么产生更多的平均问题。一个比较好的激励环境是每个人都被鼓励做最好的自己。

这里有一些可供选择的方法：（1）基于绩效目标来评价，不要搞统一化，这样每个人将会努力做最好的自己。（2）建立一个利益分享计划，使每位员工都能分享，这样这个团队将是一个成功的团队。（3）建立一个基于目标达成评价标准的能使员工工资稳定增长的工资支付计划。（4）取消年度评价。必要时给那些有责任意识或有市场价值的员工更多的补偿。大多数情况下，薪酬调整时应该分级。

量化成功

问：我们有一个季度奖金系统，我希望将它融进绩效评价系统。然而，大多数的评价目标只能一年变动一次，而季度奖金计算却基于销售情况。你有好的主意来解决这些问题吗？怎样使好的灵活的工资支付方案与绩

效评价系统相联系呢？

——亨威·琳达，在线论坛参与者

答：如果奖金基于销售情况，这是一种可量化的方法。是哪些因素会产生成功的销售成果呢？怎么将你的员工的工资与业绩联系在一起呢？请优先考虑，如何雇用杰出的员工并能维持普通的薪水。你可以考虑将无形的目标量化，比如，乐于助人，团队精神，偏好，记入季度表现。

至于如何制定灵活的工资支付方案，一些公司是这样做的，它们将根据个人目标的达成情况，并有针对性地给予一系列的奖励。或者你也可以根据个人目标、集团目标、团队目标的达成情况分开奖励，并随着时间的增加，按比例提高基础工资。

追求金牌

问：我们拥有各种各样的员工，从工程师到卡车司机，从普通职员到管理者。除了基本工资之外，员工还可以根据职位和利润情况得到奖金。我们的委员会同意推进一项激励计划，但是我们不知道是否适用于所有的员工，而且不能确定奖励多少。每年年初我们设定目标之前会审查每位员工，然后设定新的年度目标，但是如果我们预设一个奖金额，该怎么激励呢？同时，管理者如何设定下一年度的奖金额呢？

——艾伦·波斯特尔，

得克萨斯州达拉斯工业金属公司

答：保证你的奖金计划简单可行并与实际需求相关。制定一个客观的标准并提前公布，保证每位员工有公平的机会达成目标。增加奖金的次数，这样员工会更好地看到他们的工作成绩影响着他们的奖金。你也可以考虑提高职位来激励达成团队目标和个人目标。许多公司开始依赖专业的等级评价。比如把员工算作管理者，给他们设定许多等级。当员工知道他们会影响每个人的奖金补偿时，他们倾向于一起更好地工作。当然，当你做决定时也不要忽略非货币的激励。

预期回报

问：我需要你的帮助！我是一个百货商场的管理者，每年年底我们都会给员工一定金额的奖金，大约等于薪水的100%。今年我们将不能发出奖金，因为销售额下降了。我担心员工下一年将不情愿工作。

——桑德拉·亚历山大，巴西圣保罗

答：多么不愉快的情况啊！如果奖金以这样一种慷慨的、单方面的礼物发给员工，很容易使员工认为他们获得奖金是理所当然的。如果奖金根据团队的表现来发给员工，你的处境将会完全不同。

我希望和各位探讨一下过去的一年里面大家学到的东西以及未来的情况转变的可能性。我们要将鼓舞员工士气的问题，例如在节假日怎样激励员工，和员工所期待的经济奖励和激励措施分开。当员工中午聚餐的时刻，你可以给每位员工发放优惠券，让每位员工有一个小时的时间为自己买东西。如果他们选择组成一个小团体一起出发的话也是一种团队建设。让他们在回来的时候分享一下他们买到了什么东西，并说说原因。也许这和实际颁发奖金的方式有所区别，但是这种方式仍然可以提供趣味性十足的团队合作经验。

作者简介

鲍勃·纳尔逊

鲍勃·纳尔逊博士是主张激励员工并鼓励他们在事业上达到新高峰这一理念方面的带头专家之一，他频繁地在管理集会、会议和协会上提出他的观点。他与很多类型的委托人工作过，其中包括世界500强企业。他写过20本有关管理方面的书籍，含《1001种奖励员工的方法》（该书逾七年登上了商业周刊的畅销书排行榜，在全球发行了150万册）、《1001种激励员工的方法》《1001种主动工作的方法》《笨蛋的管理方法》以及《不要只做我告诉你的，请做需要的事情》。

纳尔逊博士是纳尔逊激励公司的董事长，该公司位于加利福尼亚州的圣地亚哥市。他曾在肯·布兰查德公司担任了10年的执行官。在那之前，他在银行业和计算机行业多家公司的人力资源部门工作。媒体界曾对他做了广泛的专题报道，这些媒体包括美国有线新闻网、美国有线新闻频道、美国公共广播事务局等电视台，美国公共广播电台、广播网、商务新闻网等电台，《纽约时报》《华尔街日报》《华盛顿邮报》《今日美国》《芝加哥论坛报》及《财富》等报纸杂志。他是《奖励员工》通讯的出版人，也是《美国城市商业期刊》《企业会议和激励》《山姆俱乐部资源》《银行市场》以及《护士管理者策略》等刊物的专栏作者。

他获得了加州大学伯克利分校的MBA学位，被授予了洛杉矶克莱蒙特研究生大学彼得·德鲁克研究生院管理学院在管理方面的博士学位。他的论文题目是《美国管理者鼓励或限制非货币表彰的因素》。

迪恩·斯皮泽

斯皮泽博士是世界上在公司激励机制研究方面最优秀的学者之一，在公司绩效改善方面有 6 本著作、130 篇论文及章节。他的著作《超级激励：让公司自上而下受鼓舞的蓝图》被认为是该领域的开创性著作。《超级激励》被国际绩效改善协会授予了杰出沟通奖，该书出版时被誉为当年 30 本商业畅销书之一，已译成多种语言。

斯皮泽博士目前在 IBM 全球服务公司担任高级顾问，他在帮助个人和公司实现更出色的表现方面已有超过 25 年的经验。他成功地为美国及其他国家的各类型企业指导了超过 150 个绩效表现改善的项目，并且包括数字设备公司、金佰利克拉克公司、詹姆斯瑞瓦尔公司在内的《财富》100 强公司聘请他为人力资源经理，同时他是美国退伍军人事务部的内部顾问。斯皮泽博士曾任教于 5 所大学，其中在澳大利亚担任了为期两年的客座教授，也在多个国家讲课，他还是国际绩效改善协会的前任副会长。

尽管斯皮泽博士分别从南加州大学和西北大学获取了哲学博士和文学硕士学位，但他还继续在伦敦政治经济学院进修研究生课程。